U0899547

多元化企业运营协同研究

DUOYUANHUA QIYE YUNYING XIETONG YANJIU

贾军／著

山东人民出版社
国家一级出版社　全国百佳图书出版单位

目　录

第一章　绪　论

1.1　问题的提出

随着市场经济的全球化和产业结构的不断调整，中国企业在不断强化核心业务的同时，投资、重组、并购等活动日渐频繁，企业规模越来越大，经营领域越来越宽，集团化经营成为一种必然趋势[1]。在某种程度上，规模扩大增强了企业竞争力和抵御风险的能力，同时也可以合理地分配资源、提高效率，也是成长为国际化大企业并参与国际竞争的必由之路。然而从长远看，一味地追求多元化，则可能造成企业的核心业务不突出，业务之间缺乏有机联系，不仅难以获得持续发展，而且可能会损害企业价值[2]。因此，如何充分利用现有资源以及如何管理各项业务单元从而创造或者增加价值，成为多业务企业的一个重要战略议题。实践中，尽管企业管理者已经采取了不同的方式方法来获取协同效应，但对于多数企业协同依然无法有效实现[3-5]。

追求协同效应是如今多业务企业成功发展最本质的原因之一[6,7]。同时，获取协同效应也是企业战略如多元化、并购等的主要动机[8]。Martin 定义多业务协同为企业将多个原本独立的业务放在一起创造或获得价值。该项定义解释了多业务协同价值的来源，包括成本节省[9]和收入提高[10]。该定义也包括了协同的动态本质，即通过共享和合并资源形成竞争优势[11]。例如，协同效应可通过将相关联的业务放在一起共享机器设备、财务能力或者合作生产新产品、提供快速服务等等。目前，许多产业例如金融业、通信设备业、化工业等都积极地追求实现业务间协同发展。在最近的一次调研中，许多发达国家如德国、瑞典、澳大利亚等的大型多业务企业中超过 70% 都积极地实现业务间的协同发展[12]。许多 500 强企业，例如 GE、飞利浦、西门子等等，都开始努力寻求实现业务间协同发展的有效途径。除了提高运作效率和降低成本之外，多数企业更关注通过业务间协同发展获得利润的增长。对于这些企业来说,多业务协同是企业在高度竞争的市场上获得收益增长的重要途径。

多数关于多业务协同的研究都间接地体现在多元化与绩效以及并购等相关文献中。企业如何在多元化经营中充分协调技术、设备、品牌等各方面资源,以降低成本、提高质量、增长利润,从而提升自身的整体竞争优势是多业务运营协同的核心问题。要实现多业务运营协同,业务之间首先应当具有相关性[13]。多数情况下,业务相关性几乎成为了协同效应与范围经济的代名词。已有的研究结论也基本认同业务相关性是多业务企业协同发展的核心,是多业务企业获得良好绩效的重要前提[14,15]。

现有的多业务企业运营协同实证研究中也基本都从业务相关的角度分析和探讨业务协同问题。如产品相关、市场相关、生产制造相关等业务相关的指标经常被选择用来测度资源的相关性,但这些指标都体现了有形资源的相关,没有体现出无形资源的相关。实际上,无形资源的相关是企业获取协同效应的重要方式。虽然部分学者从技术流的角度对技术间关联进行了研究[16],但还没有分析得出技术关联对企业绩效产生的影响。另外,在分析资源相关带来的协同效应时,多数学者都忽略了协同成本的影响[17]。随着企业规模不断扩大,企业业务数量将会不断增多,管理各项不同的资源来实现协同将会变得越来越困难,管理成本将会急剧上升。这将大大影响到企业管理者多元化战略实施的决策。

从资源基础观的角度分析,协同效应的实现依赖于对资源的有效管理和利用,因而将协同效应分为资源共享和资源互补两种不同的价值生成方式[18]。有形资源共享可降低成本,并不创造价值;无形资源共享主要起到增值的效果,并不降低成本;有形资源和无形资源经过组合后也主要体现于价值增加。现有文献中多数都从资源共享的角度分析协同效应,而忽略了协同效应的另外一种重要的途径——资源互补。

与发达国家的企业相比,发展中国家的企业更应当注重多业务的协同发展[19]。但从中国的多业务企业发展历程来看,多业务协同运作程度还非常不理想[20]。中国的多业务运营协同的研究大多零散地体现在多元化战略研究中。在20世纪90年代中后期,我国学者们才逐渐地探索了企业多元化程度与绩效的关系[21-24]。国内的研究大多采用国外的多元化程度的测度方法,研究其如何影响企业绩效。而在多业务协同运作的核心问题——利用业务相关性以及定量地研究资源共享与互补如何影响企业绩效还鲜有涉及。

在发展中国家,业务协同发展过程中是否充分利用了业务间的关联,其产品关联、技术关联等对企业绩效产生怎样的影响等等都是需要进一步探索的重要议题。创新的发展在我国早已如火如荼地展开,那么在其商业化发展过程中,资源间的共享以及资源互补是否产生了协同效应以及如何整合资源来获取协同效应?上述问题的解决有助于多业务企业更好地运营发展,也能把多元化战略和绩效密切联系起来,从而丰富多元化战略研究的内容,并为管理实践提供借鉴。

1.2 研究目的与内容

1.2.1 研究目的

几十年来,战略管理研究学者已经认识到并强调了业务协同是企业可持续发展的重要方法和手段。从相关多元化战略、组织结构设计到核心竞争力研究都体现了业务协同发展的重要性。目前,我国企业正面临着新的环境,经济形势异常复杂。从国际上看,世界经济增长放缓,国际贸易增速回落,金融市场剧烈动荡,各类风险明显增大。因此,多元化企业更应当从业务协同角度入手,降低运营成本,加快创新并提高盈利能力。企业不管采用相关多元化战略还是归核化战略,其根本是实现业务间协同发展。但对于如何使企业业务协同发展,发挥 1 +1 >2 的整体效应,理论界的研究成果还比较稀少,不能满足指导实践的要求,因此有必要对此进行深入研究。

本书从研究如何实现企业业务协同发展入手,主要解决以下四个问题。

1.2.1.1 考虑协同成本的范围经济实现

多元化企业中业务协同发展是西方各国学者研究的重点,然而实证分析中并未得出一致性的结论。范围经济的实现必然会带来协同成本的提升,协同成本如何测度、其发展变化趋势如何以及是否影响企业绩效等在学者们的研究中还较为缺乏。而上述问题的研究可进一步明确协同成本的特点,更好地获取协同效应、实现范围经济,也是对多元化战略理论的重要补充。本书探索了协同成本的度量方法,并考虑协同成本的条件下研究多元化与绩效之间的关系,为多元化企业的管理决策提供理论依据,进而提高多元化战略的有效性。

1.2.1.2 技术资源视角实现效率性协同

在多元化业务相关性的研究中,特别是无形资源的相关,西方理论界大多是理论分析，实证检验还比较少。虽然在技术关联与企业绩效关系上具有了一定的认识，认为肯定会影响绩效但还不够全面系统。中国多业务企业中的技术关联与绩效关系在发展中国家具有一定的代表性，对丰富多元化战略理论具有一定的贡献。

1.2.1.3 互补资产视角实现增长性协同

本书以企业资源基础理论为基础，通过分析各种不同的互补资产在企业运营中协同匹配关系以及核心资源与互补资源间的配合，探讨互补资产对企业绩效的影响。技术创新的商业化运作成功离不开互补资产，本书的研究不仅在理论上进一步拓展了互补资产理论，而且实证研究结论也可进一步指导企业管理实践。

1.2.1.4 企业业务协同度度量

本书提出多业务企业业务协同度度量模型，确定协同度的影响因素，从而建立多元化战略、多元化绩效之间的联系。从整体来看，本书的研究根本是实现业务协同，因此有必要对企业业务协同状况进行度量，并在此基础上找出影响企业业务协同发展的关键因素。最终，从该项角度提出提高企业业务协同度的方法或途径。

1.2.2 基本思路与研究内容

随着企业不断的运营发展，规模越来越大，多元化发展成为企业的重要战略选择。为获取更高的收益，降低运营成本，多数企业都希望企业各项业务能协同发展，实现协同效应。本书将从企业运营协同实现的要素以及机理的角度展开研究。多元化企业业务协同发展过程中，协同成本、技术资源、互补资产、外部环境等都是影响协同效应实现的重要要素。

伴随着协同效应的实现，协同成本产生了并且可能影响到多元化战略的选择。因此，本书将首先探索协同成本的特点及其对企业绩效的影响。协同效应实现的关键是对企业资源的充分利用，例如共同采购、共用某项设备、共享技术、活动等等。在企业的众多资源中，技术资源已经逐渐成为企业的核心资源，因而共享技术资源成为获取协同效应的重要途径。技术之间存在关联性是共享技术资源的前提，因而探索技术关联与企业绩效的关系是研究运营协同的重要问题。技术资源的关联是影响业务协同发展的内因，外部环境的变化则是影响业务协同发展的外因。因此，本书将探索外部环境的动态性和包容性对技术关联与企业绩效关系的调节效应。技术资源是企业核心资源，企业中与技术资源之间产生互补性的资源则称为互补资产。互补资产和核心资源的协同发展可以产生增长性协同效应，这也是协同效应获取的重要方式。因此,本书将从互补资产的角度分析其对企业绩效的影响。另外,互补资产不仅能够产生增长性协同效应,而且可以调节技术关联与企业绩效、技术多元化与企业绩效间的关系。这也是本书将展开研究的一个重要方面。

以上的研究更多侧重于企业运营协同的实现,在这个过程中了解哪些因素影响业务协同,现有业务间协同状况如何是非常重要的。因此,探索影响业务协同发展的因素,测度业务协同度是本书研究的一个方面。

根据以上研究思路,本书研究内容主要体现在以下几个方面。

1. 业务协同实现中的协同成本研究

业务协同发展中协同效应的实现依赖于资源共享产生的范围经济,提高资源的运作效率。然而,在实现范围经济的过程中需要对共享资源进行有效管理才能实现,因而也就产生了协同成本。目前,在协同价值的实现过程中,学者们普遍忽略了协同成本的影响,使得许多学者得出了差异较大的研究结论,无法指导企业实践。因此,本书将深入研究协同成本的特点以及对企业绩效产生的影响。另外,企业在经营过程中,通常是首先实施相关多元化战略。此时,协同成本将不断增加,一直增大到足以抵消掉由于资源共享带来的成本节约时企业将采用不相关多元化战略。因此,本书将从协同成本的角度进一步研究企业在选择业务相关的产品时业务数量增加到多少就需要实施不相关多元化战略,这对于企业实践具有重要的价值。在这部分中主要包括:产品或业务关联度的度量,业务协同成本的度量及预警,协同成本对绩效的影响分析。

2. 业务关联与协同实现

协同效应的实现依赖于业务之间的关联性,即资源共享带来业务间协同发展。本书首先从资源共享入手研究业务间协同的机理,然后以军工企业中军民品协同发展为例,从军民一体化价值链网络的角度分别从整体和个体两个方面对军工企业军民品业务协同机理进行分析。之后,提出度量基于核心业务的多元化模型,并采用面板数据模型分析国外和国内航空航天企业基于核心业务的相关多元化与盈利能力间的关系。通过实证研究证明业务间协同发展有利于企业绩效的提升。

3. 技术关联角度研究协同效应实现

产品或业务协同实现的基础是技术的多元化,如何利用好技术间关联有效促进企业绩效还未进行深入的讨论和分析。在已有的理论研究文献中认为技术关联可通过资源共享实现协同效应，技术间的相似性使得研发人员之间的交流较为通畅，有效地降低了研发成本，从而可提高企业绩效。然而，也有学者认为过高的技术关联抑制了企业创新能力的提升。因此，技术关联与企业绩效究竟存在怎样的关系以及如何利用技术关联是值得进一步思考的问题。另外，外部环境也将会对技术关联与企业绩效间的关系产生调节作用，因此，在本书中，也将进一步探讨环境包容性、动态性对技术关联与绩效之间的调节作用。

4. 资源互补角度研究协同效应实现

企业资源间的互补可实现企业销售收入的增长，因而从互补资产的角度研究协同效应实现是本书研究的重要内容。企业绩效提升是业务协同发展的核心，本书从互补资产协同的角度分析其对企业绩效的影响。另外，企业竞争优势的来源是企业的核心资源和能力，因此互补资产和能力多数情况下是与核心资源与能力相互配合，从而快速地提高其市场竞争力。技术资源作为企业的核心资源，其他的互补性资源例如市场资源、人力资源以及生产制造资源等都作为了重要的互补资产。在已有文献研究中这些互补资产作为重要影响因素展开研究，本书则将互补资产作为调节变量实证研究其对技术多元化与企业绩效关系的调节作用以及对技术关联与绩效关系的调节作用。这部分内容包括：互补资产对企业绩效的影响以及互补资产对技术关联与绩效关系的调节作用。

5. 业务协同状况测度及影响因素分析

实现业务协同发展必须了解现有业务间的协同状态，以及哪些因素影响业务协同，发现企业业务协同的短板，找到提高业务协同的路径。协同度的度量可从两个不同的角度展开，一是从微观的角度分析，判断企业内部的各项业务间的协同状况。企业在运营过程中，哪些因素会影响到企业业务协同，识别出这些影响因素是进行协同测度的关键。进一步，提出模型直接度量企业业务协同运行状况。二是从宏观的角度分别从资源共享和资源互补两个不同的方面来测度业务协同状况。本书将以中国高技术企业为例探索其业务协同的度量，并分析影响业务协同的主要因素及其影响模式。根据对整体高技术企业业务协同状况的测度，为高技术企业发展策略选择提供理论依据。这部分内容主要包括：提出度量业务协同状况的模型，识别影响业务协同的关键因子。

1.3 研究意义

1.3.1 理论意义

本书的研究是建立在相关研究成果的基础上，分别从效率性协同和增长性协同两个不同的方面研究多元化企业运营协同。本书从研究协同成本展开，分析其对企业绩效的影响，同时深入研究如何利用技术关联以及互补资产实现协同效应，并采用实证研究的方法来检验研究结论。其理论意义主要体现在以下几个方面。

1.3.1.1 系统研究技术协同机理及协同成本的影响

多元化战略作为公司层战略的重要组成部分，长期以来受到国内外众多学者的关注。尤其是相关多元化与非相关多元化理论的研究更是将多元化战略研究推向了新的高度。多数学者都认为相关多元化通过产品或业务间的协同可以取得比非相关多元化更好的绩效。然而，在已有的研究成果中，得出的结论并不一致。这表明，在相关多元化理论研究中还有许多未被深入研究的地方。本书通过梳理相关多元化战略实施过程中可能存在的诸多问题后认为，现有的度量业务相关性的方法不够准确以及相关多元化产生的协同成本等都是影响多元化战略实施的重要原因。只有科学有效地解决相关多元化战略中的业务关联度、协同成本测度等问题才能使企业正确利用相关多元化战略，提高企业绩效。

近年来，作为多元化管理领域中重要的理论分支技术多元化理论得到了国内外学者的重视。本书的研究从理论的角度丰富和延伸了技术多元化与技术关联等相关理论。目前，基于资源基础观，国内外学者展开了对技术关联的相关研究，尤其是在技术关联与企业绩效关系方面已经具备了一定的认识，但并不全面系统。尤其是在发展中国家，技术关联与绩效的关系还需进一步认识和探索。特别是在复杂和动荡的竞争环境下，如何利用技术间的关联性提高效率以及互补资产如何调节技术关联与企业绩效间关系等是对已有相关理论的重要补充。

1.3.1.2 深入探索互补资产协同对企业绩效的影响

互补资产是技术创新商业化过程的重要资产，多数学者已经研究了其对技术等核心资源和能力的重要性。然而，互补资产之间的协同对绩效的关系以及如何利用互补资产提升企业的盈利能力依然处于理论的空白。特别是互补资产作为调节变量可影响技术多元化与绩效之间的关系是对技术多元化理论和互补资产理论的重要完善。

1.3.1.3 构建度量业务间协同程度的模型

长期以来,国内外学者基于协同理论分析各种不同系统的协同程度,取得了丰富的成果。然而,该项协同度的度量仅是相对的度量,对企业业务协同程度绝对值的度量关注相对不足。本书通过对业务协同相关文献的有机梳理,从理论的角度构建了评价业务协同程度相对值和绝对值的模型并进行了实证检验,为进一步研究多元化企业业务协同提供了理论依据和参考。

1.3.2 实践意义

随着世界经济一体化和知识经济时代的到来,企业集团如何整合资源、发挥业务间协同优势正成为企业及学术界研究的重要论题。业务协同是多元化经营的公司可以在各个业务单元之间共享技术、人才或生产设施等资源,因此可以提高资源的利用效率,削减成本;各个业务单元之间也可以互相促进,协同成长,有助于增强公司的总体竞争力。在企业并购、战略联盟和多元化经营中,获取协同效应一直是一项重要的目标。然而,国内外均有大量的多元化企业在实现业务协同的过程中未能获得协同收益。例如,美国 IBM 公司出售 PC 机业务,中国海尔放弃电脑、手机业务等①。因此,当愈来愈多的企业集团面临如何选择业务组合、如何发挥协同效应,从而实现整体优势时,缺乏成熟的理论指导。在这样的背景下研究企业业务协同理论和度量方法,其实践意义表现在以下几个方面。

1.3.2.1 为企业业务协同提供系统的分析框架

企业集团业务协同发展是当前国内外企业发展的趋势,是企业提升绩效的重要举措。从 20 世纪 70 ~ 80 年代西方企业实施多元化战略到 90 年代以来回归专业化经营从根本上说都是在积极实现业务间协同发展。虽然已有不少国内外学者对企业相关多元化、并购等做出研究,也提出了如何获取协同效应的建议,但多数战略管理学者忽视了对企业业务协同发展本身的研究。本书通过将协同理论与企

---

① 1998 年,青岛海尔成立了负责经营电脑的海尔电脑有限公司、海尔 3C 连锁有限公司和软件有限公司。海尔的主营业务开始涉足到电脑、手机等电子产品业务。2001 年海尔电脑整体亏损,并于 2002 年注销海尔 3C 连锁有限公司,电脑业务不再是海尔主营业务。2005 年海尔手机亏损 4.61 亿元,之后,青岛海尔将手机业务出售给大股东海尔集团。

业集团业务发展实际情况相结合进行研究,深入分析业务协同的本质、影响业务协同的因素,以期能对我国企业业务的协同发展产生一定的现实指导意义。

1.3.2.2 探索企业通过业务协同构建竞争优势的路径

作为市场经济的重要参与者,我国企业集团必须增加其市场竞争优势,尤其是加入 WTO 后,更显重要。企业集团的发展过程中无论采取何种战略,归根结底都应体现在其市场竞争优势上面。因此,对企业业务协同发展的研究目的就是寻求提高我国企业市场竞争力的途径。

1.4 主要创新点

本书的研究可能形成以下主要的创新点。

1.4.1 构建了新的协同成本测度模型

文献检索中,多数业务协同都包含在多元化研究中,目的是实现范围经济,然而相关多元化理论上应当取得更好的绩效但实证未得出该项结论。显然,在多元化企业运营协同研究中依然存在某些因素阻碍了协同效应的实现。其中,多数学者认为协同成本不可能对企业绩效产生较大影响,从而多数文献都忽略协同成本对业务协同实现的影响。因此,对协同成本进行度量并实证分析协同成本对企业绩效的影响成为首要任务。进一步,在多元化战略实施过程中如何控制协同成本增长等问题还需要深入探索。本书在已有文献研究的基础上,提出了度量协同成本的模型,分析了协同成本的特性,并通过仿真及实证研究其对多元化绩效产生的影响,这将是本书的一个重要的创新点。

1.4.2 系统研究了技术关联、外部环境和互补资产对企业绩效产生的影响

资源共享是多业务企业获得协同效应的重要途径,然而限于技术的原因无形资源共享是否能有效地影响绩效的实证研究并不充分,更多的是侧重于理论分析。之后,学者们开始利用专利来代替技术创新状况才使得研究者关注技术对企业绩效的影响。类似于产品关联对企业绩效的影响,技术关联对企业绩效存在怎样的影响以及外部环境和互补资产如何影响技术关联与绩效关系等等这些都是本书的重要创新。

1.4.3 提出了基于资源互补的业务协同实现与企业价值提升的基本路径

多数文献从资源共享的角度探讨通过业务协同实现范围经济,忽略了资源互补也可实现业务协同从而获得高绩效。本书从资源互补的角度探索其对企业绩效的影响。互补资产一直被看作为技术创新商业化过程中不可缺少的重要资产,是与企业的核心资产或能力联系在一起的,因而本书将实证研究其对技术资源与绩效的调节作用。这些内容将是本书的创新点之一。

1.4.4 构建了业务协同状况的度量模型

业务协同状况度量是企业业务协同发展的前提,但目前还缺乏合理的度量业务协同的方法。本书从宏观和微观不同的角度提出了度量协同状况的模型,并应用该模型实证分析了高技术企业的业务协同状况。企业业务运营协同状况的度量对本书是一个重要的关键问题,是本书的一个重要的创新点。

1.5 研究方法、技术路线和结构安排

1.5.1 研究方法

从以上论述和实际研究来看,对业务协同发展的研究可能涉及企业活动的所有方面,需要应用多种理论成果,包括现代企业理论、协同理论、系统工程理论、技术创新理论等等。本书研究从本质上讲是一种应用研究,应遵循规范—实证—规范的分析轨迹,从理论分析开始,研究业务协同发展机制,最后以实证分析加以验证。因此,本书将采用以下几种不同的研究方法。

1.5.1.1 系统分析法

多元化企业业务协同是一个复杂的系统工程,其中包括各种不同的相互影响相互作用的要素,使各环节协同行动产生整合作用。本书从系统的角度并综合运用协同理论、技术创新理论以及资源基础理论等研究企业业务协同问题,提出业务协同度度量、资源相关性度量等内容,并以系统科学的方法建立各种度量模型。总之,采用系统分析法考察多元化企业运营协同问题,为本书的研究开辟了崭新的视角。

1.5.1.2 实证研究方法

目前,国内外学者针对多元化战略、多元业务协同已经进行了大量的理论研究,形成了丰富的研究成果和相对完善的理论体系。因此,多元化理论以及协同理论成为本书研究的理论基础。同时,在深入分析企业多元业务协同与企业经营绩效关系时,将综合运用多元化理论、互补资产理论和资源基础理论等,从而有效衔接各种核心概念之间的逻辑关系。

本书在理论分析的基础上进一步探索了资源的相关性影响企业多元化经营绩效的理论模型,但该模型是否合理、有效需利用现实经验数据进行验证。因此,本书在建立的度量模型的基础上,利用实证的方法检验了协同成本对企业绩效的影响。然后,又以2004~2010年中国高技术上市公司为样本,实证研究了技术关联对企业绩效的影响以及互补资产与外部环境对技术关联和绩效的调节作用。之后,本书又从资源互补的角度实证检验互补资产对企业绩效的影响。以2004~2010年中国高技术上市公司为样本,实证研究了互补资产与企业绩效关系以及互补资产对技术多元化与企业绩效关系的调节作用。最后,以中国化学制造业上市公司为例实证研究了业务协同状况以及影响因素,提出提高业务协同的建议。

1.5.1.3 统计分析法

在数据资料的基础上,对我国高技术企业业务协同发展的运行现状进行统计定量分析。本书提出了面板数据因子分析方法对影响业务协同发展的基本要素展开研究,形成了影响业务协同发展的公因子,为进一步提高业务协同程度提供了依据,同时也找到了业务协同发展的短板,确定了协同发展中存在问题的根本原因。

1.5.1.4 计算机仿真分析法

计算机仿真分析法是利用电子计算机对系统的机构、功能和行为建立模型,在实验条件下对模型进行动态模仿的一种研究方法。这种方法为我们研究各种参数对系统发展的影响提供了有利的帮助,特别是多元化战略实施过程,该方法既与客观事实相吻合,同时也使得研究更加快速、真实。本书利用计算机仿真的方法进行了相关多元化实施15年的仿真研究,增加了对相关多元化实施中协同成本的变化及影响的认识。

1.5.1.5 灰色系统方法

灰色系统理论着重研究“小样本”“贫信息”不确定问题,并依据信息覆盖,通过序列算子作用探索事物运动的现实规律。本书采用该方法构建了度量业务关联的模型,更加清晰地了解了业务之间的关联性。

1.5.2 研究技术路线

本书研究的技术路线如图 1.1 所示。

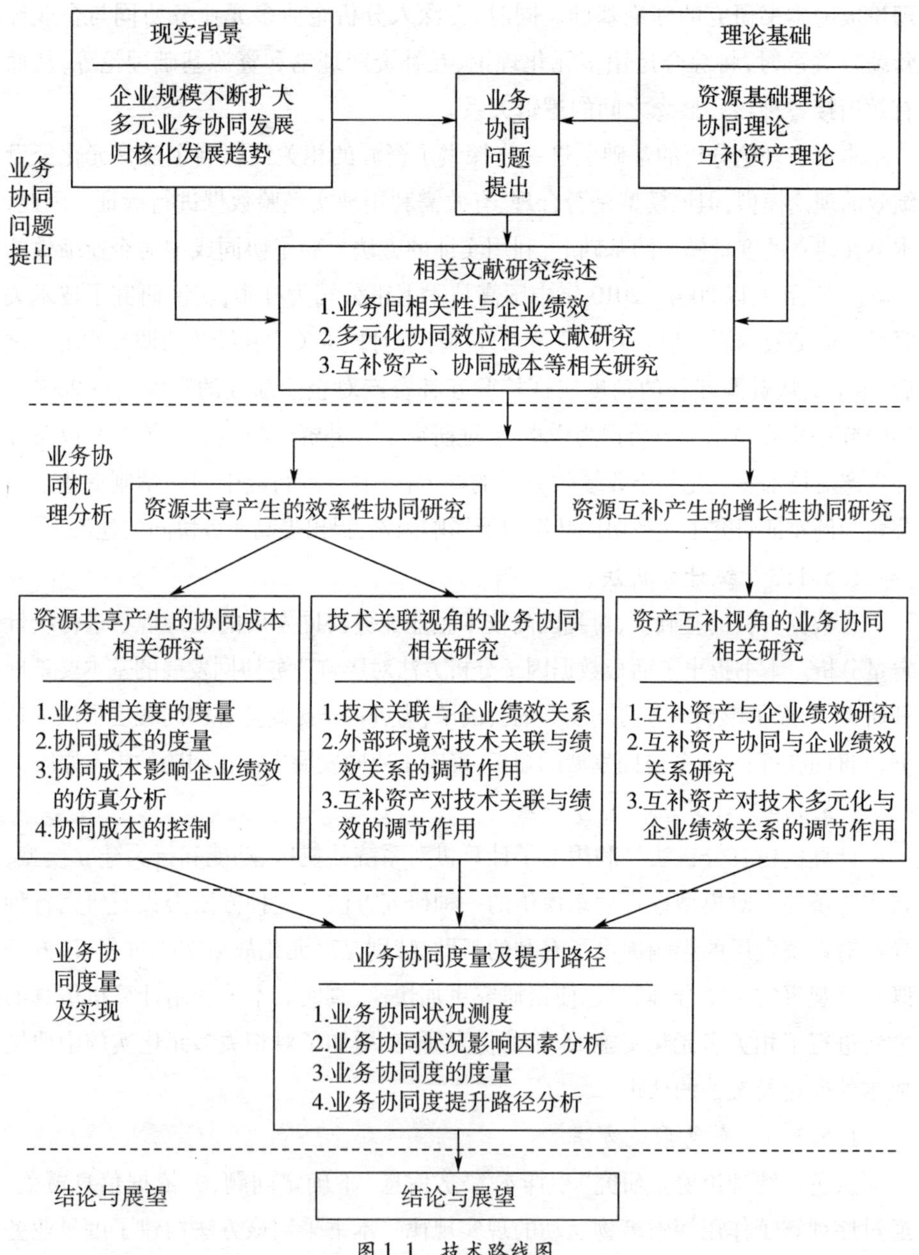

图 1.1 技术路线图

1.5.3 结构安排

本书结构安排如下。

第一章 绪论。介绍了研究的聚焦过程,进而阐述了研究的目的与意义、研究的主要内容、所采用的研究方法、研究的创新之处和所遵循的技术路线。

第二章 相关理论基础与文献综述。该章内容是对已有理论和文献研究的梳理和回顾。首先对业务相关性的类型以及度量进行了回顾与总结。然后分别从多元化战略协同效应、并购中的协同效应等角度系统地回顾协同效应的产生以及如何影响绩效。最后对协同成本、互补资产等相关文献进行了系统的总结,提出了现有研究成果的主要特点和本书的探索方向。

第三章 多元化企业运营协同成本研究。分析了协同成本的产生以及与相关多元化的关系,采用仿真的方法分析了协同成本对企业绩效的影响。然后,提出了一种新的度量协同成本的方法,并在此基础上分析了协同成本的非线性特性并利用结构突变模型对协同成本数列的突变点进行判断与识别。

第四章 多元化企业效率性协同研究——业务关联的视角。分析了多元化企业中业务协同的机理,利用军民品业务关系展开论述和实证研究。之后,以航空航天业为例,从核心业务的视角探索其核心业务与其他业务之间的关联度及与企业绩效间关系,提出资源共享是带来协同收益的重要途径。

第五章 多元化企业中效率性协同研究——技术关联的视角。首先,从技术关联的角度研究其对企业绩效产生的影响;然后,进一步研究了环境动态性和包容性以及互补资产对技术关联与企业绩效关系影响的调节效应。

第六章 多元化企业中增长性协同——互补资产的研究。首先,从互补资产的角度研究其对企业绩效的影响;然后,研究了互补资产协同对企业绩效所产生的影响以及技术关联对互补资产协同与绩效两者间关系的调节效应。

第七章 多元化企业中增长性协同——技术多元化的研究。首先,探索了技术多元化的概念,分析了技术多元化影响企业绩效的机理,并实证研究了技术多元化和企业绩效之间的关系。其次,进一步分析了互补资产和高层管理团队(TMT)单独以及共同对技术多元化与企业绩效关系调节效应。

第八章 技术多元化影响因素研究。首先分析了技术多元化的影响因素,从企业外部环境、运营状况以及组织备用资源的角度实证分析技术范围与影响因素的关系。其次,展开分析了机构投资者持股对技术多元化程度的影响。

第九章　多元化企业业务协同度测度及提升路径。首先,提出一种直接测度业务协同状况的方法,可有效衡量业务协同状况,然后利用面板数据因子分析方法对业务协同影响因素进行分析,找出协同的不足和短板。其次,从系统角度提出间接测度业务协同度的具体方法,即复合系统协同度测度方法。最后,利用该方法度量了企业业务协同度,并提出提升多元化企业业务协同度的路径。

第十章　结论与展望。

第二章　相关理论基础与文献综述

近50年来,业务协同相关研究一直广泛地分布于战略管理、组织结构等研究领域,受到了大量学者的关注。多数学者关注协同效应来源于资源的共享,因而从业务相关性入手,在多元化战略、并购等方面展开研究。本章按照这一脉络对业务协同相关文献研究进行梳理,同时也对本书研究相关的理论基础进行了回顾。

2.1　业务相关性与企业绩效

2.1.1　业务相关性的类型

目前,多元化文献建立在Rumelt的工作基础上,都假设企业自身拥有冗余资源从而进行多元化发展并认为相关多元化战略可获得比不相关多元化更好的绩效[25]。持有这种观点的重要依据是相关多元化由于业务间存在关联可产生范围经济,从而获得协同效应。业务间的关联可定义为以下几种形式。

2.1.1.1　产品关联

如果企业的各业务之间共享相似的资源,如原材料,生产设备或者相似的工艺技术,那么该多元化企业的各业务之间被认为是产品关联[26]。

2.1.1.2　市场关联

市场关联的多元化是指企业在相似地理市场上运作,服务于相似类型的客户,同时利用相似的分销渠道[27]。研究者们认为,市场关联的企业可以通过在相似的市场上共享品牌、包装、产品设计、价格策略以及广告和分销渠道来获取竞争优势[28]。

2.1.1.3 技术关联

技术关联为基础的多元化企业是指各业务单位依赖于相似的技术流或者业务单位具有关联的技术资源(专利)。技术关联的企业可促使企业多元化进入到不同的产业,从而充分利用已有的技术资源获得超额绩效[29,30]。

大量的多元化研究都建立在企业业务关联的基础上,通过关注企业的投入和产出试图确定业务间如何关联达到效益最大化。例如,产品关联关注的是企业的投入。若企业各业务单位属于相似的产业,那么研究者们就认为各业务单位间相互关联。这是由于相似的产业就可充分利用相似的投入,如原材料、生产设备进行产品生产[31]。而市场关联重点关注了企业的产出。研究者们认为,若企业的各业务在相似的地理市场,利用了相似的分销渠道或相似的顾客类型,则被认为是市场关联[32]。很明显,产品关联或者市场关联都重点集中在共享有形资源的角度。产品关联强调了投入资源的共享性,市场关联强调了产出资源的共享。技术关联强调了企业在无形资源的共享,企业的技术领域之间存在相互关联可使得研发人员相互学习,降低研发成本,加快研发周期。另外,技术关联便于研发人员之间相互交流,提高创新能力[33]。

2.1.2 业务相关性的度量

业务相关是指企业各项业务单元之间的资源活动相互共享、相互补充的程度[34]。Rumelt 很早就提出业务单元之间的相关性的概念,且认为多元化战略的核心即是充分利用业务单元之间的资源活动共享、资源互补等。特别是当企业实施多元化战略时,充分利用各业务单元之间的相关性可获得协同效应,从而实现企业的竞争优势[35,36]。迈克尔·波特认为随着企业规模的不断扩大,业务数量的不断增多,从业务相关性中获得收益已经变得非常重要,有效地开发和利用业务单元之间的相关性成为企业提高收益的重要战略。企业如果拥有剩余的资源或能力就可通过多元化进入到其他市场,进一步,如果企业多元化进入到资源相关的市场,那么企业可通过在不同业务间共享这些资源实现范围经济和平均收益以上的回报,协同效应就产生了[37-40]。因此,业务相关性和协同效应的获得就紧密地联系在一起,通过业务相关性的度量来衡量协同效应的大小。

根据已有业务相关性文献研究可知,业务相关性的测度方法多种多样,学者们普遍是根据自己的研究目的进行业务相关性的测度。目前,业务相关性的测度方法分为三类,基于SIC分类、研究者评价和管理者感知。基于SIC(Standard Industrial Classification)分类的方法是利用国际标准产业分类的方法,SIC代码相同或相近表示产品或业务之间的相关性高。研究者评价是利用样本企业数据,使用某种指数的方法测度其相关性[41,42]。管理者感知是利用管理者对企业业务单元之间的相关性进行判断,方法可以是业务与资源矩阵,也可以是李克特5级量表[43,44]。

2.1.2.1　基于SIC的分类测度法

利用SIC分类法测度业务间关联性依据是产品技术的相似性,实际上体现了技术或原材料相似性。也就是说,共享相同技术或相同原材料的产品可以划分到某一个产业或者再细分到某个产业群组。因此,该方法的主要观点是如果两项业务单元共享相同的SIC代码,那么这两项业务一定具有相似的产品属性,因而两者间是相关的。基于SIC代码的方法是传统的计算业务相关性的方法,例如熵指数法[45,46],集中度指数法[47]和赫芬达尔指数法[48,49]。

以标准产业分类代码衡量企业业务相关性仅是计算了企业经营横跨SIC两码、三码或四码的行业个数,这种方法简单容易但不能分辨不同产业占企业经营业务的比重及方向,而且该方法仅测度了非常狭窄的资源范围,只包含了产品特点的相似性、原材料和生产工艺的相似性,而忽视了资源的其他维度[50,51]。另外,SIC代码测度方法隐含着这样的前提假设,即同样的两位数代码的业务之间是相关的,不同的两位数代码的业务之间是不相关的。这种假设在战略研究领域还存在很多不足,在评价业务相关性方面还较为粗糙[52]。而且Hoskisson曾指出,分类测量或许更适合于多元化类型的测度,而非业务相关性的测度[53]。Robins和Wiersema也认为SIC代码在分类产业间关系时提供的信息非常少,而且以SIC代码为基础的测度方法如熵指数和集中度指标都缺乏内容效度[54]。而多数研究者们在利用这些方法时都忽略了效度问题[55,56]。最后,基于标准产业分类SIC的方法难以区分相关性程度,这些方法计算得到的相关性只能算作是相关多元化程度而非相关性程度。

国外许多学者已经意识到以上这些业务关联度量方法的不足,尝试寻求新测量方法以克服现有方法的缺陷,具有代表性的是基于技术流的方法和基于投入产出表的方法。基于技术流的方法[54]是以专利档案为依据,通过计算某一行业专利被另一行业使用比例来计算技术流相似性,从而可计算出企业投资组合间的相关性。然而,该方法操作较为复杂,尤其是技术流相似性计算数据难以获取,而且行业间相关系数可能为正、为负或零。基于投入产出表的方法[57],是Fan和Lang采用美国投入产出(Input-output,IO)表中的商品流数据构建了两个基于IO的测量方法,用以测量行业间或多元化企业业务单位间的垂直相关性和互补性。实证分析表明,从行业的层面,以IO为基础的度量方法比以SIC码为基础的度量方法更能反映企业业务间相关度,但该方法在计算产业间系数时采用两产业间的相关系数,该系数可能为正、为负或零,不利于进一步的判断。另外,基于SIC的方法仅是测度了业务间潜在的业务相关,并不是实际的业务相关。尽管研究者认为,潜在的相关性能自动地转变为实际的相关性,但实践中存在许多的困难会妨碍潜在的相关性转化为实际的相关性[58]。

2.1.2.2 研究者评价法

研究者评价法主要是依据产品、资源或者活动等方面绩效相关性的评价。其中,早期的比较有影响力的是Rumelt和Wrigley利用产品—市场特征的分类方法。Rumelt扩展了Wrigley的分类方法,依据产品—市场特征提出了九种不同的多元化战略。Rumelt的多元化分类方法基于两个维度:专业化比率和相关比率。专业化比率是指企业主营业务销售额占总销售额的比重。相关比率是指企业相关业务销售收入占总销售收入的比重。由于Rumelt分类方法展现了较高的内容效度,因而该方法被广泛应用。自从Montgomery发现Rumelt的方法和基于SIC分类法有高度关联后,利用产品—市场特征进行分类得到了进一步强化。该项发现不仅加强了学者对Rumelt的业务关联观点的认识,而且大大便利了多元化研究。

之后,研究者们从更广泛的视角寻找资源的相关性,从企业管理人员拥有的管理技能到能带来竞争优势的独特资产、能力等等[59]。例如,如果企业的各项业务之间具有相似的客户,因而可以共享分销渠道,营销活动等等,那就具备了营销资源相关性[60]。这些企业可通过共享品牌、产品设计、分销渠道、广告等等获得范围经济[61]。如果不同业务的人力资源可相互替换,可认为各项业务单元之间具有人力资源相关性,也可实现范围经济。以上各项活动或资源共享得到的业务相关性可通过采用企业层数据进行测度。例如,Farjoun 利用企业的公开数据,从两个产业使用相同类型和比例的人力资源技能来测量人力资源相关性[62,63]。Coff 和 Hatfield 使用相似的数据研究企业的并购,得到了人力资源相关性越强则并购绩效越好的结论[64]。Robins 和 Wiersema 采用技术流矩阵的方法测量多元化企业业务之间的技术相关性,得出有技术相关性的企业比没有技术相关性的企业可获得更好的绩效[65]。

研究者评价的方法还存在以下不足:一方面,从测量资源、活动的相似性的角度测度业务间关联性还无法完全体现资源的共享程度,也就是说该测量方法未能准确地测量理论要求。Tsai 就认为,多元化企业的各项业务共享资源具有难以模仿、不能替代以及非交易性的特点,因而可为企业带来竞争优势[66]。然而,所有的测量方法测量的是经营过程中各项资源活动利用的相似性而非共享。另一方面,研究者评价研究资源共享或从价值链的角度探索活动的相似性,都是潜在的相关,而不是真实的相关性。多业务企业利用业务间的相关性主要是试图发挥业务间的协同作用,利用范围经济的优势,因而企业管理人员或者研究人员更关注的是企业业务间实际的相关性[67]。

2.1.2.3　管理者感知

在应用 SIC 代码或研究者评价的方法时一个重要问题是这些方法是由外部观测者给出的评价,而非企业本身的评价。然而,企业的战略决策或资源调配都依赖于管理者对业务关联情况的感知,这完全不同于外部的观测。因此,许多研究开始利用管理者感知来测度业务相关性[68,69]。

根据资源的相似性进行判断具有模糊的特点,难以完全获得企业业务间实际的关联情况。而这种模糊性很大程度上是由于管理者感知的不确定性[44]。因此,管理者在评判多元业务间相关性时把握性程度相差很大[70]。这就意味着管理者对多元业务间的相关性存在不同的理解[71]。但研究表明,即使是在同一个产业中,不同的管理者或许存在不同的观念,然而,从本质上来讲,相同产业中的管理者具有共同的语言,对如何竞争也有相似的理解。

较早的利用管理者感知测度业务相关性的是 Nayyar,他通过对 80 家企业高层管理者调研,利用资源和业务矩阵让管理者评判多元业务所需要的资源。结果发现,营销资源、固定资产、管理技能、人力资源和专用技术是最重要的资源,从而提出管理者理解的业务相关性与SIC代码测度的相关性差别较大[72]。Stimpert和Duhaime采用李克特5级量表测度了业务间的相关性,进行因子分析后体现出产品市场特征、资源特征和价值链特征。这直接证明了赫芬达尔指数和熵指数测度的相关性仅反映了管理者感知的产品市场相关性,而无法反映其他的相关性[69]。

管理者感知测度业务相关性操作起来较为繁杂,同时又是主观评价得出,因而在实证研究中需要对其效度和信度进行检验[73]。

2.1.3 业务相关性与企业绩效

在早期研究中,学者们更关注有形资源的共享带来的绩效提升,然而多数学者认为有形资源的相关并没有有效促进多元化企业的绩效[74,75]。在多元化企业中,任何两项业务在某个资源维度上有可能是相互关联的,而在更广泛的资源维度间的关联就可使得业务单位之间产生协同效应。例如,运作资源中人力资源[74]、IT资源[76]、技术资源[77,78]、生产制造资源[79]、一般管理知识[79,80]等等。John和Harrison根据多元化企业原材料、产品、生产工艺等将生产关联分为松散相关、紧密相关和无关三种类别,实证研究发现生产资源相关性和企业绩效不相关[79]。Davis和Thomas采用集中度指数测量了美国45家制药企业的相关性,发现业务之间并未产生协同效应[81]。之后,更多的学者开始关注无形资源是否对绩效有显著影响。由于无形资源具有难以模仿、无法替代、交易成本高等特点可获得竞争优势,因而无形资源间具有相关性时可显著地提高多元化企业绩效。如Markides和Williamson根据顾客资产相关性、渠道资产相关性和过程经验相关性的角度研究发现这三种资产的相关比产品市场相关性更能有效地促进企业绩效[74]。Szeless从技术流的角度,利用欧式空间距离测量了技术资源间的相关性,发现技术资源相关性可显著地提高企业绩效[82]。Pehrsson对瑞典124家制造业企业的研究表明,技术资源间的相关性可显著地影响企业绩效[14]。总之,资源之间的相关性与绩效关系得到了多数学者的认可,特别是无形资源之间的相关性更能有效促进企业绩效的提升。

近年来,学者们逐渐关注无形资源特别是技术资源对企业绩效产生的影响。

由于技术资源无法通过市场机制转移到第三方企业，因而共享技术资源是企业获得竞争优势的重要途径，而技术关联可有利于企业共享技术资源。技术关联可使企业在相似的技术领域内进行知识转移或者技术之间相互融合从而增强核心竞争力[83]。技术之间的关联性还可使得生产服务业与制造业的技术研发具有相互影响和相互促进的协同创新效应[84]。最后，技术相关性还能直接通过降低企业风险来减缓投资回报的波动性，进而提高企业的财务绩效和市场表现。另外，当技术领域之间密切相关时，企业的技术吸收能力也会大大增强。梁启华发现技术关联性是跨国公司 FDI 与技术转移的重要驱动力，跨国公司与东道国的技术关联效应，是形成东道国产业集聚重要影响因素[85]。

2.2　协同效应研究综述

2.2.1　多元化中的协同效应

经济理论研究表明，当一个企业生产两种或者两种以上产品而使得资源共享所造成的总成本降低时可以获得范围经济[86]。因此，当企业的多种产品或业务共享投入要素时，可获得潜在的范围经济，节约成本，产生协同效应[87,88]。多业务企业可利用企业内部的互补机制实现协同效应。如银行或金融业企业通过在银行、证券、保险等多个业务的联合经营，实现资源共享获得了多方面的协同效应[89]，同时也能在一个控股集团内使风险得到分散与转移，从而实现来自混业经营供给方的范围经济[90]。在经济学与战略管理研究的相关文献中，协同效应经常被定义为由于规模经济或范围经济获得的成本节约[91,92]。有些学者则认为协同效应不仅仅是成本节约，还会使得企业提高获利能力或创造新的价值[93,94]。Davis 和 Thomas 以美国制药公司为研究对象，探讨了资源类型、相关性与协同效应三者间的关系。研究表明，并非所有的资源相关都能产生正向协同效应，而曾经是正向协同效应或负向协同效应的资源关联也可能会随着产业生命周期的变化而变化[95]。Martin 指出，协同效应这种联合效应的本质可能是正向也可能是负向[96]。本书认为，协同是指企业的不同业务单位之间因共同运作创造出或者获取到联合效益，而此种联合效应具有变动性，会随着业务单位的生命周期的变化或者外部环境的变动产生正向效应或负向效应。

根据多元化相关理论可知,多元化经营运作是企业追逐成长的途径之一,且让企业规模扩大发展成为企业集团形式。早期,安索夫和波特两位大师对协同效应的获取展开研究,但均未对业务协同机制作出全面解释[97-99]。之后,许多学者在以上两位大师的协同研究的基础上更进一步地研究了协同效应[100,101]。如 Knoll 广泛回顾近 30 年来经济学、战略管理等领域中关于协同效应的讨论,指出协同效应是源自于企业中具有价值的、稀缺的、不易模仿的资源来创造出的效益优势。将协同的类型划分为以下四种,包括运营协同、市场力协同、财务协同及管理协同[102]。显然,企业选择多元化战略作为成长途径的重要原因是希望原有业务与现业务之间产生协同效应[103-105]。战略管理研究者们指出,企业涉足新业务并非难事,困难之处在于如何让原有业务与新业务之间的合作能产生协同效应。失败的合作关系轻则致使投资无法收回,重则会危害到整个企业的生存发展[106]。

2.2.1.1 国外学者对多元化中协同效应研究

1. 相关多元化与无关多元化孰优孰劣

多元化与绩效的关系或许是在战略管理研究领域被学者们关注最为频繁的话题[107,108]。自从 Andrews[109]、Ansoff[110-112]提出了多元化可影响企业绩效的议题后,在近 50 年的时间里,大量的理论和实证研究对该项课题展开了讨论[113],而且已经有学者对多元化与绩效间的关系进行过多次的综述。Ramanujam 和 Varadarajan 首次对多元化与绩效关系的大量的研究发现和成果进行了综合,并认为现有的研究结论非常零散且相互冲突[114]。在此之后,Hoskisson 和 Hitt 进行了另外一些研究的回顾,类似于 Ramanujam 和 Varadarajan 的研究结论,他们也认为多元化是否会导致企业绩效提升并没有明确的结论[115]。但他们强调,多元化和绩效的关系会受到企业内外各种因素的影响,因而比先前文献研究中的假设情况更为复杂[116]。之后,Datta 进行了再一次的综述,提出多样化的理论和方法导致了冲突的结果,从而也就无法得出多元化是否可提高绩效的结论[117]。Dess 也系统地论述了多元化研究文献中的方法问题,得出研究方法阻碍了多元化研究的进一步深入探索[17]。至今为止,相关多元化是否比无关多元化获得更好的绩效得到了众多学者的关注,但尚未得出统一的结论。部分学者赞同相关多元化由于可获得范围经济或协同效应因而比无关多元化绩效更高[118-119]。Rumelt 采用《财富》500 强中的 246 家企业分析了其在 1949 ~ 1969 年间的多元化与绩效关系后得出，相关多元化企业的经营绩效最高，而无关多元化的经营绩效最差[25]。Palepu 采用改进的熵指数法度量多元化水平，对 1973 ~ 1979 年间美国 30 家企业的多元化水平与企业绩效的关系进行实证研究，发现相关多元化企业的利润增长率显著地高于无关多元化企业的利润增长率[120]。然而，也有学者的实证研究并未得出相关多元化一定优于无关多元化的结论。如 Bettis 对《财富》500 强中的 80 家企业进行了实证分析，结果发现相关多元化企业的资产收益率基金高出无关多元化企业 1 ~3 个百分点。这表明，相关多元化和无关多元化在经营绩效方面并没有显著差异[121]。

多元化水平与企业绩效关系还未有明确的结论，学者们试图从两者之间的非线性关系来说明，其中最优多元化水平假说是多元化研究中的一个重要论题。这些学者们认为，以单一业务为主的企业将限制组织充分利用企业的冗余资源，只有相关多元化可通过业务单位之间的资源共享获得范围经济。也就是说，只有达到最优的多元化水平，企业才能取得最优绩效。如 Kwangmin Parka 和 SooCheong (Shawn) Jang 采用熵指数的方法研究了多元化与绩效间的关系，结果发现相关多元化和无关多元化各占一半时企业可以获得最优绩效[122]。此后，Palich 以 30 年来企业多元实证研究中的文献作为研究对象，采用元分析方法，对企业多元化水平与经营绩效关系进行了检验，发现两者之间存在倒 U 型关系[123]。也就是说，适度多元化能比单一业务和无关多元化获得更好的绩效。曲线模型与基于资源观的理论研究结论是相一致的，业务相关性可以使多业务企业通过资源共享来降低成本从而获得成功的多元化发展[124]。

2. 资源基础观的视角研究多元化中协同效应

自从资源基础观[125]引入战略管理研究领域以后，由于资源的共享可产生范围经济、降低成本，因而作为一种主流范式被大量学者采用来研究相关多元化问题[126,127]。特别是在国际多元化、组织结构、高层管理团队等多元化研究的各个方面都以资源基础观为基础展开讨论。Berry-Stölzle 以 211 个样本企业为研究对象，利用 1995 ~2000 年的数据进行分析，提出国际多元化的收益不一定来自于企业的专有资源，但多元化可以带动专有资源的建设[128]。按照资源基础观理论,企业的资源可以创造更高的价值从而产生竞争优势[129]。也就是说,企业战略需要强调资源的搭配而不是仅关注企业的市场环境。企业资源包括资产、能力、组织过程、信息技术等,然而学者们也强调仅仅是拥有这些资源并不能保证企业获得竞争优势,只有通过对这些资源在企业的业务单元之间进行有效的累积、合并和利用才行。因此,企业若要获得超额收益并在各个不同的业务单元之间获得协同效应必须充分利用这些资源和能力[130]。20 世纪 80 年代后,以美国为代表的发达国家兴起了归核化的浪潮,通用、可口可乐、柯达、IBM 等大企业都加入到归核化的队伍中。Gönül Golak, Yoshitaka Fukui 等的研究发现,归核化的发展有助于提高公司绩效[131,132]。归核化的本质就是充分利用核心资源,使得核心业务与相关联业务产生协同效应,促进企业绩效提升。

3. 其他与多元化协同效应相关研究

近年来,研究者们发现基于代理理论的高层管理团队状况也是影响多元化协同效应实现的重要方面[133-135]。例如,Aggarwal 和 Samwick 就进行了详细的论述,他们认为代理理论可以有效地解释多元化的动机和采用多元化战略的优势[136]。在企业的初创阶段,管理者有大量的机会反复投资在企业收益较高的项目,然而随着业务的不断成熟,具有吸引力的投资机会变得越来越少,管理者将投资于与企业原有业务不相关的项目而不是将收益返还股东。因此,多元化战略,尤其是并购的方式被认为是增加管理者影响力和权威的重要方式[137]。也有学者研究发现多元化协同效应实证研究中因变量的选择还存在一定问题,即文献研究关注了范围经济或者规模经济带来的成本降低,但因变量并没有充分反映出绩效产出,这也就导致了内容效度问题。如果假设的提出是以成本为基础的范围经济,那么绩效的测度应该反映出这种假设。D'Aveni 就是在测度多元化协同带来的范围经济时,提出了成本—效率的产出变量[80]。企业在多业务运营过程中也有可能出现不协同的情况,如降低了灵活性[138],或者降低了创新能力等,因而因变量的选择更为复杂。另外,不同的协同类型也会对协同效应的获得产生不同的影响力。Markides 和 Williamson 区别了两种类型的协同效应,他们认为由范围经济产生的成本降低只能提供短期的竞争优势,因为这种方式可以很容易地被竞争对手模仿[139]。但是,增长性协同是由于共享了战略资产创造的竞争优势,因而具有可持续发展的特点。这和 March 和 Sutton 讨论的绩效优势不稳定是相一致的[140]。Nicolai 和 Kieser 也认为企业成功因素往往会倾向于损害原有的机制,从而对竞争对手更加有利,甚至更有利于竞争对手的模仿[141]。遗憾的是,Markides 和 Williamson 仅仅是调研了在某个时间点上的企业资产收益率,协同效应的差异并未体现在因变量上。之后,学者们又采用了连续的时间变量并且采用财务—市场为基础的绩效产出进行测度[142]。

2.2.1.2 国内学者对多元化中协同效应研究

国内学者对多元化与企业绩效之间的关系也进行了大量的实证研究,结论与国外学者的结论基本相一致。学者们也是从资源相关性的角度实证分析多元化企业是否能够促进企业绩效,至今也未形成一致性的结论。

其中,多数学者认为相关多元化战略充分利用了资源的相关性或核心竞争力从而可取得更好的绩效。徐康宁以沪深两市中的 24 家上市公司作为样本,发现上市公司的多元化经营绩效与多元化战略选择有密切联系,实施相关多元化战略的企业绩效明显的优于无关多元化战略的企业[143]。马宏伟,蓝海林以沪深两市 644 家上市公司作为研究样本,发现多元化业务的相关性程度越高,总资产的盈利率也越高,但回归模型的检验不具有显著的解释。这表明企业多元化程度与企业绩效之间不存在显著的相关关系[144]。金晓斌对 1998 ~2000 年间的 379 家上市公司实证研究表明,相关多元化水平提高则企业绩效也体现为正向增长[145]。黄山等通过对 706 家上市母公司合并报表进行实证检验,发现中国处在产业结构调整以及行业开放时期,较多的投资机会在一定程度上放大了不相关多元化的内部资本市场配置优势,因此在适当时机的适度多元化有可能是一种较为有效的成长战略[146]。韦小柯以我国 256 家上市公司为样本,采用纵向分析方法,实证检验了绩效对多元化战略的作用。结果显示,企业以往绩效和主营产业以往绩效显著影响多元化程度,两者之间存在显著的因果关系[147]。宋旭琴,蓝海林更是认为企业集团应集中精力,发挥自身的核心优势去做大做强,而不要把多余的资源和能力分散到过多的领域中,要把相关多元化和低度多元化作为战略发展的首选,进一步收缩业务, 回归主业[148]。吴晓波和周浩军以我国 318 家制造业上市公司 1999 ~2008 年期间的纵向数据,考察国际化、多元化与企业绩效之间的关系,研究发现随着多元化程度的提高,国际化对绩效的影响逐渐减弱[149]。

另外,也有部分学者从资源的角度分析多元化与绩效关系,也得出了资源相关性可有效促进企业绩效的提高。马忠,刘宇选取2004~2006年沪深A股上市公司为研究样本,分析企业资源类型与多元化战略选择之间的关系,研究发现在资本市场上获取的财务资源以及市场营销方面的无形资源更支持企业进行相关多元化经营[150]。程勇和黄建华运用企业核心资源理论与有限理性决策理论的分析方法,通过构建模型对多元化、归核化与企业核心资源三者之间的关联性进行了分析。得出的主要结论是,企业的核心资源是实施多元化与归核化的内在基础;企业是采用多元化还是归核化,完全取决于企业当时所掌控的核心资源与经营业务的匹配状况[151]。

当然,也有部分学者发现多元化水平并不能促进企业绩效提升,甚至呈现负向关系。朱江以1997年沪深两市的146家上市公司作为研究样本,采用赫芬达尔指数衡量多元化水平,研究发现企业多元化水平与经营绩效之间没有显著的关系[152]。李敬对上市公司中的105家企业进行了多元化与绩效关系的研究,得出了多元化水平与企业绩效呈现负向相关关系[153]。陈信元,黄俊研究发现,政府直接控股的上市公司更易实行多元化经营。政府干预下的公司多元化经营,由于更多地出于政治目标和社会职能的考虑,降低了企业的绩效[154]。程勇,徐康宁选择了沪深143家上市公司对多元化水平与经营绩效进行了相关性考察,发现两者之间没有显著的相关关系,不存在所谓的"最优多元化水平"[155]。

从以上研究可知,若是以财务指标来探讨企业绩效与多元化战略间的关系,大多得出多元化不影响或增加企业绩效,表示企业多元化战略是有利于企业绩效提升的,且多数学者认为相关多元化可获得更好的绩效。然而,从另外一个角度来看,企业的高绩效水平可使多元化战略得到进一步的扩展[156]。例如,管理者们或许认为企业过去的高绩效是一种积极的信号促使其将企业的冗余资源投入到相似的业务中,而过去的较差的绩效或许促使管理者改变战略方向,从而实施无关多元化战略[157,158]。

2.2.2 并购中的协同效应综述

随着企业并购浪潮的不断涌现,并购活动已经作为一种重要的企业发展形式得到了越来越多的企业重视。并购可产生协同效应,增加企业的市场价值以及讨价还价权力[159,160]。在并购的相关研究中，学者们对并购企业中协同效应的产生以及如何获取协同效应进行热烈的探讨，取得了一定的成果。并购中的协同效应是由于经营上的互补性，使两个或两个以上的企业合并成为一家企业后，会使得企业成本降低或是盈利能力增强[161]。

2.2.2.1 从业务关联的角度

从业务关联的角度关注并购主要体现在相似的市场和产业。并购的主要原因是将原有的业务单位的知识转移到新并购中的业务单位中。企业原有的业务单位的知识等资源可有效地实现业务的运营协同[162]。首先，原有业务单位的分销渠道、知识等资源可以通过共享降低成本[163]。其次，当并购发生在相关产品市场中时可形成稳定的收益，因而并购可以降低风险。最后，并购可使得竞争对手减少，市场权力增大。在制造业中，并购后的企业可充分利用厂房、设备等固定资产，扩大企业生产经营规模获得规模效应。从业务关联的角度来分析，并购后可获得协同效应的案例不在少数。如 Kusewitt 和 Miller 研究发现，相关并购对绩效可产生正向效应[164,165]。Davis 得出结论，市场和生产关联可对企业产生更大的效应，特别是生产关联可使企业获取更高的利润[13]。Gugler 分析了世界范围内并购的案例，认为业务关联的并购可比垂直方向的并购产生更大的绩效[166]。

2.2.2.2 从文化关联的角度

如果企业与被并购企业具有相似的文化，那么融合成本将会降低，从而并购绩效将会提高，那么协同效应也就产生于相似的决策过程、规范的管理方式等文化中[167]。许多研究都支持了文化关联可对并购后的绩效产生积极的影响[168-170]。Stahl 和 Voigt 采用元分析法研究了文化关联与并购后绩效的相关文献，得出文化关联在部分并购案例中产生了效应[171]。然而，也有少数学者的研究认为多元化和文化距离对实现并购收益有不利的影响[172]。

2.2.2.3 从技术关联的角度

Larsson 和 Finkelstein 认为，协同效应来源于累积技术的相似性和资源的互补性，技术的相似性可以有效降低业务成本和防止学习新技术产生的效率降低[173]。同样，学者们也得出了技术相似性特别是相似的知识管理机制，可对并购后绩效产生积极影响[174]。另外，Cassiman 和 Elina Pyykkö 都通过实证研究发现,互补技术可使并购后的企业产生经济效益[175,176]。

2.2.2.4 从规模关联的角度

许多学者认为被并购企业和购并企业具有相似规模可产生更好的知识融合以及最有效的融合过程[177]。当两个企业规模相当时,被并购企业可更好地认识到并购企业的价值以及知识内容,从而更有利于企业吸收利用,节省成本[178]。这种类型的协同是很容易认识到并实现的[179]。

除此之外,获得财务协同效应、人力资源协同也是并购追求的目标之一。尤其是企业具有充裕的财务资源但缺乏好的投资机会时,并购可使得并购企业的财务资源在被并购企业进行再分配。在并购研究中发现高层管理模式和并购后绩效具有正向的、显著的影响[180]。Larsson 和 Finkelstein 调研了61 个并购案例,发现相似的人力资源和管理方式可对业务协同的实现产生积极的影响[173]。

2.2.3 资源互补中协同效应

近年来的研究表明,资源的互补性而非共享可产生增长性协同收益,从而提高企业绩效。互补效应主要是通过对有形资源之间或者无形资源与有形资源的充分利用来实现的。坎贝尔就提出了当不同的领域间可共同使用某种资源而不影响其他的领域使用该资源时,协同效应就产生了[181]。当一种有价值、不易模仿且不能替代的战略资源单独使用或者孤立运作不能获得效应时,就需要其他资源与之相互匹配产生互补的效用,这样该战略资源才能充分发挥作用。例如,高技术企业的发展离不开技术创新能力的提升。然而,企业的研发能力提升较大如果没有与之相配套的其他资源,那么也无法实现高绩效。也就是说,企业的各种资源应当在统一的调配之下,统一管理挖掘每种资源的潜能,实现它们的价值。如企业技术资源必须与生产制造资源、市场资源等相互配合才能产生协同效应。

已经有众多的学者展开了对资源互补带来的协同效应的研究。如 Farjoun 研究发现,互补资源而非资源共享可增加企业绩效。他分析了 158 个多元化制造业企业,发现知识的相关性和制造资产的关联对企业绩效有正向影响[63]。同样,Larsson 和 Finkelstein 分析了 61 个并购案例后发现协同收益来源于资源互补,得出资源互补是成功多元化的关键因素[173]。Tanriverdi 和 venkatraman 对

303 个多业务企业的研究表明，互补知识资源可产生显著的市场绩效或财务绩效。特别是他们提出，来源于产品知识关联、顾客知识关联和管理知识关联的业务协同并不能单独提升企业绩效，协同收益来源于三类资源的互补[248]。

另外，坎贝尔从资源使用的角度探讨了资源互补产生协同。他认为，一天中的不同时间段或者一年内的不同季节，资源使用的强度是不平均的，而这给互补效应的产生提供了机会。例如，企业的某种资产较为充裕，这就意味着在一段时间内是闲置的，将导致资产收益率大大降低同时带来了各种成本。在这种情况下，充分使用资源创造收益是弥补所产生的成本和获得利润的关键。坎贝尔认为资产的充分使用可以通过资源互补的途径达到，而在这个过程中还可以通过战略设计使得互补资产取得更大的竞争优势，得到超额价值。邱国栋分析了资源互补和协同效应之间的关系，他认为竞争战略设计可使企业的不同的有形资源组合或者有形资源与无形资源组合产生最大化的效应，取得 1 +1 >2 的效果[18]。同时，他提出仅以优势互补为目的或仅仅是起到不同种有形资源的互相弥补缺陷知识形成了初级的协同效应，而无形资源的互补或者有形资源与无形资源的互补能产生增值的效果，如图 2.1 所示。

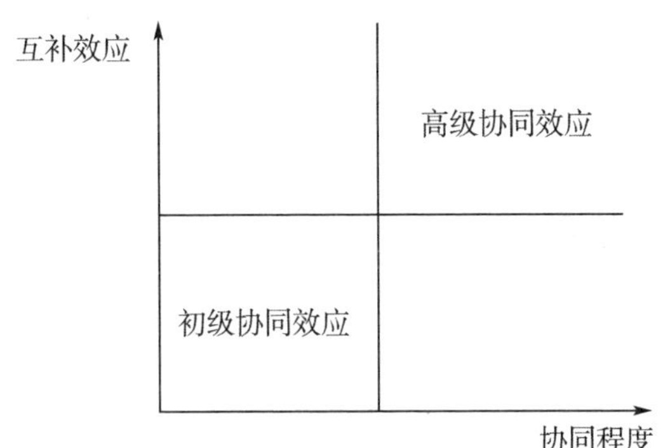

图 2.1　互补效应与协同效应的关系

2.2.4　协同成本的研究综述

在协同效应的早期研究中，学者们就已经意识到协同成本的存在。波特就强调了共享资源获得协同效应需要付出成本。他认为，关联总要涉及成本，因为关联或多或少地都要求业务单元以某种方式修正它们原有的行为模式。共享价值活动的成本可以划分为三种类型[183]：(1)协调成本；(2)妥协成本；(3)刚性成本。协调成本是指各业务单元之间为实现资源共享必须在诸如制定工作计划、协调设备工艺以及共享技术、活动等方面进行协调。协调涉及时间、人员、也许还有资金等方面的成本。妥协成本是指共享某项资源就要求各项资源必须按照某种一致的方式运作,而这种方式对所涉及的所有单元可能都不是最有利的方式。刚性成本表现为两种不同的形式,即对竞争变化的反应方面存在潜在困难和退出壁垒。资源共享可能会使业务单元针对竞争对手更难于作出快速反应同时还会增加退出壁垒。波特的研究并未看重无形关联中的成本,孙国强分析后提出,波特的研究内容已经明显看出传播成本是无形关联的主要成本[182]。因而可用图 2.2 表示波特的关联模型。

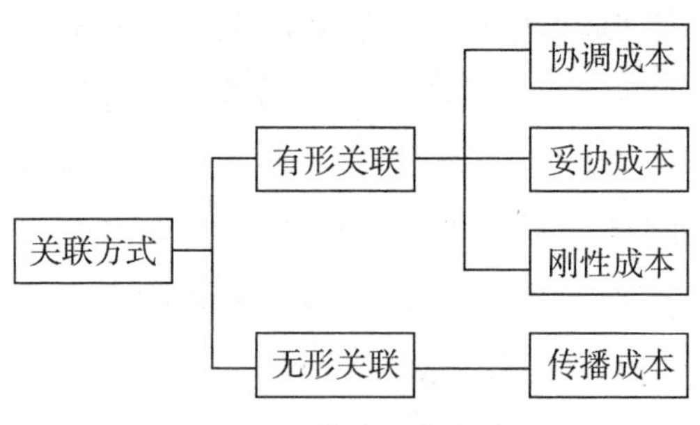

图 2.2　波特关联成本模型

学者们的研究已经探索了业务协同过程中产生的协同成本,并进一步分析了相关多元化产生的协同成本对企业发展的影响。Harrison 通过 13 个高绩效的机械企业的案例研究发现,高绩效的多业务企业通过管理协同机制例如生产工艺的合作规划、企业层的激励机制等可有利于实现效率协同[184]。组织理论认为相关多元化业务协同收益的实现依赖于资源共享,因此任务间内部关联大大增加了协同需求和决策能力,导致协同成本将大大增加[185]。Rawley 的实证研究表明当出租车公司多元化发展进入豪华轿车业务时,协同成本和组织刚性对出租车公司全要素生产率造成了不利影响[186,187]。Zhou 利用美国装备制造业 1993 到 2003 年的数据探讨了协同成本与多元化选择间的关系,结果表明企业在实施相关多元化过程中逐渐增加的协同成本可以抵消掉协同带来的收益[188]。国内的学者对于协同成本的研究还十分缺乏,多数仅是对协同成本的简单概括的定性研究。例如,任红亚对协同成本进行了简单的分类,认为协同成本由整合成本、维持成本、风险成本、妥协成本、刚性成本构成[189]。

2.3 与本研究相关的理论研究综述

2.3.1 资源基础理论

2.3.1.1 资源基础观的发展历程

资源基础理论的核心思想起源最早可追溯到学者提出的组织的独特能力[190,191],直到 Penrose 利用经济理论分析提出了组织不均衡成长理论,成为了资源基础理论的基础[192]。Penrose 认为企业战略的资源基础观点是企业搜集有形、无形、人力等资源用以发展运营的决策,也就是说企业被看作为一个各种不同资源的综合体。之后,陆续有人提出相关的论点,而直到 Wernerfelt 首先提出企业资源基础理论一词,才将资源基础的概念建立在企业的发展上,并强调企业基础理论的重点在于以企业独特的资源专有属性所形成的资源定位障碍,从而可限制新进入者进入获得竞争优势[193]。Barney 认为企业应该有自身资源能力的培养,以及在不完全竞争的市场执行资源策略,从而形成永久性的竞争优势[194]。而 Porter 认为资源具有不可移动性,企业的竞争优势来源于富有价值的资源[183]。Peteraf 提出企业的竞争优势来自于企业内部的资源组合必须具备异质性、不完全移动性等多种资源特性[137]。

2.3.1.2 资源分类

不同的学者对资源的分类不同,本书将各学者对资源的分类情况整理如下。Barney 认为资源是指企业实施战略时可增进其效率与效能的资产、能力与企业特性等,并将资源分为三类:一是实体资源如机器厂房、原料等等;二是人力资源包括管理者与员工的洞察力、员工的培训等等;三是组织资源包括企业计划、控制以及协调等等。Grant 将公司的资源分为三类,包括有形资源、无形资源以及人力资源[195]。Hitt 认为资源是企业在制造过程中所投入的各项输入,可分为有形资源和无形资源两种。有形资源包括财务资源、实体资源、人力资源与组织资源。无形资源如专利、商标、声誉等[196]。

2.3.1.3 资源特性

Grant 认为市场的竞争优势来自资源,并具有以下四种特性[197]:一是资源模仿障碍。持续性的竞争优势有赖于企业能阻碍竞争者挑战的能力。阻碍来自使竞争优势的存在模糊,通过声誉资源使顾客难以转移,或利用先占的优势限制竞争者模仿的机会。二是因果关系模糊。如组织内人员的无法言传的知识,使竞争者难以认知。三是不完全转移性。资源的不可移动性受限于交易成本。四是资源复制障碍。资源若需经由公司长期努力建设,程序复杂或者必须具有团队基础时,则竞争者难以复制。

Barney 认为资源是否具有持续的竞争优势潜力,取决于是否具有下列特性:一是价值性。资源的价值决定于是否能够协助企业在实施战略时增加效率与效能。二是稀少性。即对于特定具有价值的资源在市场上处于稀缺的状态。三是无法复制或模仿。四是不可替代性。当其他企业无法以不同方式来执行相同的战略时,企业拥有战略竞争优势。

2.3.2 协同理论

协同论作为一门学科是在 20 世纪 70 年代,首先由德国物理学家哈肯创立的。哈肯在对激光理论的研究过程中,逐步形成了所谓“协同学”的基本理论和观点。他在吸收了平衡相变理论、激光理论、信息理论和控制论的基础上,于 20 世纪 70 年代出版了《协同学导论》(Synergetic-An Introduction)一书,正式建立了处理非平衡相变的理论和方法,即协同学[198]。协同论的研究表明一个与外界物质、信息、能力等交换的系统,其内部各子系统之间通过非线性的相互作用,产生了协同效应。系统从混乱状态转变为有序状态,从低级无序走向高级有序。哈肯利用序参量的概念来描述系统的有序度,从而刻画出系统从无序走向有序的转变。系统的相变特点完全由序参量决定,序参量之间的合作与竞争导致系统从无序走向有序的演化过程。因此,协同学就是研究协同作用对系统整体运动的影响,利用数学模型反映系统内部协同的机制,并根据实际情况进行协调,使系统达到最优状态。其主要内容可以概括为三个方面[199]。

2.3.2.1 协同效应

协同效应是指由于协同作用而产生的结果,是指复杂开放系统中大量子系统相互作用而产生的整体效应或集体效应。不管是自然系统或者社会系统都存在着协同效应。在应用协同学理论时,系统必须是由若干子系统组成的远离平衡态的开放系统,在一定条件下,都可以从无序走向有序。因此,系统子系统在外来能量的作用下达到某种临界值时,系统之间产生协同作用,使得系统从无序走向了有序。这种协同作用使系统发生了质变,体现了系统自组织的特点。

2.3.2.2 序参量原理

一个由大量子系统构成的复杂系统,其变量非常复杂,数量可能成千上万,因此选择一个或几个序参量来描述系统在临界点处有序度的转变非常关键。哈肯将所有变量分为两类,其一是系统中的状态变量在临界点阻尼大,衰减快,对整个相变过程没有明显影响的称为快驰豫变量;其二是系统中的状态变量在临界点无阻,始终左右着演化过程的称为慢驰豫变量。慢驰豫变量支配着系统演化的整个过程,决定了演化结果出现的结构和功能,这就是序参量。系统中若存在几个序参量,其相互之间必然既相互依赖,又相互竞争,每个序参量都决定着系统的一个宏观结构及相应的微观状态。系统究竟形成何种有序结构,就要由这些序参量的协同合作和竞争来决定。

2.3.2.3 自组织原理

自组织现象是在自然界或人类社会中普遍存在的现象,是一个系统通过内部各要素相互协作或者按照某种规则自动形成的一个有序结构。系统内部各要素协同运作是自组织过程的基础,各要素之间的竞争与协同是系统结构发生变化的重要原因。在一定的条件下,系统内部各要素相互影响,同时受到外部环境的干扰等,使得系统的实际状态可能会偏离平均值,这种偏离波动大小的幅度称为涨落。当系统状态从一种稳态变化到另外一种稳态时,涨落是推动整个系统走向有序的重要因素。显然,系统内部有序化的过程是组织结构吸取了足够的能量,利用自组织这种手段使组织结构重新排列组合演化而成,体现了系统内多个子系统的非线性作用产生的整体效应。当然,没有外部环境的能量作用,子系统之间也无法形成转化的条件,也就不可能产生自组织。只有外界的能量和物质提供给系统后,系统的自组织特性才利用这些无规则的能量和物质转化为有序形式。

2.3.3 互补资产理论

互补性资产是指组织将特有的核心资产变成商业化产品的过程中,必须伴随的能力或资产,也就是组织想要将技术创新的成果加以商业化,则必须将互补性的资产加以生产与服务。一般而言,互补性资产位于生产过程中的下游阶段,这些资产或能力是组织在运作上所必须具备的,因为如果没有互补性资产的协助,技术创新将只是一项技术,无法成为一项产品。因此企业在逐步扩展其核心竞争力时都需要互补资产的配合。Roberts 和 Liu 认为在加速推动产品创新进入市场的萌芽期,快速形成各种制造、营销合作关系时,运用一般性资产进行技术创新是这一阶段所需的互补资产。而随着核心技术与能力的未来前景更加清晰,企业独立进行流程创新就需要工艺上的各种互补资产。

互补资产的类型非常广泛,财务资产、互补性科技能力、无形资产、管理能力、市场知识都属于互补资产的范畴。图 2.3 表示了技术商业化过程中所需的互补资产。Teece 主要将互补性资产分为三类:(1)一般性资产是指不需要特定创新技术修改和调整的一般性资产。(2)专业化的资产是指创新技术与互补技术之间存在单向的依赖关系,包括互补性资产单向依赖核心能力,核心能力也单向依赖互补性资产两种类型。(3)双边待定的资产是指双方拥有互相依赖的关系。企业资源观认为,具有价值、稀缺的、不可模仿以及难以替代的资源是企业获得竞争优势的源泉,而互补性资产则满足了战略资产的四个条件。首先互补性资产是专用资产,是稀缺的资产。其次互补性资产可为企业带来利润,从而为企业在市场竞争中占据优势,因而是有价值的资产。另外,互补性资产是企业经过长期累积,满足企业发展的专用资产,因而其本身就具有难以模仿和替代的特点。因此,互补性资产不仅是企业技术创新商业化需要的资产,同时也是企业获取创新利润、建立竞争优势的关键资产。

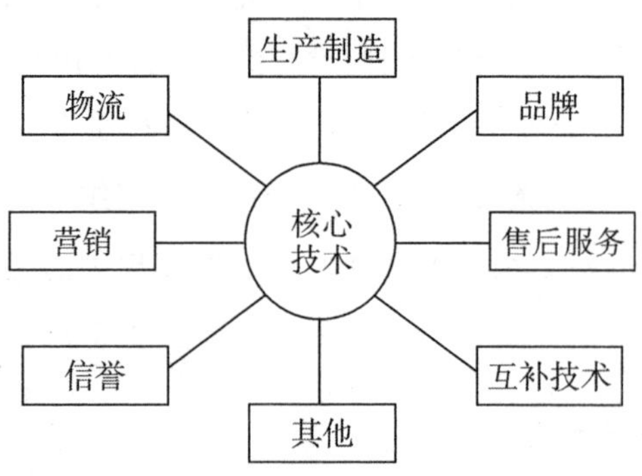

图 2.3 技术商业化所需的互补资产

在 Teece 提出互补资产的概念以后,许多学者从不同的行业或不同的角度对互补性资产作用展开研究。如 Tripsas 对打字机产业的研究就表明互补性资产可减少技术突变对企业产生的不利影响。实际上,科学技术上的重大突破往往会对某个行业的发展带来深远的影响,甚至使得某个产业消失。利用新技术可制造出质量更高、价格更低廉的新产品,这使得原有企业的生产受到巨大的冲击,最终有可能被拥有新技术的企业所淘汰。如数码成像技术的产生取代了原有化学成像技术,这使得柯达公司的业绩一落千丈。而拥有新技术的企业将获得巨大收益,日本的佳能就通过这一机遇成为影像产业新的霸主。技术创新可分为突破性创新和渐进性创新,突破性创新通常会使得原有技术变得落后,此时若企业原有技术无法获得竞争优势时,原有的互补性资产如市场渠道、售后服务、客户关系等依然存在。企业可以利用这些互补性资产的优势获得突破性创新带来的收益。

既然互补资产如此重要,那么企业该如何建设互补资产呢?对于某个企业来讲,建设所有的互补资产是完全没有必要的也是不可能完成的。因为,企业的技术创新需要的互补资产和能力的种类非常繁多。通常情况下,企业互补资产的建设可通过以下几种方式:(1)市场交易。这种模式一般是用来获取通用资产,是企业相互之间合作共享资源的一种模式,但合作程度相对较低。(2)合作。企业相互之间通过合作相互共享资源的一种模式。(3)内部化(包括并购)。企业独立建设自身需要的互补性资产是常用的一种方法,但内部建立互补资产需要较长一段时间,且具有路径依赖性。当然,企业采取哪种模式来获取自身发展所需要的互补资产,需要企业进行判断和选择。

2.4 现有文献研究存在的局限性

从以上文献分析可看出,现有的文献已经提供了充分的证据证明了运营协同的存在。多元化企业运营协同的研究包括两方面内容,即效率性协同和增长性协同。从文献回顾中可知,学者们对效率性协同更为关注,但无论是效率性协同还是增长性协同都还存在着许多值得进一步探索的领域。

首先,国内外学者对效率性协同的研究成果较为丰富,但依然在以下两个方面需要进一步深化。(1)多元化战略与协同效应的研究中多数忽略了协同成本对企业绩效的影响。实际上,随着业务数量的增多,在资源共享过程中资源管理的任务量会不断加大,使得协同成本将会越来越高,可能导致企业绩效降低。因此,对协同成本展开研究,探讨其对企业绩效的影响是一个有意义的课题。例如,随着业务数量的增长,协同成本体现为怎样的变化趋势?如何度量协同成本?协同成本如何影响企业绩效?等等。这些问题的解决可为相关多元化战略并不一定比不相关多元化绩效好的问题提供一种理论的解释。(2)产品的基础是技术,因而探讨技术关联可更好地实现资源共享,获得协同效应。国外的研究中更多认为技术关联可获得协同效应,似乎提高技术关联度就可以提高企业绩效,但过高的技术关联也是不利于企业绩效提升的。国内文献中还鲜有文献涉及技术关联对企业绩效的影响。因此,探索技术关联与企业绩效的关系可为企业管理者找到更好的获取效率性协同的途径。

其次,在最近的多元化与绩效关系的研究中又发现多业务协同不仅可以降低运营成本而且还可以带来企业收益的增长。这种运作协同被认为是增长性协同,它是建立在资源的互补性基础上而非共享相似资源。互补资产与企业的核心技术资产相互匹配,协同发展,由于其是不可模仿的,从而可以为企业获得竞争优势。然而,总体上对增长性协同的实现无论是从理论方面还是实证方面都是不成熟的。无论是多元化中协同效应的研究还是并购协同效应的研究都未能涉及互补性资产带来的价值增长。而且对于互补资产与绩效的关系以及如何实现增长性协同都还缺乏进一步的研究。

最后,对企业多业务发展的企业协同状况测度以及分析影响业务协同因素也是一个重要的问题。现有的研究中在企业业务协同发展问题以及度量业务协同程度等领域还缺乏进一步的认识和探讨。实际上,只有了解了现有的各项业务的协同状况才能找到业务协同的短板或不足之处,从而更好地提出提高业务协同的策略。

针对上述问题,本书拟以中国高技术企业为研究对象,通过对协同成本、技术关联以及互补资产等的研究展开对企业运营协同探讨,以期对已有研究进行适当的补充,并为中国企业的业务协同发展提供参考和启示。

第三章　多元化企业协同成本研究

随着市场竞争的日趋激烈，企业不仅要时刻关注环境的不断变化，而且要善于在环境变化之前调整战略。在企业发展过程中，许多企业实施多元化战略后取得了巨大的竞争优势，特别是采用相关多元化战略，充分利用资源共享，但随之又陷入了经营困境，尝到了失败的苦果，使得许多学者认为协同效应是一个陷阱。这其中一个重要的原因就是新的战略带来收益的同时也带来了成本，如果成本高于收益，那么该项战略将不再适合企业发展。因此，实施相关多元化战略时要衡量协同收益是否大于协同成本，然后才是采取策略提高协同收益。目前，众多学者更加关注业务间协同发展带来的收益，而对协同过程中产生的成本有所忽略，因而对协同成本的研究成果非常少。本章从协同成本入手，研究其特性并利用仿真的方法探索其对企业绩效产生的影响，最后利用结构突变模型识别企业发展过程中协同成本突变点，为控制协同成本的增长提供理论依据。

3.1　协同成本

3.1.1　协同成本及其相关研究

协同理论是企业实施多元化战略的理论基础和依据，多元化战略的协同效应主要表现在通过人力、设备、资金、知识、技术等资源共享来降低成本。经济理论研究表明，当一个企业生产两种或者两种以上产品而使得资源共享所造成的总成本降低时可以获得范围经济[86]。因此，当企业的多种产品或业务共享投入要素时，可获得潜在的范围经济，节约成本，产生协同效应。持有这种观点的学者认为,相关多元化比单一产品业务或非相关多元化可以获得更大的经济价值[25]。然而,实证研究并没有得出相关多元化绩效一定优于非相关多元化的结论。这表明相关多元化依然存在许多未被深入研究的问题。例如,为什么有些企业实施多元化战略并没有选择与原有产业关联度较高的产业?为什么具有相同核心业务的企业在进行多元化业务选择时会有较大差异?等等。事实上,相关多元化协同效应的实现依赖于企业对共享资源相关产品或业务的有效管理,这就增加了额外的管理成本即协同成本[200]。例如,企业集团为了共享资源,为了实现协同,各内部业务单位必须在作业计划、确定工作重点及解决问题等方面进行协调,从而产生时间、人员、资源等方面的协调成本;共享一项活动时要求按某种一致的方式运作,因而产生妥协成本;共享某一业务单位出于与其他业务单位的关联需要,而对竞争对手的变化难以作出快速反应,因而产生刚性成本。因此,本书认为协同成本是指企业在业务协同发展过程中产生的协调成本、妥协成本、刚性成本以及风险成本等的综合。协同净收益的降低一方面是因为外部机会的限制,另一方面也是由于逐渐增加的协同成本所致。当逐渐增加的协同成本抵消掉由于范围经济获得的协同收益时,相关多元化战略将不再有实施的经济价值。

现有文献中虽然多数学者关注了相关多元化带来的协同收益,以及协同成本可能会抵消掉范围经济所带来的成本节约,但是并不认为相关多元化可能会比非相关多元化产生更大的成本从而影响到企业多元化战略的选择[127,128]。仅有少数学者进一步分析了相关多元化产生的协同成本对企业发展的影响。例如,Hill 等人说明了由于协同效应的存在,进入多个相关产业的多元化经营企业要比进入多个不相关产业的多元化经营企业具有更强的盈利能力,而要获得相关多元化带来的范围经济,企业必须强调各业务单位合作[201]。Gary 运用仿真的方法考察了业务相关程度对不同企业绩效产生的影响[202]。结果表明,如果企业不能保持一定存量的组织备用资源,业务相关程度高的多元化会对企业绩效产生负面影响。Rawley 的实证研究表明当出租车公司多元化发展进入豪华轿车业务时,协同成本和组织刚性对出租车公司全要素生产率造成了不利影响[186,187]。Zhou 利用美国装备制造业 1993 到 2003 年的数据探讨了协同成本与多元化选择间的关系,结果表明企业在实施相关多元化过程中逐渐增加的协同成本可以抵消掉协同带来的收益[188]。国内的学者对于协同成本的研究还十分缺乏,多数仅是对协同成本的简单概括的定性研究。例如,任红亚对协同成本进行了简单的分类,认为协同成本由整合成本、维持成本、风险成本、妥协成本、刚性成本构成[189]。显然,国内外的研究已经关注到了协同成本的存在,且已经对多元化战略发展产生影响。

3.1.2　协同成本与相关多元化

相关多元化协同效应的来源是企业不同产品或业务生产过程中可共享相同的投入要素,如跨业务共享原材料或设备。显然,共享投入要素可降低生产成本,获得范围经济,产生协同效应。然而,共享投入要素必然导致各业务间相互关联程度增加,这就要求各项业务合作设计、排序相互调整,甚至企业集团要设置转移价格和为更好合作设计激励机制等等。这无疑大大增加了企业的管理工作,产生了协同成本。业务间相互关联主要从三个方面对业务间协同产生影响:业务交流、信息传递和决策。为更有效获取协同收益,业务管理人员必须加强交流从而准确地掌握影响决策的关键因素,而大量的业务间交流又增加了信息传递的数量,过量的业务交流和信息传递增大了决策失误的概率,这些都加大了业务间的协同成本。因此,企业通过相关多元化获取潜在协同收益,同时伴随着协同成本影响着协同收益的获得,即协同成本抵消了部分协同收益。协同效应与协同成本是相关多元化战略中紧密联系在一起的两个方面。发挥产品或业务间协同效应,控制协同成本增长成为企业采用相关多元化战略的关键任务。因此,企业在实施相关多元化战略过程中,一方面要通过业务层面的活动共享来最大限度地发挥协同效应,获得范围经济、规模经济和市场影响力,另一方面要对企业各项业务进行有效管理,降低协同成本。图3.1显示了协同成本与协同收益的关系。

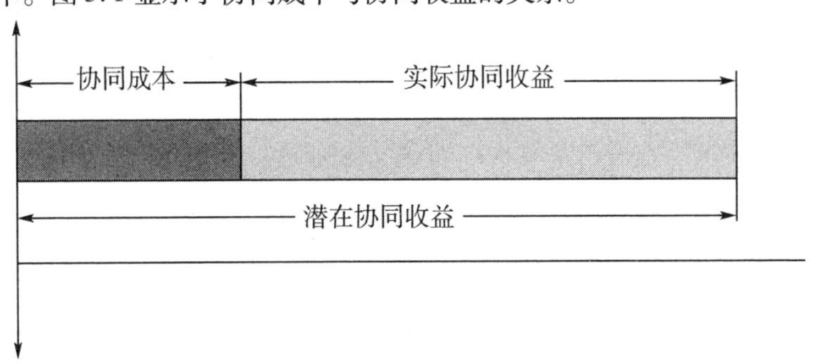

图3.1　协同成本与协同收益关系示意图

从交易成本的角度分析，尽管管理相关联的两项业务产生的成本可能会低于独立运作两项业务的成本，但从公司的角度来看随着业务数量不断增多，协同需要逐渐增加，公司的总协同成本将快速增长直至超出管理限度。因此，从整个公司管理的角度，相关多元化程度越高即原有业务间的共享投入程度越高，企业管理的复杂程度就越高，协同成本就越高。产品或业务数量越多，协同成本将伴随着业务的增加而急剧增加，直到这种管理成本增加到足以抵消掉范围经济带来的成本节约，此时企业绩效下降，不得不退出某些业务。

因此，企业根据业务间的相关性选择新产品或业务，是因为业务间关联可获得潜在范围经济，然而在获取协同收益的同时也带来了协同成本，且边际协同成本的增加速度要远远大于边际协同收益的增加速度。协同成本与相关多元化间的关系见图3.2。

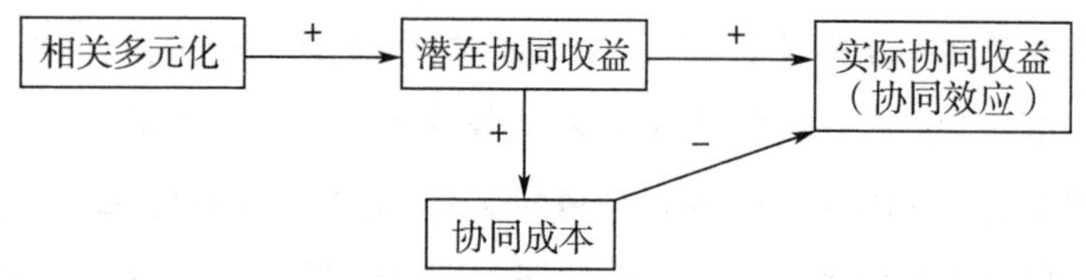

图3.2　协同成本与相关多元化关系示意图

3.1.3　协同成本的非线性特性分析

业务间的相互关联是现实存在着的一种关系，企业在实施相关多元化战略过程中虽然无法改变业务间关联，但可以选择是否利用各业务间存在着的这种关系。企业可以集成或分别专业化运作两个相互关联的业务，也可以集成一个业务而外包另外一个。通过外包和独立某些业务，企业可以降低整个业务的复杂度和协同需求，也就拥有了更多的资源开展新的业务。所以，在企业的实际业务选择过程中，一般是利用自身的核心竞争力首先进行相关多元化选择，充分利用业务间关联获得协同效应。随着产品或业务数量不断增多，协同成本不断增大，当协同成本增大到可以抵消掉因范围经济而带来的成本节约时，企业将外包自身的某些业务或选择无关多元化发展战略。因此，企业的协同成本基本按照初始增长较快，之后缓慢增长的过程，呈现非线性增长的形态。特别是当企业进入一个新的业务领域，如果与企业原有业务有更多的共享要素，新业务的加入将会增加大量的关联，协同成本呈现非线性增长。例如，企业有 K 个相互关联的产品或业务，如果 K 个业务两两之间都需要进行协调管理的话，那么需要协调的业务间关联线的数目最高可以达到 $K \times (K+1)/2$，而且每条关联线都将根据关联程度的大小增加企业的协同成本，此时协同成本以二次函数的形态快速增长。特别是当企业进入一个新的业务领域，如果与企业原有业务有更多的共享要素，新业务的加入将会增加大量的关联，协同成本呈现非线性增长。总之，协同成本的变化趋势初始快速增长，然后缓慢增长，基本符合龚伯兹曲线模型的特点，呈现出非线性变化的特点。

3.2　协同成本影响绩效的仿真分析

3.2.1　协同成本影响绩效的仿真模型

多元业务企业在选择多元化战略时必然要考虑哪一种战略更适合企业可以获得高利润，因而企业管理者要考虑到企业选择多元化战略的范围以及业务间相关性以使得业务间可实现协同效应。而对于相关多元化战略来说，实现协同效应，降低协同成本是相关多元化战略能否成功实施的关键要素。计算机仿真分析可更有效地反映出多元化战略的实施结果，并帮助管理者进行有效决策。通常情况下，多元业务企业是从单一业务开始，充分利用自身的资源如熟练的技术人员、制造设备和营销能力等来完成业务的生产运作。当企业在完成核心业务之后还拥有过量的资源时，这些资源可以是有形资源或无形资源，同时企业又不可能交易掉剩余的资源，此时企业可以通过多元化进入一个新的业务领域。显然，进入新的业务领域可以充分利用原有的业务知识、技能或资源，也可选择与原有业务无关的新业务。当企业选择相关多元化战略进入与原有业务相关的领域时，企业通过与核心业务的资源共享降低成本。而企业若实施不相关多元化战略，即选择的新业务与原有业务不相关联时无法产生协同效应，同时也不会带来协同成本。

3.2.1.1　相关多元化战略仿真建模

企业若实施相关多元化战略时，将充分利用核心业务的资源共享，降低成本，提高收益。在共享资源的过程中，显然所有的共享资源不可能同时投入，而是随着企业的发展不断地投入，同时企业业务数量也将不断增加。公式(3－1)表示了共享资源（R_t）是由企业最初的共享资源（R_0）加上在一段时间后企业在共享资源上持续的投资 i_t 而得到。共享资源上的投资是由企业目前共享资源水平与期望的共享资源水平（R_t^*）决定的。因此，本书认为在共享资源上的投资是现在的共享资源水平与期望的共享资源水平差除以调整系数 τ 。调整系数 τ 表示企业由于需要对资源进行收集、汇总以及拖延导致资源共享上的滞后性。

$$R_t = R_0 + \int_0^t i_t dt \text{ , } i_t = \frac{R_t^* - R_t}{\tau} \tag{3-1}$$

在相关多元化战略实施过程中，核心业务和其他业务之间共享资源，协同发展，各种运作时耦合在一起成长，经过一段时间后达到均衡状态。新业务的成长过程可以依据顾客数量进行度量。公式(3－2)表示了新业务的顾客数量按照一定的逻辑增长方程的变化过程①。

$$N_t = \frac{PC}{1 + [\frac{PC}{N_0} - 1]e^{-gt}} \tag{3-2}$$

其中，PC 是市场中潜在的顾客数量，N_0 是新业务的顾客初始人数，g 是顾客数量的普遍增长率。那么，在相关多元化战略中，企业绩效可表示为公式(3－3)

$$\pi_t = \frac{k + (N_t \times \xi) - [\phi + (R_t \times v) + (N_t \times \theta)]}{k + (N_t \times \xi)} \tag{3-3}$$

其中，π_t 是边际利润，k 是核心业务收入，在一段时间内看作为常数。新业务收入是由新业务的顾客数量 N_t 和每年度每个顾客的平均收益 ξ 确定。成本包括固定成本 ϕ 即共享资源的成本和变动成本即服务新业务顾客的成本。而服务新业务产生的变动成本是新业务顾客数量 N_t 和每年度每个顾客产生的变动成本 θ 的乘积。

3.2.1.2　不相关多元化战略仿真建模

在不相关多元化战略中，企业不存在协同成本，但企业的固定成本和变动成本都将发生变化。因此，不相关多元化战略实施绩效可表示为：

$$\pi_t = \frac{k + (N_t \times \xi) - \phi' - (N_t \times \theta)}{k + (N_t \times \xi)} \tag{3-4}$$

---

① 本书借鉴了 Verhulst 在 *A Note on the Law of Population Growth* 一文中提出的公式。

3.2.1.3　考虑协同成本的相关多元化战略仿真建模

相关多元化战略成功与否取决于对共享资源的管理，因此首先确定由于资源投入带来的工作量的增加变得尤为重要。公式(3－5)表示了实施相关多元化战略工作量水平是由核心业务工作量和新增业务工作量共同决定的。在公式(3－5)中，d_t 表示企业所有的工作量，为核心业务的工作量 χ 加上新业务增加的工作量。核心业务工作量在整个仿真期间是一个常数，保持不变。新业务的工作量是与新业务的顾客数成比例的，新业务中的每个顾客增加的工作量假设为一个常数 λ，保持不变。

$$d_t = \chi + (N_t\lambda) \tag{3-5}$$

另外，共享资源管理工作量一方面取决于共享资源投入的数量，另一方面也取决于共享资源的管理效率。效率是指每一个单位的投入带来多大的产出，经常用来衡量在一定数量资源的条件下产出货物或服务的能力。公式(3－6)就描述了三者间的关系。

$$R_t^* = \frac{d_t}{\rho^*} \tag{3-6}$$

公式(3－6)中，ρ^* 表示共享资源的管理效率，R_t^* 表示期望共享资源水平。

根据协同成本特性的分析，协同成本变化趋势符合龚伯兹曲线模型。即业务数量增加，共享资源增加，所付出的协调成本将逐渐增多。公式(3－7)体现了协同成本的变化过程。其中，O_t 为协同成本，m、a、b 为参数。

$$O_t = ma^{b^t} \tag{3-7}$$

由于协同成本的存在对相关多元化绩效将产生较大影响，因此本书在考虑协同成本的影响下对公式(3－3)进行了修改，将协同成本纳入到模型中。公式(3－8)为考虑协同成本的相关多元化战略中企业绩效。

$$\pi_t = \frac{k + (N_t \times \xi) - [\phi + (R_t \times v) + (N_t \times \theta)] - O_t}{k + (N_t \times \xi)} \tag{3-8}$$

3.2.2　仿真分析

本书将通过动态仿真来测试不同的业务选择策略对绩效的影响。以核心业务为基本，利用 Matlab 软件分别对相关多元化与不相关多元化的绩效变化情况进行仿真。仿真历时 60 个季度，仿真参数设置如表 3.1 所示。

表 3.1 **仿真参数表**

参 数	描 述	取 值	单 位
g	新业务顾客增长率	0.35	
ξ	新业务每个顾客带来的收益	150	元
θ	新业务顾客的变动成本	100	
k	核心业务收入	200	百万元
λ	新业务每个顾客产生的工作量	0.0005	
υ	单位共享资源变动成本/月	50000	元
N_0	新业务顾客初始数量	1000	个
PC	新业务潜在的顾客数量	500000	
ρ_0^*	共享资源管理效率	4.762	
τ	调整系数	6	
χ	核心业务工作量	1000	
m	协同成本参数	10000000	
a	协同成本参数	1/10000000	
b	协同成本参数	0.9	
φ	共享资源固定成本	150000000	元
φ'	不相关多元化投入资源固定成本	2000	

3.2.2.1 不同业务选择策略条件下企业利润仿真分析

通常情况下企业的业务选择策略可分为三类:一是继续保持核心业务不变化;二是利用核心业务资源共享开展相关多元化;三是实施不相关多元化。Biggadike 的研究表明全部实现多元化战略对企业绩效的影响需要 12 年以上的时间①,本书的研究期限设定为 15 年,这也就确保了可以有效地获取多元化战略对企业绩效影响的所有信息。在仅保持核心业务的企业中,企业仅关注成熟的核心业务,此时企业利润既不增长也不减少,保持不变。图 3.3 表明核心业务的企业利润状况是稳定均衡的。

① Biggadike R. The risky business of diversification[J]. *Harvard Business Review*, 1979, 57(3): 103-111.

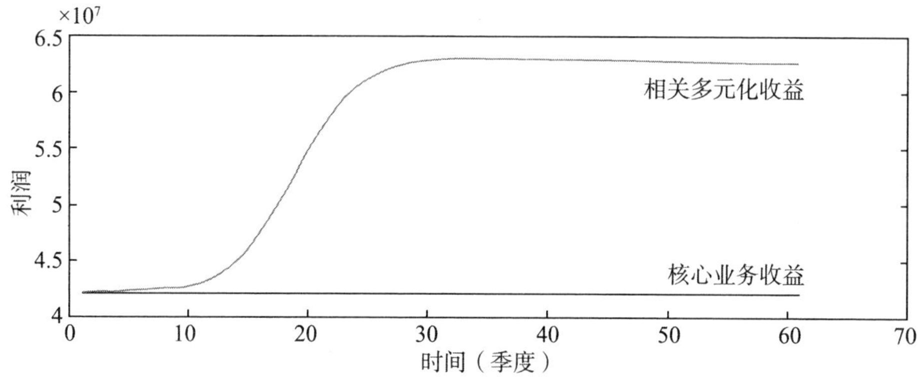

图 3.3　核心业务与相关多元化收益变化示意图

若企业拥有过量的资源，企业可利用已有的资源实施相关多元化战略。企业若开展与原有核心业务相关联的新业务时，可充分利用企业已有资源获得范围经济，同时也将会产生更高的利润，见图 3.3。管理者之所以选择相关多元化战略的重要原因就是其潜在的协同收益。

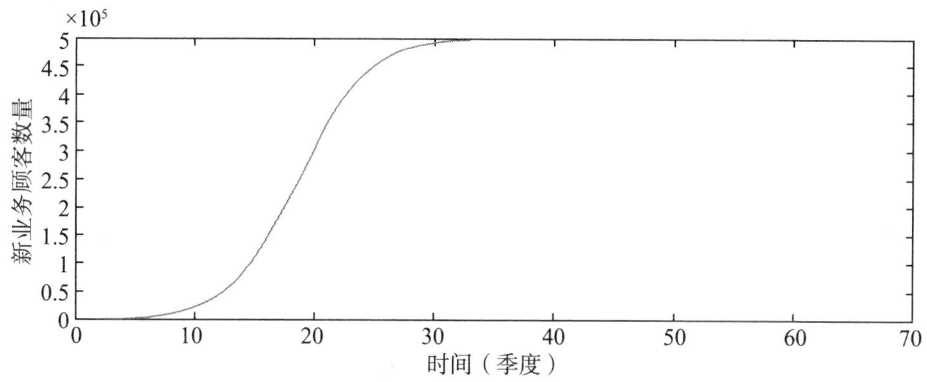

图 3.4　新业务顾客数量变化示意图

图 3.4 则显示了在相关多元化战略中新业务的增长变化情况。新业务顾客数量在一段时期内是逐渐增长的过程，开始是从零个顾客一直到最终达到饱和，形成了全部 500000 的潜在顾客基础规模。在相关多元化战略中，企业可充分利用组织冗余资源，分摊固定成本，使得企业的收益大大增加。当充分利用了企业冗余资源后，顾客数量也将停止增长，使得利润等达到均衡。

3.2.2.2　不考虑协同成本的仿真分析

如果不考虑协同成本的影响，相关多元化战略肯定会优于不相关多元化战略，见图 3.5。当然，本书在分析不相关多元化战略时，直接采用不同业务最终稳定的利润均衡时结果。从图中可看出,不考虑协同成本时相关多元化利润迅速增长,并最终稳定的高于不相关多元化的收益。因为相关多元化可充分利用企业的冗余资源,实现范围经济,获得协同效应。此时,相关多元化战略是企业理想的战略选择,这也是之前许多企业理想的模式。图 3.5 中很明显地体现了相关多元化战略的收益高于不相关多元化战略的收益。

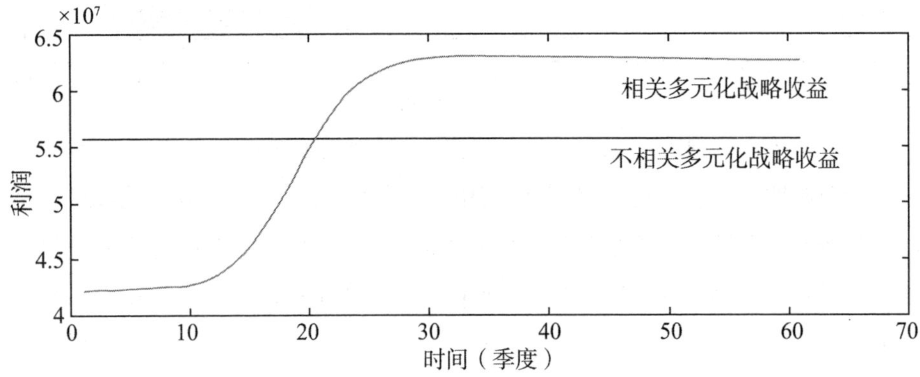

图 3.5　相关多元化与不相关多元化收益变化比较图

然而,这种情况仅仅是不考虑协同成本的情况,现有的文献研究中并未得出这样的结论。显然,协同成本是存在的并显著影响了相关多元化战略收益。

3.2.2.3　考虑协同成本的仿真分析

1. 协同成本的仿真分析

协同成本来源于管理成本的增加,而管理成本是随着工作量的增加而增大的。因此,工作量的变化情况反映了协同成本的变化情况,两者间存在正向比例关系。图 3.6 和图 3.7 显示了工作量的变化状况和协同成本的变化情况。从图 3.6 中也可看出,工作量也是不断增长并最终稳定在某一个成本点。

企业的工作量由两部分构成,一部分是核心业务工作量,另一部分是新业务工作量。核心业务的工作量被看作为常数,从而可知,协同成本的增加是由于新业务的增加带来的工作量增加而致。从图 3.7 中可知,协同成本是伴随着工作量增加而不断增加的。

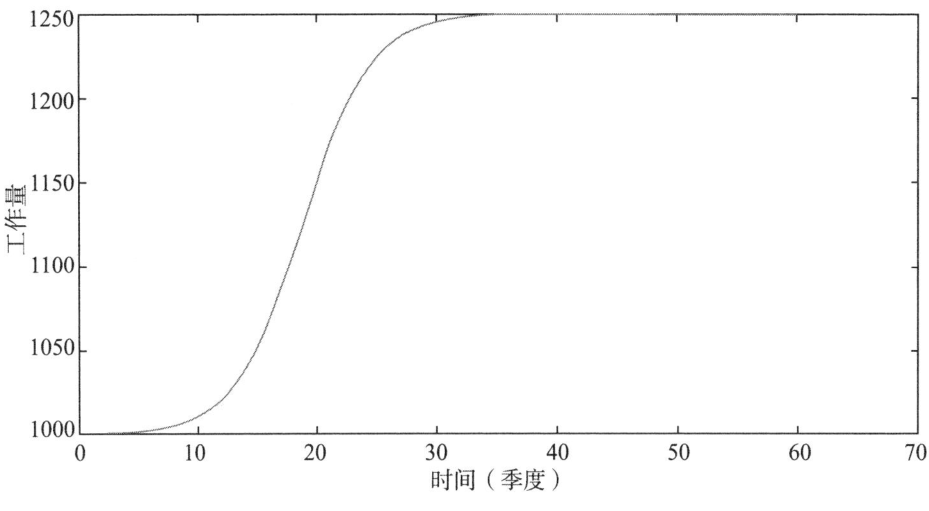

图 3.6 工作量变化示意图

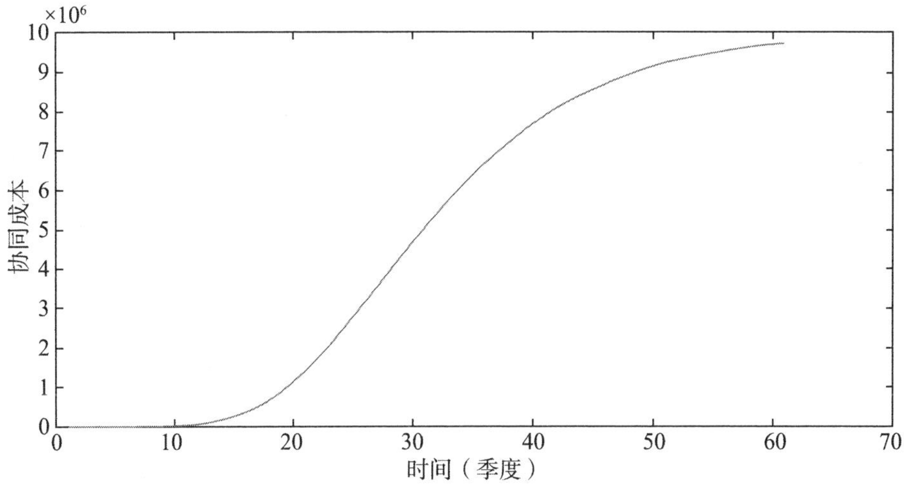

图 3.7 相关多元化中协同成本变化示意图

2. 考虑协同成本与不考虑协同成本的相关多元化战略比较

在现在的多元化企业中，由于协同成本无法从财务报表中体现，而且这些成本更多的是管理成本，因而许多企业管理者大大低估了协同成本的影响。从图3.8中可知，协同成本对企业利润产生了明显的影响。

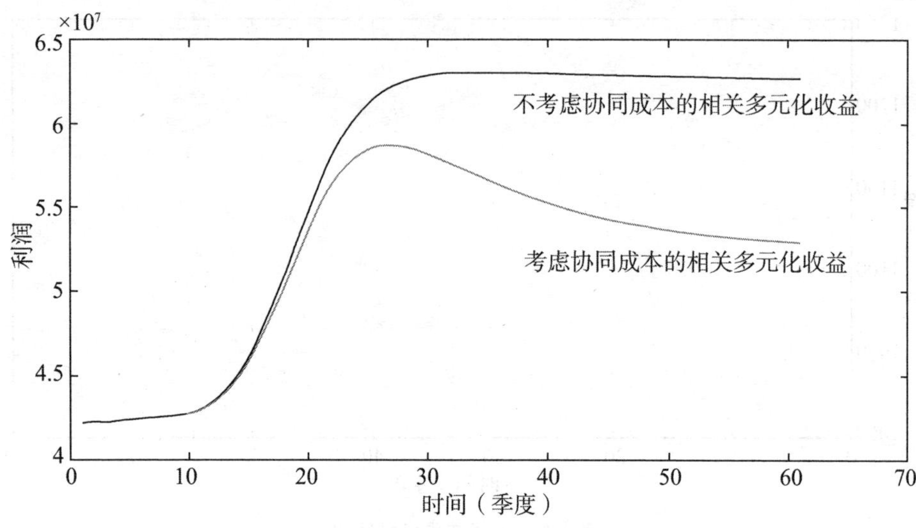

图 3.8　协同成本对相关多元化战略影响示意图

3. 考虑协同成本相关多元化与不相关多元化战略比较

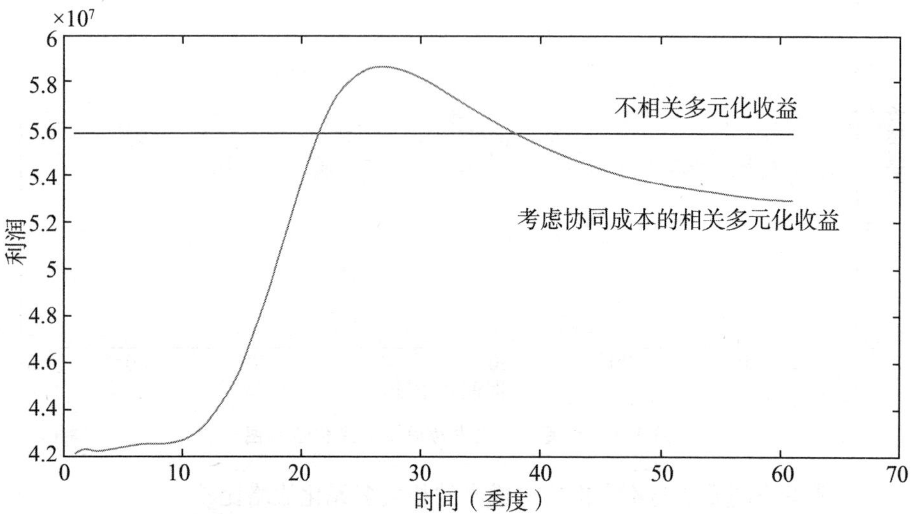

图 3.9　考虑协同成本的相关多元化战略与不相关多元化战略收益比较图

图 3.9 表示了考虑协同成本的相关多元化战略与不相关多元化战略收益比较状况。显然，相关多元化在协同成本的影响下，其利润曲线逐渐降低并最终低于了不相关多元化战略收益。此时，采用相关多元化战略并不是企业理想的选择。

在研究多元化战略选择时,特别是新业务选择,企业管理者倾向于通过业务间的密切关联,共享资源,获得协同效应。然而,许多企业在实际经营过程中并未得到满意的财务绩效。学者们的研究也未得出相关多元化和不相关多元化孰优孰劣的结论。究其原因,学者们普遍忽略了协同成本对相关多元化的影响。通过仿真分析的方法,对协同成本影响多元化战略选择的过程展开讨论,发现忽视协同成本的影响,将会使得研究结论产生巨大偏差。随着企业经营的不断发展,协同成本对企业绩效的影响将不断加大,并最终影响到多元化战略的选择。因此,企业应当在初期采用相关多元化战略,随着业务数量不断增加,协同成本也将会不断增加,业务间相关性累积到一定程度,相关多元化战略将不具有经济性,此时企业应当采用不相关多元化战略。

根据图 3.9 进一步分析,当企业业务数量在不相关多元化协同收益曲线与考虑协同成本相关多元化收益曲线交点以内时,此时协同成本低于协同收益,相关多元化战略是适宜的。如果企业业务数量增加,协同成本高于了协同收益,利润将急剧下降,相关多元化战略则不再适宜。因此,本书按照企业业务数量将图 3.9 分为两个不同的区域,即相关多元化适宜区和不适宜区。企业则应当按照自身企业的发展,根据企业本身的业务数量、关联状况,在相关多元化适宜区内合理选择业务。

3.3　协同成本的控制

3.3.1　协同成本的度量

协同成本的度量是非常困难的,多数学者采用了相对值的方式。Zhou 在其论文中提出了采用业务间关联度表征协同成本的思路,并将其应用到实证研究中。Rawley 也采用相类似的方法展开实证研究。本书旨在分析其变化特性以及对绩效的影响,因而也通过研究业务间关联性来替代协同成本。度量协同成本的核心是计算产品或业务间关联程度,而业务间关联包括横向关联和纵向关联,因此对业务间关联程度进行测度时从纵向和横向两个不同的角度进行测度,即横向集中度和纵向集中度。

3.3.1.1 协同成本测度方法

1. 纵向集中度测度

企业各业务间的纵向关联程度主要体现在某个产业利用其他产业提供的产品的比重,因此利用投入产出表的直接消耗系数可以有效测度产业间关联程度。[①]投入产出表,也称部门联系平衡表或产业关联表,它以矩阵形式描述国民经济各部门在一定时期(通常为一年)生产活动的投入来源和产出使用去向,揭示国民经济各部门之间相互依存、相互制约的数量关系,是国民经济核算体系的重要组成部分。在投入产出表的第一象限内,某产品部门 i 生产的货物或服务提供给各产品部门 j 使用的价值量为 a_{ij} 。在生产经营过程中第 j 产品部门(或产业)的单位总产出直接消耗的第 i 产品部门货物或服务的价值量为 v_{ij} 。计算公式为 $v_{ij} = \frac{a_{ij}}{a_j}(i,j = 1,2,\cdots,n)$ 反过来,生产经营过程中第 i 产品(或产业)部门的单位总产出直接消耗的第 j 产品部门货物或服务的价值量为 v_{ji} 。这样,可以利用两类消耗系数的平均值来获得产业 i 与 j 之间的纵向关联系数 s_{ij} 。公式为:$s_{ij} = (v_{ij} + v_{ji})/2$ 。在本书中,产业间纵向关联系数依据中国投入产出表2007进行计算。

纵向集中度是依据中心度指标提出的度量纵向关联程度的指标,具体计算公式如下:

$$VC = \sum_{i=1}^{n-1}\sum_{j=i+1}^{n} f_i f_j s_{ij} \tag{3-9}$$

在公式(3-9)中,f_i 与 f_j 表示该项业务的销售额在整体销售额中所占的比重,s_{ij} 表示产业 i 与 j 的纵向关联系数。

2. 横向集中度测度

通过测度产业 i 与 j 之间投入与产出要素的共享程度计算横向关联度。利用投入产出表,可以计算各个产业 k 作为投入要素投入到产业 i 与产业 j 的比例 b_{ki} 和 b_{kj} 。然后,去除产业 i 与产业 j 后,计算两个产业投入要素的共享程度,其关联系数计算公式为 $C_{ij} = \gamma(b_{ki},b_{kj})$ 。关联度大表明两个产业在投入要素上有

---

① Fan 和 Lang(2000)在其论文 *The Measurement of Relatedness: An Application to Corporate Diversification* 中,利用投入产出表构建了产业间的关联系数,并将该系数应用于企业多元化业务关联度的测度中,该方法已经得到了许多经济学者的认可并利用了该方法测度企业业务间关联度。本书提出的方法即是建立在 Fan 和 Lang(2000)方法基础上对企业多元业务关联度进行度量。

较大的重叠。同时，再计算产业 i 与产业 j 的产出到各个中间产业 k 的比重 v_{ik} 和 v_{jk} 。在剔除产业 i 与产业 j 后，计算两个产业间产出要素即市场的共享程度，其关联系数计算公式为 $V_{ij} = \gamma(v_{ik}, v_{jk})$ 。因此，产业 i 与 j 横向关联系数为上述两个关联系数 m_{ij} 的平均值，即 $m_{ij} = [\gamma(b_{ki}, b_{kj}) + \gamma(v_{ik}, v_{jk})]/2$ 。

灰色关联实质上是依据随时间变化的若干数列及其曲线进行分析比较，曲线的几何形状整体上越接近关联度就越大。投入和产出要素的共享程度即产业间关联度从根本上是其他产业对产业 i 与 j 在投入和产出数值上具有相似性。此时，灰色关联是非常适合的度量工具。因此，本书将灰色关联应用于产业 i 与 j 在投入和产出上的关联性的测度。

灰色关联计算公式：设 $x_0(k)$ 为原始序列，$x_i(k)$ 为协调值序列，$i = 1,2,\cdots N$，则利用灰色关联度分析的思想，得到如下公式：对于 $\zeta \in (0,1)$，一般取0.5。

$$\gamma(X_0(k), X_i(k)) = \frac{\min_k |x_0(k) - x_i(k)| + \zeta \max_k |x_0(k) - x_i(k)|}{|x_0(k) - x_i(k)| + \zeta \max_k |x_0(k) - x_i(k)|}$$

横向集中度计算公式

$$CC = \sum_{i=1}^{n-1} \sum_{j=i+1}^{n} f_i f_j m_{ij} \qquad (3-10)$$

在公式(3-10)中，CC 表示横向集中度，m_{ij} 表示产业 i 与 j 的横向关联系数。

本书采用所有产品或业务关联度的累积值来表征协同成本。① 任意两产品或业务 i 与 j 间的协同成本为：$C_{ij} = \alpha VC_{ij} + \beta CC_{ij}$，其中 α、β 为权重。那么，企业所有产品或业务的总协同成本为 $\sum_i \sum_j C_{ij}$ 。其中，VC_{ij} 表示两产品或业务间纵向关联度，CC_{ij} 表示两产品或业务间横向关联度。

为更有效地观测协同成本的变化状况，提出平均协同成本的计算公式：纵向集中度为 $\overline{VC_{ij}} = \sum_{i=1}^{n-1} \sum_{j=i+1}^{n} \frac{s_{ij}}{n}$；横向集中度为 $\overline{CC} = \sum_{i=1}^{n-1} \sum_{j=i+1}^{n} \frac{m_{ij}}{n}$；平均协同成本为 $\bar{C} = \alpha \overline{VC} + \beta \overline{CC}$，其中 α、β 为权重。

3.3.1.2　案例分析

青岛海尔是一个典型的家电类多元化企业，从1992年至2002年期间，公司采

① 利用业务关联度的累积值来表征协同成本方法可参见论文：Yue Maggie Zhou. Synergy, coordination costs, and diversification choices[J]. Strategic Management Journal, 2011, 32(6): 624-639

取多元化战略，从最初的仅有电冰箱的单一业务发展到2002年时冰箱、空调等22个主要的产品业务。表3.2说明了1992~2002期间海尔业务多元化发展过程。

表3.2　　海尔业务多元化发展过程

1992	1993	1994	1995	1996	1997	1998	1999	2000	2001	2002
冰箱	冰箱	冰箱	冰箱	冰箱	冰箱	冰箱	冰箱	冰箱	冰箱	冰箱
	冰柜	冰柜	冰柜	冰柜	冰柜	冰柜	冰柜	冰柜	冰柜	冰柜
	空调	空调	空调	空调	空调	空调	空调	空调	空调	空调
			洗衣机	洗衣机	洗衣机	洗衣机	洗衣机	洗衣机	洗衣机	洗衣机
			微波炉	微波炉	微波炉	微波炉	微波炉	微波炉	微波炉	微波炉
			模具	模具	模具	模具	模具	模具	模具	模具
			冰箱配件	冰箱配件	冰箱配件	冰箱配件	冰箱配件	冰箱配件	冰箱配件	冰箱配件
				热水器	热水器	热水器	热水器	热水器	热水器	热水器
					电熨斗	电熨斗	电熨斗	电熨斗	电熨斗	电熨斗
					VCD	VCD	VCD	VCD	VCD	VCD
					医药	医药	医药	医药	医药	医药
						电机	电机	电机	电机	电机
						软件研发	软件研发	软件研发	软件研发	软件研发
						化工	化工	化工	化工	化工
							电脑	电脑	电脑	电脑
							手机	手机	手机	手机
								住宅设施	住宅设施	住宅设施
								MP3	MP3	MP3
								厨房电器	厨房电器	厨房电器
								钢板	钢板	钢板
									银行证券	银行证券
										保险业

资料来源：作者依据青岛海尔网站及年报整理得到。

运用本书提出的计算协同成本的方法，根据中国投入产出表 2007 以及青岛海尔上市公司年报，计算 1992 ~ 2002 期间逐渐增加产品或业务的个数后企业的总协同成本。[①] 在计算协同成本过程中，为将横向集中度和纵向集中度有效集成，分别对横向集中度和纵向集中度的数据进行标准化。表 3.3 显示了在此期间海尔业务总协同成本的变化情况。图 3.10 则更加直观地显示了海尔业务总协同成本变化趋势。从海尔业务总协同成本变化可看出，总协同成本呈现了非线性增长的特性。

表 3.3　　海尔业务总协同成本表

N(业务数)	1	2	3	4	5	6	7	8	9	10	11
总协同成本	0	0.059	0.179	0.359	0.599	0.898	1.257	1.677	2.156	2.695	3.140
N(业务数)	12	13	14	15	16	17	18	19	20	21	22
总协同成本	4.330	4.771	5.859	6.560	7.304	8.052	8.872	9.957	11.64	12.97	14.36

表 3.4　　海尔业务平均协同成本表

N(业务数)	1	2	3	4	5	6	7	8	9	10	11
平均协同成本	0	0.059	0.089	0.119	0.149	0.179	0.209	0.239	0.269	0.299	0.314
N(业务数)	12	13	14	15	16	17	18	19	20	21	22
平均协同成本	0.394	0.397	0.451	0.468	0.486	0.503	0.522	0.553	0.613	0.648	0.684

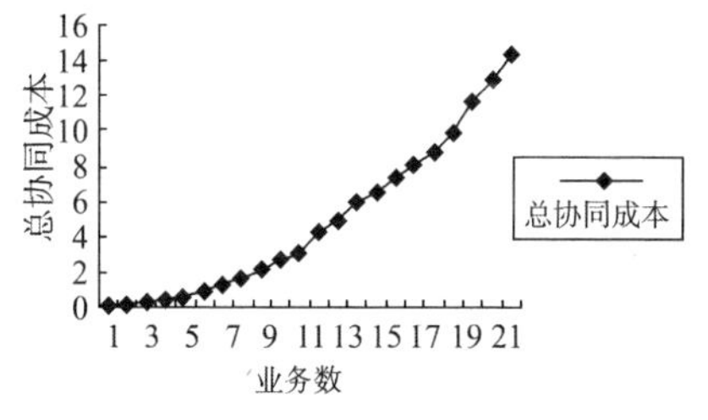

图3.10　海尔业务总协同成本变化示意图

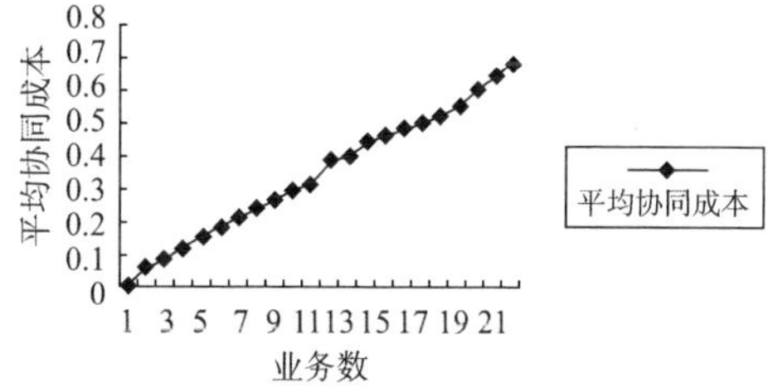

图 3.11　海尔平均协同成本变化示意图

为更清晰地阐述协同成本的变化情况，本书采用平均协同成本进行衡量。平均协同成本为 $\bar{C} = \alpha \overline{VC} + \beta \overline{CC}$，其中 α、β 为权重，本书均取值0.5。按照海

① 本书计算协同成本依据是青岛海尔主营业务。青岛海尔 1993 年上市，之前主营业务只有冰箱，是单一业务，不存在协同成本。1993 年以后海尔才开始多元化道路，其主营业务情况通过上市公司年报获取。

尔公司引入某项产品或业务的次序，分别计算了每增加一个产品或业务后其平均协同成本的大小。经计算，得到海尔的业务协同成本数列，见表3.4。图3.11显示了海尔业务平均协同成本变化趋势。从图3.10和图3.11中可看出，平均协同成本伴随着业务数目的增加而增加，总协同成本呈现非线性增长。

海尔在业务数量不断增加的过程中，首先采用相关多元化战略，新进入的产业与原有产业相关度较高，从而使得协同成本增长较快。当原有业务间关联度达到一定程度，再进入一个与原有业务关联度较高的产业后，产业间关联程度会突然增大，导致协同成本急剧增加。海尔在最初经营冰箱、冰柜、空调等业务时期业务间关联程度高，协同成本已经快速增长了，特别是在1997年以后，业务关联性强，协同成本增长非常快。此时，企业再进入关联性较强的产业后会产生协同成本突变，这就意味着企业的管理成本大大增加，企业所获得的范围经济可能被抵消。而海尔又继续加入了电脑、手机等，协同成本发生突变，从第11项的3.14增加到第12项的4.33。因此，如果能有效地识别在哪个业务点上发生了协同成本突变，那么对企业避免较高的协同成本可起到重要作用。可见，识别企业业务数量增加过程中协同成本的突变点成为企业应对协同成本变化的关键问题。

3.3.2 协同成本的识别与控制

3.3.2.1 协同成本突变点识别模型

结构突变理论是考察外生冲击是否使得时间序列的数据生成过程发生了改变。企业业务数量增加时协同成本生成过程本身发生了改变，因此可以利用结构突变模型来确定突变点。

Nelson 和 Plosser 提出结构突变[203]，之后 Perron 等学者进一步研究建立了完善的理论体系[204,205]。其中，Zivot 与 Andrews 提出的结构突变 ZA 检验法在经济学等领域有着广泛应用[206]。

ZA 检验法是首先假设数据生成过程（DGP）是不带有结构突变的稳定过程，方程为

$$y_t = \mu + y_{t-1} + e_t \tag{3-11}$$

模型 A：$$y_t = \hat{\mu} + \hat{\theta} DU_t(\hat{\lambda}) + \hat{\beta} t + \hat{\alpha} y_{t-1} + \sum_{j=1}^{k} \hat{c}_j y_{t-1} + \hat{e}_t \tag{3-12}$$

模型 B：$y_t = \hat{\mu} + \hat{\gamma} DT_t^*(\hat{\lambda}) + \hat{\beta} t + \hat{\alpha} y_{t-1} + \sum_{j=1}^{k} \hat{c}_j y_{t-1} + \hat{e}_t$ (3－13)

模型 C：$y_t = \hat{\mu} + \hat{\theta} DU_t(\hat{\lambda}) + \hat{\beta} t + \hat{\gamma} DT_t^*(\hat{\lambda}) + \hat{\alpha} y_{t-1} + \sum_{j=1}^{k} \hat{c}_j y_{t-1} + \hat{e}_t$ (3－14)

在实际检验中，对每个模型的 $\hat{a}$ 进行统计性检验，如果 $\hat{a}$ 显著性等于1，则拒绝原假设，时间序列存在结构突变；如果 $\hat{a}$ 显著性小于1，则接受原假设，时间序列不存在结构突变。

模型 A、B、C 为与公式(3－11)对应的备选假设。模型 A 表示时间序列只在截距项发生了突变，模型 B 表示只在斜率项发生了突变，模型 C 表示在截距与斜率项均发生了突变。

上述模型中，当 $t > T_b$（T_b 为结构突变点）时，$DU_t = 1$，其他为0；$t > T_b$ 时，$DT_t^* = t - T_b$，其他为0。T_b 的取值范围为 $[2, T-1]$，且其在时间序列中所处位置记为 $\lambda = T_b/T$。在每个模型中，由于对每一个可能的突变点都进行检验，每一个可能的突变点都可以得到一个相应的 t_α（$\hat{a}$ 的 t 统计量）。因此模型 A、B、C 都可以得到一个由 t_α 构成的新的时间序列。选取每个模型中最小的 $t_\alpha^* = \inf(t_\alpha)$，同相应的临界值比较，从而确定原序列是否存在结构突变。

3.3.2.2　协同成本突变点识别举例

本书采用 Zivot 与 Andrews 提出的结构突变 ZA 检验法来检验企业业务数量增加时导致的协同成本是否具有结构突变。根据 ZA 检验法，通过对模型 A、B、C 进行编程，用 ZA 检验法对平均协同成本序列进行结构突变的检验，最终检验结果如表 3.5。

表 3.5　　**结构突变检验结果**

	滞后阶数	t_α^* 值	突变点
模型 A	6	－6.966***	11
模型 B	6	－4.107	15
模型 C	6	－6.570***	11

由于 t_α 的分布并不服从 t 分布，不能用 t 分布的临界值作为判断是否显著的依据。因此，必须通过蒙特卡罗实验，模拟出各个模型 A、B、C 的 t_α 相应的临界

值(各模型5%的临界值分别为-4.80、-4.42. -5.08)。将模型A、B、C的t_{α}^{*}值与其临界值对比,结果表明:青岛海尔业务协同成本数列在达到第11个业务(电机)时发生了截距、斜率项双突变。

根据青岛海尔的业务发展历程,其首先是在家电行业进行业务选择,从冰箱、空调、洗衣机、微波炉到热水器,其前9项业务都属于家电产品,各产品业务间关联度非常高,然后青岛海尔又相继加入了第10项医药产品和第11项电机业务,当企业涉足到电机业务时其协同成本已经产生了突变,协同成本大大增加从而快速降低协同带来的收益。此时,再增加与原有业务相互关联的业务必然会损害到企业的绩效。然而公司并未意识到该问题,之后又相继加入了电脑、手机、厨房电器等与原有业务关联度非常高的产品致使协同成本大大增加。从青岛海尔的绩效指标来看,1998年青岛海尔涉足了电脑、手机等产业,2001年之后产生了绩效的下滑。如1998年青岛海尔涉足电脑、手机等业务时青岛海尔的总资产利润率都在9%左右,之后企业绩效逐年下滑,到2004年时已经跌到5%左右,直到2005年后逐渐去掉电脑、手机、金融等相关度较高的业务之后企业绩效才开始大幅度上升,近几年都维持在9%左右。这表明,当企业采用相关多元化战略,业务数量达到一定程度时协同成本急剧增长,成为影响企业绩效的重要因素。在海尔的案例中,若企业在实施相关多元化战略过程中,能识别出协同成本突变点就可以通过调整多元化战略有效控制协同成本的增加。

3.3.3 考虑协同成本的多元化战略选择

相关多元化是企业集团在发展过程中普遍采取的战略模式,现有的研究更关注企业如何利用业务间的相关性来获取协同收益,而忽视了相关多元化带来的协同成本。事实上,企业采用相关多元化战略在最初时由于各业务间相关性强可以获得协同收益,然而随着业务数量的增长,协同成本也将会急剧增加,最终协同成本抵消掉范围经济带来的收益。因此,协同成本是影响企业绩效及多元化选择的重要因素。特别是对于多元化成长企业而言,协同成本非线性增长突变点的识别与控制,是有效控制协同成本的关键问题。根据协同成本变化特征,本书提出利用结构突变模型对协同成本的突变点进行判断和识别,为企业控制协同成本提供一种方法。在突变点上,企业面临的协同成本将发生急剧变化,突变点成为协同成本快速增加的预警点。此时,如果企业能合理选择产品或业务,注意控制各业务间关联性,可以有效避免协同成本的影响。

实践中,一些多元化企业经营多项相关性较高的产品或业务,协同成本较高,但企业也获得了较好的绩效,这种情况和本书提出的理论并不相矛盾。出现这种情况的原因一是协同成本增长还没有到达突变点,因而对企业绩效没有产生破坏性影响;二是虽然协同成本增长已超过突变点,但由于企业产品或业务本身的盈利能力较强,高绩效掩盖了协同成本带来的负面影响。这时,高协同成本损害了企业价值,但从表面看企业绩效并未显著降低。在这种情况下,协同成本已经抵消了协同收益甚至是企业其他经营收益,虽然表面上企业绩效并未显著降低,但对企业运作经营已经产生了不利影响。因此,若企业能较早意识到到此类问题,根据协同成本突变点进行合理的产品或业务选择可有效控制协同成本的增长,从而更有效地促进企业绩效提升,获得更高的利润。

因此,企业在多元化过程中,虽然相关多元化可以有效地共享资源,获得协同收益,但是过多地采用相关多元化战略必然会引起协同成本增加,从而抵消掉由于共享资源获得的收益。因此,考虑协同成本因素,完全采用相关多元化战略未必是理想的选择。企业应当根据自身实际情况,合理选择欲进入的产业,在利用自身核心竞争力的基础上采用相关多元化提高盈利能力,同时又要合理控制业务间关联产生的协同成本。

3.4　本章小结

本章首先对协同成本进行了全面分析,相关多元化战略一方面共享了企业冗余资源,使得成本降低,效率提高;但另一方面为有效管理多业务的协同运作,产生了协同成本,从而抵消了部分协同收益。本书进一步分析了协同成本的非线性变化状况,多数符合龚伯兹曲线模型。

其次,采用仿真分析的方法对协同成本与企业绩效状况进行研究,发现在初始阶段,相关多元化战略是理想的选择,但当业务增加到了一定数量,协同成本快速增长,甚至大于了协同收益,此时,相关多元化战略将不具有经济性,不相关多元化战略成为合适的选择。

最后,提出了度量协同成本的方法,利用结构突变模型对协同成本数列的突变点进行判断与识别,从而为有效管理控制协同成本提供理论依据。同时,以海尔公司的多元化业务协同成本为例,进一步说明了协同成本的非线性增长的特性以及如何测度协同成本及其结构突变点。

第四章　多元化企业效率性协同研究——业务关联的视角

4.1　协同机理分析——以军民品协同为例

自从 H. Igor Ansoff 在他的《公司战略》[207]一书中提出了协同概念以来，协同理念一直是许多大型企业制定企业战略、组建战略联盟等一系列活动的重要准则。国家“十二五”规划纲要“加强国防和军队现代化建设”中提出，军工企业“坚持军民融合式发展路子”，“加强军民科技资源集成融合”。这些政策指出军工企业需要走协同发展的道路，其本质就是要充分发挥军民品协同的作用，即走军民一体化，军民品业务协同化发展的道路。然而，目前大多数军工企业不能有效利用其所拥有的军品技术优势，在运营过程中往往出现资源重复设置、生产效率低下、生产的民品市场竞争力不强等问题，军民品业务协同发展很不顺利[208]。

4.1.1　有形资源共享效率性协同文献综述

近几年，军民品协同是国内外学者研究的热点问题。西方在二次大战以后进行了大规模的军转民调整，开始了军民品协同发展的研究。因此，国外对军民品协同研究相对比较系统。Jordi Molas-Gallart(1997)通过鉴别各种不同军民两用技术转让的机制和分析其不同的政策，概括出四种主要的军民两用技术转让形式[209]。Richard A. Grayson(2001)运用一种期权方法对美国自 1995 年至 2000 年间的国防企业进行了研究，以分析这些企业在进行兼并和收购其他国防企业的特殊目的[210]。Israel Azulay 等(2002)研究了企业研发人员的行为和军工企业利用军工技术研发民用产品的关系，并提出了如何开展军民品协同发展的管理建议[211]。Haico te Kulve 等(2003)通过分析荷兰电池研发的社会技术网络的发展,强调了军品企业和民品企业要合作研发新技术[212]。然而,由于我国的军工企业的特殊情况,国外军转民的成果也无法完全应用。因此,借鉴国外已有的研究成果,探索适合我国国情的军工企业军民品协同发展成为重要课题。

我国学者对军民品协同的研究相对较晚,研究也较为零散。伍亚平(2002)认为在军工科研院所和中小型民营企业之间,通过组建战略联盟,可以发挥军工研究所科研优势,弥补军工院所规模能力不足,从而有效解决军工研究所军转民高科技项目的风险问题[213]。姚广宁等(2008)对国有军工企业未来的军民融合发展做了前瞻性的分析研究,认为军民融合由"军转民"到"军民一体化"是一次制度变迁过程[214]。罗明等(2009)在对军工企业与民品企业相互融合发展模式进行系统分析的基础上,利用系统动力学流率基本入树建模法,建立了其发展模式的系统反馈结构模型,分析企业组织管理问题[215]。张颖南等(2009)构建了军民一体化的影响因素和评价因素体系,并通过系统动力学模型和对应分析的实证方法得出了因素间的作用关系[216]。现有的研究对军民品融合研究比较深入,但都没有从军工企业协同机理的角度进行研究。然而,弄清楚企业协同机理是有效开展协同活动的前提,因此为避免协同失败,必须对协同机理进行深入分析。

价值链是由波特教授提出并作为一种分析企业内部竞争优势来源的工具。他把企业创造价值的过程分解为一系列互不相同但又相互关联的增值活动,每一项活动综合构成价值链。通过对企业价值链分析可以发现,企业的优势来自于构成价值链的单向活动本身,也来源于各项活动之间的联系[217]。这种联系就是协同。现在,从价值链的角度研究协同已经深入到了各个领域,主要集中在从纵向价值链[218]、横向价值链[219]和价值链网络[220]等方面的协同。刘明宇等(2010)研究了价值链的基本性活动与支持性活动的外包分别以关系性和结构性两种方式嵌入制造业价值链中,形成了不同的网络关系,提出根据网络关系类型制定不同的政策,使得制造业与生产性服务业协同演进[221]。尹健等(2007)研究了供应链和价值链在建筑施工业的应用,在分析两者关联性的基础上构建了建筑施工业价值链与供应链的协同模型[222]。孙清华等(2010)研究了基于价值网的汽车供应链协同,提出汽车制造业价值网在中心组织者的协调下快速响应市场需求并努力满足客户的需求,实现汽车供应链各个节点企业的收益最大化[223]。

现有的研究价值链协同的文献涉及了生产制造、服务、建筑等行业，但很少有文献从企业价值链的角度分析研究军工企业军民品协同发展问题。军工企业军民品价值链是研究军工企业资源利用效率、军民品协同发展的理论基础。因此本书试图从军工企业军民品价值链的角度来对军工企业军民品业务协同机理进行分析，为进一步研究军民品协同管理奠定基础。

4.1.2　军工企业军民一体化价值链网络

传统的价值链就是企业研发、生产、集成、配送、零售的一个单一的链条，而随着企业规模不断扩大，企业逐渐开展多元化经营，企业面对的不再是简单的单一链条，而是可能有几条价值链组成的网状价值链。这在我国国防军工企业中体现尤为明显。军工企业价值链网络主要是指军民一体化价值链网络，包括军品价值链、民品价值链以及军民品间的横向价值链[225]。军品价值链和民品价值链是指军工产品或民用产品从原材料的采购、产品生产到集成后送达到最终用户手中的一个整体的链条。在这个链条的每个环节都包含着价值的增值和转移。当然，我们也可以把整条价值链扩展到外部市场，这样就把供应商和零售商包括进来，形成了一条相互影响、相互制约的供应链。军民品间的横向价值链是指军工产品价值链和民用产品价值链间的联系，包括共同研发、合作生产、技术或产品转移等。这样，军工产品价值链和民用产品价值链以及军民品间的横向价值链够构成了一个复杂的网络关系。本书即是从这个价值链网络关系入手研究价值链各环节的协同发展机理。

军工一体化价值链网络可以用图 4.1 来表示。从图中可以看出，军品价值链和民品价值链仅仅是相互独立的从研发、生产到集成的一个链条，节点表明了是价值链的一个环节。在独立的价值链各环节上，上一工序给下一工序按照流程提供产品，最后形成最终产品。由于两个独立价值链之间可以通过资源共享产生协同效益，各环节或部门之间就产生了关系，形成了横向价值链。横向价值链就是图中军工产品价值链和民用产品价值链间的研发合作、共享生产设施等形成。在这个军民一体化价值链网络中，各部门之间都形成了连接，军品的研发成果可以用于民品生产，或者民品的生产设备与军品共享等。从结构上看，军民一体化价值链网络协同性增强,企业可以通过协同合作产生更大的经营效益。

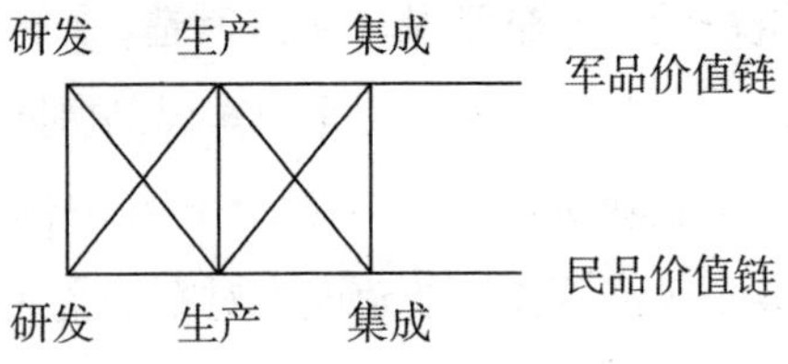

图 4.1　军民一体化价值链网络结

4.1.3　基于军民一体化价值链的协同机理分析——从宏观的角度

为了研究问题简便起见,我们仅考虑军品价值链上的研发部门和民品价值链上可能产生协同的几个部门的协同情况,假设共 n 个子系统,那么,价值链整体协同就是各价值链上子系统协同的集合。

假设军品价值链上的研发部门和民品价值链上的部门最初是独立的部门即无耦合的系统,它们各自有一个状态变量 k_1 , k_2 ……, k_n ,用来表示他们与外部环境的协调状态,同时用 $\frac{dk_1}{dt}$ 、$\frac{dk_2}{dt}$ ……、$\frac{dk_n}{dt}$ 表示 n 个状态变量随时间的变化率。

建立的军民品业务协同产生机理模型,我们采用一组一阶微分方程来表达:

$$\begin{cases} \dfrac{dk_1}{dt} = \theta_1(k_1) \\ \dfrac{dk_2}{dt} = \theta_2(k_2) \\ \vdots \\ \dfrac{dk_n}{dt} = \theta_n(k_n) \end{cases}$$

显然,在各个子系统还没有发生任何关系时即各子系统独立发展并没有产生协同时各自都处于相对稳定状态。然而,随着企业整体的运作,再加上信息技术的发展,企业开始调整战略,加强系统内部的合作,这时各子系统之间产生了耦合关系。如果 n 个子系统中任意的 m 个子系统产生耦合关系,那么原来的子系统除了受到原来子系统状态变量影响之外还受到其他子系统的状态变量的影响,这样就产生了一个新的系统,我们把它描述为 $q(k_1,k_2,\cdots,k_m)$ 。这样,在协同状态下军民品业务协同产生机理模型可以表示为:

$$
\begin{cases}
\dfrac{dk_1}{dt} = \theta_1(k_1) + \lambda q_1(k_1, k_2, \cdots, k_m) \\
\dfrac{dk_2}{dt} = \theta_2(k_2) + \lambda q_2(k_1, k_2, \cdots, k_m) \\
\vdots \\
\dfrac{dk_m}{dt} = \theta_m(k_m) + \lambda q_m(k_1, k_2, \cdots, k_m)
\end{cases}
$$

其中，λ 表示企业各子系统的协同度。λ 的取值范围为$[0,1]$，λ 值越大，说明系统之间协同程度增加。从以上协同产生机理模型中看以看出，λ 值的增大可以导致方程组产生新的稳定解，表明系统内发生了新的活动状态，系统间联系增大，协同程度增加。

以上模型是从数学方程的角度来说明军工企业军民品系统的协同在宏观的角度是如何发生的。接下来我们从微观的角度即从各个部门来分析协同的产生机理。

4.1.4　基于军民一体化价值链的协同机理分析——从微观的角度

4.1.4.1　前提条件

协同可以给企业带来巨大的经济效益，这也是许多大公司积极地应用协同理论的根本原因。然而，实际的结果并不理想，其主要原因就是在实施协同的过程中，企业只关注了协同收益而忽视了协同成本。因此，企业要获得协同收益就必须投入一定的成本。安索夫曾经把公司的协同成本划分为协调成本、妥协成本和刚性成本。但是，现有的研究中并没有给出计算协同成本的计算公式，许多企业在决策时只看到了收益而成本却无法衡量，造成决策失误。在军工企业中，民用产品如果利用军工产品的技术、品牌等无形资产，就有可能损害企业品牌的声誉。而这个声誉的损失就是军工产品系统要付出的成本。所以，我们在军工企业的各部门协同分析中就要考虑各部门付出的成本的大小来衡量协同收益。

另外，如果协同成员在协同过程中不付出额外成本就能获得协同收益，那么协同必然带来经济效益。例如，客户关系管理部门拥有丰富的客户资料，销售部门在与客户接触的过程中恰好需要这些客户资料。同时，销售部门在与客户接触的过程中可以获取到客户对企业的评价,这些资料又是客户关系管理部门所需要的。这种协同行为可以称之为搭便车。企业应该尽早发现这种情况进行充分利用。在本书中不考虑这种情况。

4.1.4.2 军工企业各部门协同的博弈分析

我们将企业各部门看作是一个个独立的决策主体,各部门独立选择是否进行资源共享、判断协同带来的收益。每个部门的决策都是试图获得选择一个收益最大的策略。为了简单起见,我们选择军品研发部门和民品研发部门两个成员的博弈,即 M_1,M_2 。

1. 基本假设

(1)协同收益

各部门在资源共享即协同的过程中,除了获取到不与其他部门协同时自身创造的收益之外,还会获得由于资源协同产生的额外收益。显然,各部门的协同程度越高,产生的协同收益越大。因此,协同收益的大小主要受协同各部门协同投入的影响,随着各部门协同投入增加而提高。如果把协同收益看作是协同过程中的产出,把各部门协同成本看作是生产要素的投入,那么可以估计出相应的协同收益函数 $S(X,Y)$ 。其中, X , Y 分别是 M_1,M_2 两个部门协同成本。在现实中,大多数生产函数都是非线性的,Cobb-Douglas 生产函数能够较好地描述这类非线性递增的投入产出关系。具体表示如下:

$$S(X,Y) = bX^{\alpha}Y^{\beta}$$

其中, b 代表大于零的常数; α , β 分别为协同成本对协同收益的影响因子; α , β 是大于零的常数且 $\alpha + \beta < 1$ 。

(2)利润

各部门由于自身利用能力的差异使得所获得的协同收益有所不同。因此,假设 M_1 的协同收益为 k_1S , M_2 的协同收益为 k_2S ,其中 k_1,k_2 为常数。可以得到军品研发部门和民品研发部门获取的利润为协同收益减去协同成本即:

$$\pi_1 = k_1S - X$$

$$\pi_2 = k_2S - Y$$

显然, π_1 , π_2 均大于零(如果 $\pi_1 < 0$ 或 $\pi_2 < 0$,协同根本不可能产生)。

2. 纳什均衡分析

当军品研发部门和民品研发部门之间是平等关系时，在双方同时行动情况下研究该博弈模型。由于双方的目标都是在各自利益最大化为原则来选择是否进行协同，这种非合作博弈的解称为纳什均衡。

因此，军品研发部门可获得的最大利润函数为：

$$\max\pi_1 = k_1 S - X = k_1 b X^{\alpha} Y^{\beta} - X \tag{4-1}$$

民品研发部门可获得的最大利润函数为

$$\max\pi_2 = k_2 S - Y = k_2 b X^{\alpha} Y^{\beta} - Y \tag{4-2}$$

对(1)(2)式分别求一阶导数可得：

$$x^* = [(\alpha k_1)^{1-\beta} b (\beta k_2)^{\beta}]^{\frac{1}{1-\alpha-\beta}} \tag{4-3}$$

$$y^* = [(\beta k_2)^{1-\alpha} b (\alpha k_1)^{\alpha}]^{\frac{1}{1-\alpha-\beta}} \tag{4-4}$$

从纳什均衡结果可知，无论是军品研发部门还是民品研发部门，其在协同过程中的投入与各自在协同过程中的资源利用能力成正相关。也就是说，哪个部门的资源利用能力强，能从协同过程中获得更多的收益，就会投入更多的资源。

从以上分析我们可以看出，似乎双方都应当采取协同的策略从而双方都能获得最大的收益。然而，实际的企业发展运营过程中，某些部门却无法达到最优状态。这种情况主要体现在以下两种情形：

第Ⅰ种情形

当军品部门共享资源进行协同时，付出了成本，民品部门此时若不共享资源比共享资源可以获得更高的收益的话，民品部门会倾向于不共享资源。然而，军品部门由于民品部门不共享资源不能获得收益却付出成本使得收益低于了不共享时获取的收益。因此，此时纳什均衡结果为双方都不共享资源。

第Ⅱ种情形

当军品部门共享资源条件下，民品部门资源共享获得收益要高于该部门资源不共享时获得的收益。此时民品部门采取共享策略。当军品部门不共享资源条件下，民品部门资源共享获得收益低于该部门资源不共享时获得的收益。此时，民品部门采取资源不共享策略。反过来，此结论对民品部门也成立。当然，双方共享资源获得的收益肯定要高于不共享可获得的收益。这种情况下，双方的最好策略就是和对方选择同样的策略，即观望策略，如果对方合作，则合作；如果对方不合作,则也不合作。

针对以上两种情况,企业需要建立一系列机制或制度保证双方必须资源共享,才能达到协同收益最大时的纳什均衡状态。

4.1.5 结论及建议

军工企业业务协同发展是军工企业发展过程中一种行之有效的增加企业收益的方式,然而实现协同效应是一个非常复杂的过程。现有的文献缺乏对军工企业业务协同机理深入分析。本节首先对军工企业军民一体化价值链进行了分析,进而从军民一体化价值链网络的角度展开对军民品业务协同机理的探讨。从整体的角度来看,协同使得企业各部门系统状态发生了变化并稳定在一个新的状态。各部门协同的过程是一个各子系统相互耦合产生“化学反应”的过程。各子系统耦合而形成的新的状态与原来的状态相比,收益的变化体现了协同的状况。从微观的角度来看,利用博弈论对各部门间的协同进行分析,提出协同收益的大小取决于协同投入的多少。根据协同双方的纳什均衡结果可以看出,协同效应的大小与各部门在协同过程中的资源利用能力成正相关的关系。即协同双方的投入的大小取决于对共享资源的利用能力。因此,对共享资源利用能力较低的部门由于获得的收益较低会倾向于不进行协同,降低协同投入。这种做法致使另一方协同收益随之降低,进而另一方也降低协同投入,这种恶性循环的结果即为协同失败,也就揭示了许多企业尝试协同之后发现效果不理想从而协同失败的根本原因。因此,企业应当关注如何提升各部门资源利用能力,来获取更大的协同收益。另外,作为企业高层管理者,还应当注意文中讨论的两种情形。如果企业缺乏保证部门资源共享的制度或机制,这两种情形的存在很容易使企业陷入到不共享、不合作的状态,显然不利于企业的发展。从制度的角度,保障协同双方的权益是解决此种问题的有效方法。

4.2 业务协同与企业绩效——以军民品融合为例

当前,军工企业普遍面临着国家投入逐步减少、军品订货逐步萎缩、军品产值比例逐步减少的新环境。军工企业也由单一军品型向军民融合型企业集团转变，基本体现了具有本行业特点的民品发展格局。然而，同国外军工集团相比，我国军工企业的民品经营仍存在相当大的差距，民品的市场竞争力还很薄弱。目前，我国也正在加紧制定相关政策和法律法规健全军民品生产的市场竞争机制，大力促进军民品的协同发展。在这个新形势下，我国军工企业迫切需要增强企业核心竞争力，拓展生存空间，争取在民品发展上实现新的飞跃。面对不断变化的复杂的民品市场环境，军工企业如何利用自身优势获取可持续发展能力，就需要用战略的观点去指导民品项目的选择与管理。

4.2.1　军民品融合度的内涵

军工企业民品的发展策略归根结底是为满足不同的市场需求，采取的不同的资源配置方式。民品市场需求与军工产品关联度越高，军民品融合度越高，资源协同程度就越高。相反，民品市场需求与军工产品关联度越低，军民品融合度就越低，资源协同程度就越低。军民品融合度就是衡量军工企业军工产品与民用产品关联程度的指标，这个指标由产业组合以及军民品关联产业投入状况两个方面共同决定。军工产品所涉及的产业和民用产品所涉及的产业重合度越高，军民品重合的产业销售额占总销售额比重越高，军民品融合度越高，反之，则越低。军民品融合程度的不同体现了军工企业在民品发展战略的选择差异。

军工企业的民品发展战略根据军民品融合度的高低可以划分为“相关”多元化战略和“不相关”多元化战略。显然，无论采用哪种战略，无论军民品融合度高低，其根本目的都是为了能够有效、合理地配置企业资源，追逐更好的经济绩效。外部市场需求和企业自身具备的能力决定了军工企业在选择民品发展时资源投入方向及程度，从而决定了军民品融合程度。企业军民品融合程度又对企业的组织结构、研发生产等管理系统产生影响。因此，研究军民品融合度可以更好地揭示企业的资源配置方式、组织管理等运营活动的内在机理，帮助企业管理者获取更好的绩效。

4.2.2　军民品融合度与企业绩效关系理论分析与研究假设

在中国企业集团的发展过程中，从核心业务向相关或不相关业务延伸几乎成为大多数企业集团的战略发展方向，同时也是企业集团获取新的利润增长点，获得可持续发展的重要途径。军工企业集团的发展也不例外。Khanna 和

Palepu 在《哈佛商业评论》发表了他们的观点，认为由于新兴经济国家在产品市场、资本市场、劳动力市场、政府管制以及合同的强制执行方面存在不同程度的制度空白，因此，企业集团可以利用内部市场配置优势进入自己需要进行交易的领域，来获得经营效益[224]。Keister 也认为当企业有大量投资机会时，通过不相关多元化经营，构建内部资本市场，有利于减轻企业的融资限制，增强企业的外部融资能力，并有助于获取政府支持[225]。现阶段我国正处于经济转型时期，大量的市场空白使得企业集团可以以较低的成本和风险进入新的发展领域，获得经营业绩的高速增长。宝贡敏（2002）认为，中国在市场放开、管制放松的转型背景下，带来了产业赢利的孤波，使得非国有企业的“寻租”多元化发展[226]。黄山等（2008）也认为在中国这样的转型经济国家，较多的投资机会在一定程度上放大了不相关多元化的内部资本市场配置优势，因此在适当时机的适度多元化有可能是一种较为有效的成长战略[146]。因此，在这种外部环境下，军工企业集团民品发展倾向于外部市场机会的获取，涉足到大量与军工产品不相关联的产业。另外，为促进高技术产业和新兴产业的发展，我国制定了各种政策给予涉足这些产业的企业发展的优惠。虽然需要承担一些风险，但军工企业集团还是开展了“非相关”多元化的经营，军民品融合度较低的情况下也获得了较好的经营绩效。

然而，大多数研究多元化的文献基本都认为相关多元化比不相关多元化更能促进绩效的提升[227-229]。因为相关多元化会随着多元化程度的扩大，基于核心能力的相关多元化将会提高企业的规模经济效益和降低内部交易成本。也就是说，经营绩效最佳的公司是“把多元化战略建立在某种核心的技术或能力上”[230]。军工产业作为我国国防战略产业，国家长期在人才、设备、资金等方面的优先投入，使军工企业在人才和技术上具有明显优势。军工企业民品的发展应当充分利用军工企业技术优势将军用技术应用于具有商业潜质且具备一定市场规模的民用产业。显然，根据上述文献的理论分析，在现阶段我国航空工业企业军民品融合度与企业绩效关系并没有形成一致性的结论。

对于企业绩效衡量指标的选取不同学者存在不同的观点，而且单独选取某一方面指标都存在局限性，因此本书在评价企业整体绩效时采用多维度的指标体系。根据财政部颁布的企业绩效评价指标体系、国内外学者近年来的研究成果及本书研究目的，并综合考虑我国军工企业的实际情况，本书选取反映盈利能力、偿债能力、运营能力和发展能力四个维度构建企业绩效评价指标。(1)盈利能力:本书认为军工企业高度的军民品融合度能够充分利用军工技术优势,同时追逐规模经济和范围经济。因此,本书认为高军民品融合度具有较高的盈利能力。(2)增长能力:军民品融合度高的企业由于长期利用军工技术优势,在民品发展过程中形成了竞争优势,而且可持续发展能力较强,可以使得企业经营绩效长期增长。因此,本书认为军民品融合度与企业增长能力成正比。(3)偿债能力:军民品融合度的高低体现了军工企业选择的民品与军工产品关联度的高低。这也就意味着低军民品融合度需要更多的资源投入,涉足到新的业务经营领域。那么,低军民品融合度需要更多资源,而企业的资源是有限的,这就导致低军民品融合度的企业需要增加债务融资,从而使得偿债能力降低。因此,本书认为军民品融合度与企业偿债能力呈正比关系。(4)运营能力:一方面,军民品融合度高的企业由于受到原有军工技术的制约,企业的资源能力不能达到充分的释放;另一方面,受行业因素影响,航空复杂产品容易延期交货导致运营能力降低。因此,本书认为军民品融合度与企业运营能力成反比关系。

4.2.3　样本和衡量指标的选择

4.2.3.1　样本的选择

本书选取我国航空工业企业在沪、深两市上市公司为样本。之所以选用上市公司作为研究对象是因为上市公司运作较为规范,而且航空工业企业的上市公司大多数都是以民品发展为主,更有利于研究军工企业军民品协同发展问题,而且上市公司信息公开,数据容易获取。由于2008年航空工业集团战略重组,因此本书选取样本企业2008年到2010年数据的平均值作为研究对象。数据来源是国泰安数据库和上市公司年报。

4.2.3.2　军民品融合度指标的选取

本书拟采用多种衡量方法共同测度军民品融合度,将军民品结合度、军民品融合比率作为衡量指标。

(1)军民品结合度 x_1:我国航空工业企业上市公司分别隶属于三大航空集团,即中国航空工业集团、中国航天科技集团、中国航天科工集团。首先,本书将上市公司所属的军工集团军工产品与上市公司的民用产品根据国际标准产业分类(SIC)对军工产品和民用产品进行产业分类。分类过程中,以两位数 SIC 编码为依据,所有产品这样就构成了 K 维向量($f_i = [f_{i1} \cdots f_{ik}]$),其中$f_{ik}$ 表示军工企业军工产品或民用产品($i = 0,1$ 表示军品或民品)隶属于产业 k 。然后,以四位数的 SIC 编码为依据衡量军工产品以及民用产品在每个产业的个数。最后,采用以下公式计算军民品结合度:$d = \sum_{k=1}^{K} f_{ik}f_{jk} / (\sum_{k=1}^{K} f_{ik}^2)^{1/2} (\sum_{k=1}^{K} f_{jk}^2)^{1/2}$ 。

(2)军民品融合比率 x_2:企业军民品结合产业销售收入占企业总销售收入的比重。

4.2.3.3 企业绩效的测度

本书根据财政部颁布的企业绩效评价指标体系、国内外学者近年来的研究成果及本书研究目的,选取反映盈利能力、偿债能力、运营能力和发展能力四个维度构建企业绩效评价指标体系。(1)盈利能力指标:营业利润率 y_{11},净资产收益率 y_{12},托宾 Q 值 y_{13};(2)偿债能力指标:流动负债比率 y_2;(3)增长能力指标:总资产增长率 y_{31},营业收入增长率 y_{32};(4)运营能力指标:应收账款周转率 y_{41},存货周转率 y_{42}。

此外,本书还将选取几个衡量企业规模的指标,作为实证分析时的控制变量。企业规模越大,资源配置能力越强。按照 Cool 与 Sehendel 的研究[231-232],企业的总资产能更好地反应企业规模,因此采用总资产的自然对数 x_3 来控制企业规模的影响。另外,研究表明杠杆系数反映了债权人和股东的影响,进而对经营绩效产生影响[233]。因此,本书采用资产负债率 x_4 来控制财务杠杆的影响。

4.2.4 数据分析

4.2.4.1 样本的统计性描述

从样本整体来看,企业的军民品结合度为 0.412,说明大多数企业与军工产品的关联度比较低;军民品融合比率为 0.562,说明与军工产品相关联的民品在整个销售额中占有重要地位,也体现了军工企业在重点发展与军工产品相关联的产业。

在最近的三年发展中,样本企业总体上处于上升的发展势头,这与我国航空工业企业经济增长相吻合。短短的三年间,样本总体的股东权益平均增加了1.9倍,总资产增加了 0.82 倍,主营业务收入增加了 0.84 倍,展现了我国航空工业企业总体的增长趋势。因此,可以认为本书选取的样本反映出的企业运营状况基本符合我国近几年航空工业企业的发展状态，具有较高的代表性。

表 4.1　　变量的统计描述与相关系数表

	均值	标准差	x_1	x_2	y_{11}	y_{12}	y_{13}	y_2	y_{31}	y_{32}	y_{41}	y_{42}
x_1	0.412	0.332	-	.792**	.164	-.092	.182	.432*	-.381*	.014	-.541**	-.408*
x_2	0.562	0.446		-	.382*	-.026	.324	.455*	-.269	-.162	-.612**	-.495**
y_{11}	0.077	0.056			-	.584**	.558**	.183	-.132	-.477*	-.080	-.017
y_{12}	0.079	0.046				-	.303	.108	-.209	-.478*	.428*	.455*
y_{13}	2.827	2.228					-	.438*	-.077	-.130	-.153	.118
y_2	0.831	0.153						-	-.042	.194	-.021	-.083
y_{31}	0.277	0.366							-	.315	.452*	-.043
y_{32}	0.842	1.028								-	.165	-.073
y_{41}	5.939	5.014									-	.377*
y_{42}	3.217	2.284										-

*.，**. 分别表示在 0.05，.01 水平(双侧)上显著相关。

从表 4.1 中可以看出：军民品融合度与盈利能力、增长能力之间相关性较低，仅有营业利润率、总资产增长率与军民品融合度指标有显著关系；军民品融合度与偿债能力、运营能力具有显著的相关性。从军民品融合度各衡量指标内部比较的显著度都低于 0.05，说明了军民品融合度都在揭示一个问题，即军工企业军民品的融合状况。而从企业绩效各衡量指标内部也表现出一定的相关性，说明各指标都反映了同一个方面的问题，即企业经营绩效。

当然，影响绩效的因素是非常复杂的，仅仅从军民品融合度的角度来推导企业经营业绩相对比较困难，相关系数也仅仅是比较粗糙地反映两者之间的关系。本书将继续从总体上分析军民品融合度与企业绩效间的关系。因此，本书采用聚类分析的方法，将样本按照军民品融合度分为几类不同军民品融合度的组，通过比较这些样本组之间的绩效指标来分析军民品融合度与企业绩效间的关系，然后采用单因素方差分析的方法来明确由军民品融合度指标造成显著影响的企业绩效指标，从而验证前文提出的假设。

4.2.4.2　军民品融合度指标的聚类分析

经过采用多种聚类方法聚类，且由于航空工业企业共有 28 家上市公司，样本数目偏少，因此本书认为将类别分为 2 类较为合理。聚类分析结果如表 4.2 所示。

表 4.2　军民品融合度衡量指标聚类中心

类　别	高军民品融合度企业(Ⅰ类)	低军民品融合度企业(Ⅱ类)
军民品结合度	.62	.134
军民品融合比率	.93	.076

从表 4.2 中可以看出,Ⅰ类企业显示出较高的军民品结合度,说明其充分利用母公司的军工技术发展民品产业。军民品结合度为 0.62 也说明Ⅰ类企业还是发展了部分与军工产品无关的民品。然而Ⅰ类企业的军民品融合率为 0.93 表明虽然发展了与军工产品无关的民品,但是在整体产值中占的比重非常低。因此,本类企业还是主要以军工技术为核心大力发展民用产品,本书将其命名为高军民品融合度企业。Ⅱ类企业的军民品结合度非常低,仅有 0.134,说明该部分企业基本发展了与军工产品无关的民用产品。而且该类产品军民品融合比率为 0.076,也就是说该类企业的主要产品基本与其母公司的军工产品没有关联。因此,本书将该类样本命名为低军民品融合度企业。在这两类企业中,高军民品融合度企业的样本数量最多,共有 16 个,占总数的 57%;低军民品融合度企业的样本数量共有 12 个,占总数的 43%。总体上看,我国航空工业企业军民品融合状况不够理想,有接近一半的企业没有选择与自身优势产业相结合发展民用产品。

表 4.3　企业绩效各指标均值

类　别	高军民品融合度企业	低军民品融合度企业
营业利润率	.0957	.0517
净资产收益率	.0794	.0776
托宾 Q 值	3.4464	2.0016
流动负债比率	.8811	.7636
总资产增长率	.2001	.3802
营业收入增长率	.6363	1.1164
应收账款周转率	3.5995	9.0593
存货周转率	2.3513	4.3705

按照聚类结果,本书对样本企业进行分类,通过计算每类样本的各项绩效指标的均值来分析两类企业的差异,验证前文提出的假设。

(1)盈利能力:根据表 4.3 中的盈利能力指标可以看出,高军民品融合度企业的营业利润率和托宾 Q 值都远远大于低军民品融合度企业,净资产收益率略高于低军民品融合度企业。这与我们前文的假设基本一致。分析原因主要有以下几点:一是高军民品融合度企业充分利用军工技术的优势,在各产业领域都具有相当强的竞争优势,有些产品甚至是垄断优势,因此利润率较高。二是军工企业将军工技术应用到民用产品,可以有效共享资源,军民品产生协同优势,大大降低了发展民品的成本,从而获得较强的盈利能力。三是在我国现阶段转型期,低军民品融合度企业也可进入热门行业,短期内获得了较高的利润,使得净资产收益率差异并不明显。

(2)偿债能力:从表 4.3 中的偿债能力指标即流动负债比率可以看出,高军民品融合度企业的流动负债比率要高于低军民品融合度企业,这表明高军民品融合度企业的偿债能力较强。从企业本身来看,高军民品融合度企业由于长期盈利较多,负债较少,因此偿债能力强;而低军民品融合度企业由于需要更多的资源投入,采取了较高的债务融资政策,导致偿债能力较差。

(3)增长能力:本书实证分析结果是高军民品融合度企业的增长能力都远远低于低军民品融合度企业 ,这与本书的假设相反。本书认为负债规模是造成这种现象的主要原因,即高军民品融合度企业的负债增加程度较少导致总资产增长程度低,因此形成了较低的增长率。这一点通过比较两类企业的股东权益规模和总资产规模可知。经计算,高军民品融合度企业股东权益与低军民品融合度企业股东权益平均值之比为 0.94,基本相当;但总资产之比为 0.75。这说明低军民品融合度企业存在大量负债造成了总资产增长率较高的局面。而这也恰好符合低军民品融合度企业需要资源采取较高融资政策的分析。

(4)运营能力:针对企业运营能力,本书实证分析显示高军民品融合度企业的运营能力远远低于低军民品融合度企业,这符合本书提出的假设。高军民品融合度企业在应收账款周转率和存货周转率都低,说明这些企业低效运营效率。本书认为这也与航空产业本身有关系。航空产品通常的交货期较长,而且经常延期,导致这两项指标大大降低。

4.2.4.3 单因素方差分析

样本组之间的均值比较分析仅是从直观的角度对表面现象进行分析而得出的结论,只能说明理论推导的假设在大方向上与实证分析是否一致,而不能确切地证明企业绩效确实是受到军民品融合度的影响。因此，本书将采用单因素方差分析的方法来证明两者之间的关系。

表 4.4　　单因素方差分析结果

ANOVA						
		平方和	df	均方	F	显著性
营业利润率	组间	.013	1	.013	4.845	.037
	组内	.071	26	.003		
	总数	.085	27			
净资产收益率	组间	.000	1	.000	.011	.918
	组内	.057	26	.002		
	总数	.057	27			
托宾 Q 值	组间	14.312	1	14.312	3.108	.090
	组内	119.743	26	4.606		
	总数	134.055	27			
流动负债比率	组间	.095	1	.095	4.600	.041
	组内	.535	26	.021		
	总数	.629	27			
总资产增长率	组间	.223	1	.223	1.706	.203
	组内	3.392	26	.130		
	总数	3.615	27			
营业收入增长率	组间	1.580	1	1.580	1.525	.228
	组内	26.943	26	1.036		
	总数	28.523	27			
应收账款周转率	组间	204.404	1	204.404	11.203	.002
	组内	474.399	26	18.246		
	总数	678.803	27			
存货周转率	组间	27.956	1	27.956	6.437	.018
	组内	112.915	26	4.343		
	总数	140.870	27			

表4.4中方差分析结果表明，军民品融合度对盈利能力、偿债能力、运营能力有显著影响，而对增长能力影响不显著。

综合上文的均值和单因素方差分析结果，同时将前文进行的假设的检验结果归纳如表4.5所示。

表4.5　　均值、单因素方差分析结果

假　设	内　容	均值比较	单因素方差分析
假设1	军民品融合度与盈利能力成正比	相符	显著影响
假设2	军民品融合度与企业增长能力成正比	不符	不显著影响
假设3	军民品融合度与企业偿债能力呈正比	相符	显著影响
假设4	军民品融合度与企业运营能力成反比	相符	显著影响

4.2.5　结论及建议

4.2.5.1　研究结论

1. 从整体来看，军民品融合度与企业绩效之间具备一定的相关性，现阶段我国航空工业企业可以通过提高军民品融合度来获得绩效的提升。我国航空工业企业上市公司整体军民品融合度并不理想，接近一半的企业采用了低军民品融合度的经营策略。采用高军民品融合度的企业比较注重军工技术的应用，军民品协同发展仍是此类企业的主流。虽然从军民品结合度看出，高军民品融合度企业试图向与军工产品无关的民品发展，但是根据军民品融合比率指标来看这种发展可以忽略不计。

2. 在航空工业企业上市公司中，低军民品融合度企业盈利能力比较差，且托宾Q值非常低表明该类企业股东获利能力远远低于高军民品融合度企业。该类企业虽然可以通过转型期的市场空白获得短期收益，但这类企业负债较高，反映了盈利质量差的现状。而且，低军民品融合度的企业由于负债较高，表明其整体增长大部分是由债务融资造成的，因此低军民品融合度企业不可能实现可持续发展。

3. 采用高军民品融合度的企业盈利能力比较强，且托宾Q值非常高表明该类企业股东获利能力较强、公司价值高，体现了较好的盈利质量。由于该类企业长期专注于将军工核心技术应用于民用产品，资源共享性较高，成本降低，大大促进了企业未来的可持续发展能力。值得注意的是该类企业运营效率较低,应收账款周转率、存货周转率都低于低军民品融合度企业,表明高军民品融合度企业对市场控制能力和市场需求预测能力都较差,体现了低效运营效率,这与其高盈利水平、强偿债能力形成鲜明对比。

本书的研究存在不足之处。(1)由于航空工业企业上市公司总共28家,样本数量偏少,特别是采用聚类的方法更体现了其弊端。(2)由于2008年航空工业集团战略重组,考察问题的时间跨度太短,无法从纵向的角度长期研究军民品融合与企业绩效的关系。(3)由于在分析了军民品融合度指标和企业绩效相关性后,部分指标相关系数不够显著,因而本书采用聚类后首先比较其均值,然后采用单因素方差的方法来验证假设。尽管如此,本书还是尽可能挖掘两者之间的关系,对理论假设进行全面分析并检验了其真伪。

4.2.5.2 政策建议

从总体上看,我国航空工业企业军民品融合度不够理想,本书实证分析得出军民品融合度较高的企业其盈利能力和偿债能力较强,具有较好的可持续发展能力。同时,在我国现阶段经济转型时期,我国的市场环境还需进一步完善。为优化航空工业企业投资与经营决策水平,提高资源利用率,增强企业可持续发展能力,提出以下建议:

1. 军民品融合度的提升过程是同时实现企业规模经济和范围经济的过程,军工企业的核心竞争力是军工技术,充分利用技术优势、提升企业市场竞争力才是立足之本。我国现阶段提倡的军民融合的本质[即大力发展军民两用技术(Dual-Use Technology)实现军民两用技术的商业化和产业化]就是要军工企业充分利用已有资源,以军工核心业务为基础,向具有高成长、高盈利的相关领域进行适当发展,通过军民技术双向转移,高起点、低风险地实施民品开发战略,充分利用剩余资源,实现企业范围经济效应。简言之,就是以军工产品为核心,选择适当的与军工产品相关的民品发展,从而获得民品发展的范围经济效应,军民品的协同效应。

2. 从国家战略利益的角度来看,只有军民融合发展才能更有效促进我国国防科技工业的发展。从各典型国家经历的发展道路来看,在国家创新体系建设层面积极推进军民结合,是世界主要国家采取的共同发展战略和政策取向。因此,政府和企业都应该充分认识适当的军民融合的重要性,只有军民融合发展才能全面提高我国军工企业的市场竞争能力,提高我国国防现代化水平。

3.“军民融合”并不是适宜于一切技术项目的,推进军民融合要选择适当的产业和技术项目[234]。因此,航空工业企业在选择民品发展战略时应认真研究产业之间的利润转移规律。军民融合还需以市场为导向,以优化资源配置和提高企业竞争力为目标,通过合理地选择民品产业,提高资源的利用效率和效果从而取得长期的绩效。本书认为,军工企业通过对自身资源及外部环境合理评估,以自身核心竞争力为出发点,对各民品发展策略进行排序,避免盲目投资,保证将自身资源充分利用,增强企业核心能力建设,这样有效的军民融合才能得以实现。

4.3　业务多元化程度与企业绩效——以航空航天业为例

在战略管理研究领域,企业集团多元化一直是国内外学者研究的热点。在20世纪70年代末以前,多元化一直是欧美等国家企业集团普遍采用的一种企业发展战略。然而,自20世纪80年代以来,这种形势出现了逆转,呈现出“归核化”的趋势,即使仍坚持多元化经营的企业,基本上也都是相关的多元化[235]。从根本上说,多元化和归核化是企业在整个生命周期中一直进行着的战略选择,同时也是企业努力增加公司价值的动态过程[14]。然而,现有的许多文献都将这两个紧密相关的活动分离开来进行研究,因而得出了不同的结论。实际上,多数大企业在实施归核化战略之后仍然拥有多项核心业务,这些业务分布在多个四位数行业,它们仍然是一个多元化企业,所不同的是,归核化之后,其多元化程度有所降低。但呈现多元化状态的各个业务之间的相关性由无关、低度相关转化为中度或高度相关,极端的情况是单一业务[6]。归核化战略可以概括为“围绕核心业务的适度多元化战略”。本书认为归核化仅是相关多元化的一种特定形式,因为相关多元化还包括除了核心业务以外的企业其他各业务的关联。相关多元化与归核化都是与核心业务紧密联系在一起的,归核化培育了核心竞争力,而相关多元化则是分享并且强化了核心竞争力[236]。因此,企业无论是采用多元化还是归核化战略,其本质应是建立在核心业务上的相关多元化。

4.3.1 多元化与企业绩效关系文献综述

相关多元化与企业盈利能力之间的关系长期以来一直是战略管理、产业组织等领域研究的热点课题，尽管众多学者进行了大量的研究但至今难以达成一致性结论。一种观点认为，业务相关程度高的多元化企业的盈利能力优于业务相关程度低的多元化企业的盈利能力[74]。另外一些学者的研究恰好与此相反[202]。国内学术界对企业相关多元化与盈利能力的研究还不够充分，且大部分混杂于分析多元化与绩效、公司价值间的关系之中[56,238]。但研究结果基本与国外学者保持一致。虽然学术界对于相关多元化与企业盈利能力关系争论不休，但越来越多的学者一致认为，企业随着多元化程度的扩大，基于核心业务的相关多元化将会提高企业的规模经济效益和降低内部交易成本。也就是说，经营绩效最佳的公司是“把多元化战略建立在某种核心的技术或能力上”[239]。Prahalad 和 Hamel(1990)就指出核心业务是多元化企业的“根”，企业应以核心业务为基础开展相关多元化[353]。Tanfiverdi 和 Venkatraman(2005)也指出知识资源相关性对多元化绩效的作用更显著[248]。国内的学者也提出了类似的观点。例如柳卸林(1999)认为当多元化经营与核心竞争优势无关时，多元化经营则是企业经营战略的陷阱[240]。王生辉(2002)对多元化经营的内在逻辑进行分析后得出了以核心业务为基础是多元化经营内在逻辑发展的必然结果[241]。汤文仙和李攀峰(2005)针对企业如何主动性地进行业务或资产规模的缩减，提出了以企业核心业务为平台，基于价值链分析的归核化理论框架[242]。张宝友(2008)以我国 21 家上市物流公司为研究样本对企业的核心业务与绩效的相关性进行实证研究。研究表明，核心业务对企业经营绩效的贡献较大[243]。程勇(2009)认为企业的核心资源是实施多元化与归核化的内在基础；多元化与归核化本身是中性的，企业究竟是采用多元化还是归核化，完全取决于企业当时所掌控的核心资源与经营业务的匹配状况[151]。

现有文献多数是从相关多元化的角度探讨了多元化程度与企业盈利能力的关系，且实证过程中选择的指标是多元化业务相关度，并不能完全体现基于核心业务的相关多元化，因而也就无法证明基于核心业务的多元化与盈利能力之间的关系。国内的研究文献相对较少，也是利用多元化程度指标进行研究，而且局限于某一特定年度或一段跨度期较短的考察期限,难以观测到业务相关程度不同的多元化企业的盈利能力的差异。而从基于核心业务的多元化角度进行分析的文献又多是理论研究,实证研究非常缺乏。另外,从文献理论研究可以看出,以核心业务为基础开展相关多元化成为学者们的共识,但现有的文献还未对基于核心业务的多元化进行有效度量。本书即是在以上理论文献分析的基础上,提出了基于核心业务的相关多元化度量模型,并以航空航天企业为例,实证分析基于核心业务的相关多元化与盈利能力之间的关系。

4.3.2 基于核心业务的多元化度量模型

在相关多元化与盈利能力的实证文献中,拥有自己的核心业务的企业在市场上比较容易获得行业优势,企业的盈利能力方面会比较突出。而核心业务不突出的相关多元化类型的企业,虽然可以获得一部分范围经济所带来的收益,但是由于各业务销售额所占比重都不大,很难在各行业中保持优势。因此,度量基于核心业务的相关多元化成为进一步分析其与企业集团多元化盈利能力的关键问题。本书拟采用不同的模型度量基于核心业务的多元化,利用核心业务相关度表示基于核心业务的多元化程度。

模型一:基于投入产出表的模型

基于投入产出表的方法,是 Fan 和 Lang(2000) 采用美国投入产出(Input-output,IO)表中的商品流数据构建了两个基于 IO 的测量方法, 用以测量行业间或多元化企业业务单位间的垂直相关性和互补性[57]。该方法的提出是用来度量企业多元化程度的模型,是依据主营业务与非主营业务之间的关联度来进行计算,因此满足对核心业务相关度度量的要求。虽然该方法优点非常明显,但是由于在分析世界范围内航空航天企业时各个国家的投入产出表不一致,因此该方法无法应用到国外航空航天企业的核心业务关联度的计算。因此,本书提出了模型二来解决此问题。

模型二:基于产品距离的模型

首先,企业应当确认本企业的核心业务。所谓核心业务,即能为企业带来丰厚利润的主营业务。关于核心业务的识别,国内外已有大量文献,在此不再论述。

然后,测度非核心业务与核心业务间的关联程度。

第一步,根据国际标准产业分类(SIC)对企业的核心业务进行分析,确认其4码产业包括哪些,核心业务包括的4码产业可以为多个。第二步,确认企业非核心业务隶属于哪几个4码产业。分类过程中,核心业务或非核心业务所有产品的4码产业就构成了K维向量($f_i = [f_{i1} \cdots f_{ik}]$),其中$f_{ik}$表示企业核心业务或非核心业务($i = 0,1$ 表示核心业务或非核心业务)隶属于产业k。第三步,以四位数的SIC编码为依据统计核心业务或非核心业务在每个产业的个数。

最后,采用以下公式计算核心业务相关度:$d = \sum_{k=1}^{K} f_{ik} f_{jk} / (\sum_{k=1}^{K} f_{ik}^2)^{1/2} (\sum_{k=1}^{K} f_{jk}^2)^{1/2}$

4.3.3 基于核心业务的多元化与盈利能力之间的关系

4.3.3.1 国外航空航天企业基于核心业务的多元化与盈利能力关系

1.样本选择及盈利能力指标选取

本书选取世界范围内航空航天企业前50强企业为样本。之所以选用世界50强航空航天企业作为研究对象是因为这些企业运作较为规范,对我国航空航天企业发展具有鲜明的导向作用,特别是其核心业务——航空航天产品与其他业务协同发展上取得了较好的绩效。选取的世界50强航空航天企业属于各国上市公司,信息公开,数据可通过上市公司年报获取。由于个别企业数据缺失或出现异常值,最后选取的样本数目为47家。

企业盈利能力的指标通常采用资产收益率ROA、净资产收益率ROE、使用资本回报率、销售收入增长率、营业利润率、每股收益等指标进行衡量。本书采用营业利润率和使用资本回报率来进行衡量。

此外,本书还将选取衡量企业规模的指标,作为实证分析时的控制变量。企业规模越大,资源配置能力越强。按照Cool与Sehendel的研究[231,232],企业的主营业务收入能更好地反映企业规模,因此采用主营业务收入的自然对数来控制企业规模的影响。另外,研究表明,杠杆系数反映了债权人和股东的影响,进而对经营绩效产生影响[233]。因此,本书采用资产负债率来控制财务杠杆的影响。

2.国外航空航天企业样本的统计描述

从样本整体来看(见表4.6),国外航空航天企业的核心业务相关度为0.8089,说明大多数航空航天企业的非核心业务与核心业务的关联度非常高,航空产品所占比重为0.752,说明航空航天产品在整个销售额中占有重要地位,也体现了航空航天企业在重点发展与航空产品相关联的产业。分析样本的盈利能力指标均值可以看出,国外的航空航天企业在反映企业盈利能力的指标即营业利润率和使用资本回报率两个方面表现优异,营业利润率的平均值为9.05%,使用资本回报率的平均值为11.84%。

表4.6　　国外航空航天企业变量的统计描述及相关系数

	Mean	Std. Deviation	YL	ZH	HB	XG	LNZY
营业利润率 YL	0.0905	0.0502	1.0000	.607**	0.2870	.386**	-0.2820
使用资本回报率 ZH	0.1184	0.0716	.607**	1.0000	0.2840	.485**	-0.1500
航空产品所占比重 HB	0.7524	0.3260	0.2870	0.2840	1.0000	.867**	-.433**
核心业务相关度 XG	0.8089	0.2279	.386**	.485**	.867**	1.0000	-.411**
主营业务收入自然对数 LNZY	9.1049	1.1910	-0.2820	-0.1500	-.433**	-.411**	1.0000

**. Correlation is significant at the 0.01 level (2 - tailed).

从表4.6中可以看出,核心业务相关度与营业利润率、使用资本回报率具有显著的相关性。核心业务相关度与航空产品所占比重之间相关性的显著度低于0.05,说明了两个指标都在揭示一个问题,即航空航天企业核心业务与非核心业务相关情况。而营业利润率与资本收益率也表现出一定的相关性,说明各指标都反映了同一个方面的问题,即企业盈利能力。

当然,影响盈利能力的因素是非常复杂的,相关系数也仅仅是比较粗糙地反映两者之间的关系。本书采用聚类分析的方法,将样本按照核心业务相关度分为几类不同相关度的组,通过比较这些样本组之间的盈利能力指标来分析核心业务相关度与企业盈利能力间的关系,然后采用单因素方差分析的方法来分析核心业务相关度对企业盈利能力的影响。

3. 国外航空航天企业的聚类分析

根据计算样本指标的平均值,采用多种聚类方法进行聚类,认为将类别设定为3类比较合理。

从表4.7中可以看出,Ⅰ类企业显示出较高的核心业务相关度,说明其充分利用航空航天技术发展非核心产业,本书将其命名为高业务相关度企业。Ⅲ类企业的核心业务相关度非常低，核心业务相关度与航空产品所占比重都低于其他两组，说明该部分企业发展了与核心业务产品关联度较低的产品，因此，本书将该类企业命名为低业务相关度企业。Ⅱ类企业无论是基于核心业务相关度还是航空产品所占比重都处于其他两组之间，表明其基于核心业务相关度处于中等状态，本书将其命名为中等业务相关度企业。在这三类企业中，高业务相关度企业的样本数量最多，共有31个，占总数的66%；低业务相关度企业的样本数量共有7个，占总数的15%；中等业务相关度企业共有9个，占总数的19%。从总体上看，国外大部分航空航天企业的发展是以原有的航空航天技术为核心展开的。

表4.7 核心业务相关度衡量指标聚类中心

类别	高业务相关度企业（Ⅰ类）		中业务相关度企业（Ⅱ类）		低业务相关度企业（Ⅲ类）	
	N	Mean	N	Mean	N	Mean
营业利润率	31	0.0981	9	0.0982	7	0.0471
资本收益率	31	0.1270	9	0.1408	7	0.0506
航空产品所占比重	31	0.9664	9	0.4720	7	0.1647
核心业务相关度	31	0.9395	9	0.6816	7	0.3941
主营业务收入自然对数	31	8.7679	9	9.6035	7	9.9561

从表4.7中的盈利指标可以看出，高业务相关度企业的盈利能力大大高于低业务相关度企业。特别指出的是，在这三组中，航空产品所占比重变化较大，尤其是低业务相关度企业的航空产品所占比重为0.16，大大低于高业务相关度企业的0.97，这表明低业务相关度企业发展与航空产品无关的产业，从而降低了其盈利能力。另外，从主营业务收入的自然对数可以看出，高业务相关度企业的主营业务收入要低于低业务相关度企业，表明随着企业规模的逐渐增大，企业发展了与核心业务不相关联的产业。

4. 国外航空航天企业的单因素方差分析

根据聚类分析获得的三组的情况进行单因素方差分析，进一步明确基于核心业务的相关多元化与企业盈利能力之间的关系。

表 4.8　　单因素方差分析结果

ANOVA						
		Sum of Squares	df	Mean Square	F	Sig.
营业利润率	Between Groups	0.015	2	0.008	3.395	0.043
	Within Groups	0.1	44	0.002		
	Total	0.116	46			
资本收益率	Between Groups	0.039	2	0.02	4.362	0.019
	Within Groups	0.197	44	0.004		
	Total	0.236	46			
航空产品所占比重	Between Groups	4.545	2	2.273	290.39	0
	Within Groups	0.344	44	0.008		
	Total	4.89	46			
军民品协同度	Between Groups	1.879	2	0.939	81.053	0
	Within Groups	0.51	44	0.012		
	Total	2.389	46			

表 4.8 中方差分析结果表明，基于核心业务的相关多元化对企业盈利能力有显著影响。

为进一步明确基于核心业务的相关多元化与企业盈利能力之间的关系，本书将利用多元回归分析的方法来分析二者之间的关系。

5. 国外航空航天企业的回归分析

本书构造了多元回归模型来检验变量间的相互关系。模型建立如下：

$$YL = \alpha + \beta_1 \ln zy_i + \beta_2 zf_i + \beta_3 sn_i + \varepsilon_i$$

$$ZS = \alpha + \beta_1 \ln zy_i + \beta_2 zf_i + \beta_3 sn_i + \varepsilon_i$$

式中，zy_i 表示第 i 个企业的主营业务收入，zf_i 表示第 i 个企业的资产负债率，sn_i 表示第 i 个企业的核心业务相关度，ZS 表示使用资本回报率，YL 表示营业利润率。

本书在建立多元回归模型检测两者之间关系的同时，在自变量 SN 中加入 SN^2 来测量核心业务相关度与企业盈利能力的二次曲线关系。在建立多元回归模型之前，首先进行多重共线性判断，结果表明方差膨胀系数均小于 2，文献[244]

认为方差膨胀系数大于10才表明回归模型中自变量之间存在严重的共线性问题。因此,本书中的回归模型不存在共线性问题。多元回归结果见表4.9。

表4.9 基于核心业务的业务相关度对盈利能力影响检验的回归结果

	因变量 YL			因变量 ZS		
	模型1	模型2	模型3	模型4	模型5	模型6
常数	***	**		**		
	(4.307)	(1.849)	(1.143)	(2.569)	(-0.283)	(-0.375)
LNZY	-0.189	-0.079	-0.083	-0.119	0.073	0.072
	(-1.345)	(-0.534)	(-0.557)	(-0.771)	(0.494)	(0.478)
ZF	-0.346**	-0.316*	-0.312*	-0.118	-0.066	-0.065
	(-2.454)	(-2.303)	(-2.260)	(-0.767)	(-0.476)	(-0.460)
SN		0.289*	0.813		0.501***	0.701
		(1.995)	(1.041)		(3.421)	(0.883)
SN^2			-0.533			-0.203
			(-0.683)			(-0.256)
R Square	0.190	0.259	0.267	0.035	0.242	0.243
调整后 R Square	0.153	0.207	0.197	0.008	0.189	0.171
F值	5.167**	5.005**	3.824**	0.807	4.570**	3.369**

注:表中所列为标准化回归系数,括号内为该系数的t检验值。***表示p<0.001,**表示p<0.01,*表示p<0.05

从回归结果来看(见表4.9),调整后的多重判定系数R Square即回归方程的拟合优度介于0.153~0.207之间,说明因变量与各个自变量即控制变量的多元回归方程所解释的比例为15.3%~20.7%,这对于多因素回归是完全可以接受的。同时,除了模型4未通过检验外,其他5个模型均通过了F检验,显著性p<0.01,说明构建的模型是有效的。

模型1和模型4是仅有控制变量的基本模型,模型2和模型5是在基本模型的基础上加入了核心业务相关度变量,结果显示,无论因变量是营业利润率还是使用资本回报率,核心业务相关度与企业盈利能力都显示了显著的正相关关系。模型3和模型6在基本模型的基础上加入了核心业务相关度和核心业务相关度的平方两个变量,但结果显示核心业务相关度与企业盈利能力二次曲线关系不显著。

4.3.3.2　国内航空航天企业基于核心业务的多元化与企业盈利能力关系

1. 国内航空航天企业基本情况分析及样本选择

(1)国内航空航天企业基本情况分析

国内航空航天企业集团只有三家,即三大军工集团,中国航空工业集团、中国航天科工集团、中国航天科技集团。从表4.10中可看出国内航空航天企业的主营业务收入基本和国外航空航天企业主营业务收入的均值相当,但国内航空航天企业的营业利润率和使用资本回报率都大大低于国外航空航天企业。从基于核心业务相关度来看,国内航空航天企业核心业务相关度非常低,表明国内航空航天企业的非核心业务基本脱离了航空航天的主营业务,这一点与国外的航空航天企业形成了鲜明的对比。

表4.10　　国内航空航天企业基本情况描述

	主营业务收入(万元)	营业利润率	使用资本回报率	核心业务相关度
航天科技	6406803.44	0.0948	0.0785	0.338
航天科工	6674349.27	0.0648	0.0762	0.4
航空工业	16157300.52	0.0338	0.0368	0.2828

(2)样本选择

为进一步考察国内三大航空航天企业集团基于核心业务的相关多元化与企业盈利能力关系,本书选择国内三大航空航天企业集团的28家上市公司作为研究样本。国内航空航天企业的上市公司主要是非核心业务,而航空航天企业集团的核心业务是航空航天产品,因此研究上市公司非核心业务与母公司核心业务相关度与盈利能力关系可以为我国航空航天企业的业务发展提供理论依据。为使测度更加精确,深入研究基于核心业务的业务相关度与盈利能力之间的关系,采用2002~2010年的面板数据进行分析。数据来源是国泰安数据库和上市公司年报。

2. 基于核心业务的多元化度量与盈利能力指标的选取

(1)基于核心业务的多元化度量模型

采用模型一来度量基于核心业务的多元化程度。本书在Fan和Lang(2000)的基础上,对基于投入产出的模型进行改进,使之更适合航空航天企业的情况。具体的计算方法如下:

第一步,计算产业间关联系数

产业间关联系数是依据投入产出表来进行计算。投入产出表,也称部门联系平衡表或产业关联表,它以矩阵形式描述国民经济各部门在一定时期(通常为一年)生产活动的投入来源和产出使用去向,揭示国民经济各部门之间相互依存、相互制约的数量关系,是国民经济核算体系的重要组成部分。在投入产出表的第一象限内,某产品部门 i 生产的货物或服务提供给各产品部门 j 使用的价值量为 a_{ij} 。

①产业垂直关联度

在生产经营过程中第 j 产品(或产业)部门的单位总产出直接消耗的第 i 产品部门货物或服务的价值量为 v_{ij} 。计算公式为 $v_{ij} = \frac{a_{ij}}{a_j}(i,j = 1,2,\cdots,n)$。反过来,生产经营过程中第 i 产品(或产业)部门的单位总产出直接消耗的第 j 产品部门货物或服务的价值量为 v_{ji} 。这样,我们就可以利用两类消耗系数的平均值来获得产业 i 与 j 之间的垂直关联系数。公式为 $V_{ij} = (v_{ij} + v_{ji})/2$ 。

②产业水平关联度

通过测度产业 i 与 j 之间投入要素的共享程度计算水平关联度。利用投入产出表,我们可以计算各个产业 k 作为投入要素投入到核心业务所属产业 i 与非核心业务所属产业 j 的比例 b_{ki} 和 b_{kj} 。然后,去除掉产业 i 与产业 j 后,计算两个产业间的关联度,公式为 $C_{ij} = corr(b_{ki}, b_{kj})$ 。关联度大表明两个产业在投入要素上有较大的重叠。

第二步,计算核心业务相关度

由于非核心业务涉及产业可能有多个,因此将非核心业务产业销售额占所有非核心业务产业销售额的比重作为权重进行计算。

①垂直关联度

$V = \sum_j \omega_j V_{ij}$,其中 ω_j 表示权重

②水平关联度

$C = \sum_j \omega_j C_{ij}$,其中 ω_j 表示权重

实证分析表明,从行业的层面,以 IO 为基础度量方法比以 SIC 码为基础的度量方法更能反映多元化企业业务相关度;从企业的层面,该方法亦体现出企业内部垂直相关和互补性相关。计算依据是中国投入产出表 2007,首先在 135 部

门的投入产出表中确定航空航天产品及非核心业务所属的产业，然后依次计算上市公司非核心业务与核心业务之间的关联度。

(2)盈利能力指标的选取

Li(2003)认为在新兴市场上，由于管理者短期行为和外部市场环境波动的不确定，采用 ROA 要比销售收入增长率等指标来衡量企业经济效益更为稳定[245]。在战略文献中，ROE 是经常采用的衡量绩效的指标。本书考虑到与同类文章研究的可比性，盈利能力的指标选取资产收益率 ROA、净资产收益率 ROE。其中 ROA 是用净利润除以总资产，ROE 是用净利润除以股东权益。此外，本书还将选取总资产的自然对数、资产负债率作为实证分析时的控制变量。

3. 建立模型

本书构造了多元回归模型来检验变量间的相互关系。模型建立如下：

$$ROE = \alpha + \beta_1 \ln zy_{it} + \beta_2 zf_{it} + \beta_3 gl1_{it} + \beta_4 gl2_{it} + \mu_{it} + \varepsilon_{it}$$

$$ROA = \alpha + \beta_1 \ln zy_{it} + \beta_2 zf_{it} + \beta_3 gl1_{it} + \beta_4 gl2_{it} + \mu_{it} + \varepsilon_{it}$$

式中，zy_{it} 表示第 t 年第 i 个企业的主营业务收入，zf_{it} 表示第 t 年第 i 个企业的资产负债率，$gl1_{it}$ 表示第 t 年第 i 个企业的垂直关联度，$gl2_{it}$ 表示第 t 年第 i 个企业的水平关联度。

4. 结果分析

(1)数据平稳性检验

首先进行数据平稳性检验，因原始数据为非平衡面板数据，采用 ADF 检验，结果表明变量存在单位根。因此，对变量进行一阶差分处理，重新检验，在 1% 的显著性水平下，不存在单位根(见表 4.11)，属于 1 阶单整序列，可进行协整分析。

表 4.11　　一阶差分后 ADF 检验结果

变　量	ADF 值	1% 临界值
垂直关联度	-6.8321	-4.6493
水平关联度	-6.0245	-4.6493
资产负债率	-5.1350	-4.6493
主营业务收入自然对数	-4.7316	-4.6493
ROA	-6.5185	-4.6493
ROE	-7.2530	-4.6493

采用 Engle-Granger 两步法进行协整分析。根据已经建立的 ROA 和 ROE 静态回归模型，利用 ADF 检验统计量来验证回归方程中的残差是否平稳，以此来验证被解释变量和解释变量间的协整关系，检验结果如表 4.12 所示。

表 4.12　　协整关系检验结果

模　型	ADF 检验值	临界值 1%	临界值 5%	p 值
ROA 模型	-5.29198	-4.6493	-4.100	0.0000
ROE 模型	-5.17982	-4.6493	-4.100	0.0000

表 4.12 的检验结果表明，残差序列原值为平稳序列，可认为存在长期稳定均衡关系。

(2) 回归结果

采用 eviews6 进行回归计算，结果见表 4.13。

表 4.13　　回归结果

	因变量 ROA			因变量 ROE		
	固定效应	混合 OLS	随机效应	固定效应	混合 OLS	随机效应
常数项	-0.00372*	0.000754	0.000549	0.007047	0.0010	0.00048
	(1.9843)	(0.1176)	(0.3618)	(1.7816)	(0.06619)	(0.1567)
主营业务收入自然对数 LNZY	0.006***	0.0073***	0.006234***	0.007392***	0.009486**	0.008188***
	(9.9948)	(7.7549)	(10.688)	(8.1987)	(2.8547)	(7.6199)
资产负债率 ZF	-0.1035***	-0.0986***	-0.07701***	-0.098***	-0.2071**	-0.02925
	(-9.059)	(-4.6612)	(-5.7405)	(-4.2652)	(-2.858)	(-1.0834)
垂直关联度 GL_1	0.2472***	0.3199***	0.462417***	0.3789***	0.4397*	0.6630***
	(7.3307)	(4.2825)	(4.84645)	(6.8457)	(2.2355)	(3.363)
水平关联度 GL_2	-0.07459***	-0.0784***	-0.054615***	-0.09106***	-0.07964	-0.05949*
	(-8.249)	(-4.286)	(-3.3460)	(-6.2058)	(-1.603)	(-2.041)
R-squared	0.3714	0.2308	0.7565	0.2994	0.05509	0.5852

注：表中所列为回归系数，括号内为该系数的 t 检验值。*** 表示 $p<0.001$，** 表示 $p<0.01$，* 表示 $p<0.05$

表 4.14　　因变量为 ROA 时豪斯曼检验

	Chi-Sq. Statistic	Chi-Sq. d. f.	Prob.
Cross-section random	11.5005	4	0.0215

表 4.15　　因变量为 ROE 时豪斯曼检验

	Chi-Sq. Statistic	Chi-Sq. d. f.	Prob.
Cross-section random	2.9858	4	0.5602

当因变量是 ROA 时，根据 F 检验，选择固定效应模型，根据豪斯曼检验选择固定效应模型（见表 4.14）。因变量是 ROE 时，采用随机效应模型（见表 4.15）。

结果表明，垂直关联度与企业盈利能力存在正相关关系，水平关联度与企业盈利能力存在负相关或不相关关系。因此，并不能得出基于核心业务的相关多元化与企业盈利能力成正相关的关系结论。在这一点，显然与国外发达国家的研究结论不完全一致。

（3）回归结果分析

国内三大航空航天企业集团属于我国军工企业，其核心业务就是航空航天产品的生产与制造。从三大航空航天企业集团的 28 家上市公司来看，非核心业务与核心业务的相关度非常低，这大大阻碍了航空航天产品技术应用于非核心业务。从得到的结果来看，垂直关联度与盈利能力正相关表明涉足到与航空航天产业属于上下游垂直关联的产业可以获取较高的盈利能力。实际上，根据我国的投入产出表 2007 可以计算出航空航天制造业的影响力系数大于 1，表明航空航天制造业对各相关经济部门产品生产的需求有显著推动作用。因此，发展航空航天产业的上下游相关产业可以提高企业盈利能力。水平关联度与企业盈利能力负相关或不相关，这与期望不一致，即非核心业务与核心业务共享投入水平越高，盈利能力降低或无影响。分析原因，主要有以下几点：

①在我国航空航天产业发展过程中，政府一直是采取倾斜的扶持政策，航空航天产业生产设备、技术等具有明显的优势。若航空航天企业能合理配置资源、充分发挥自身优势，航空航天企业应当具有较强的竞争力。但由于航空航天企业走了一条完全不同于军品的生产道路，根本不考虑新进入的产业与核心业务间的关联度问题，仅是依据市场吸引力盲目发展非航空产品，导致产品竞争力不强。同时，航空航天企业开发的非核心业务与其他军工产业、民用工业产品趋

同，大多集中在汽车、摩托车、电器等一般性民用产品上，这些产业市场竞争非常激烈、利润率较低。因此，虽然这些产业与航空航天产业有一定关联度，但盈利能力不强。

②我国航空航天企业集团的上市公司中与核心业务关联度较高的汽车、摩托车等产品完全没有体现航空航天技术优势。从国外航空航天发展过程可以发现，国外一些航空航天企业因得不到航空产品任务而去开发生产与原军品特点相去甚远的非航空产品，如汽车等，成功率很低。即使有成功者，该类企业几乎都获得了大量特殊的政府支持。因此，我国航空航天企业选择该类产品虽然与核心业务有一定关联度，但无法使之与核心业务共享技术优势，造成盈利能力较差。

③Khanna 认为，由于新兴经济国家在产品市场、资本市场、劳动力市场、政府管制以及合同的强制执行方面存在不同程度的制度空白，因此，企业集团可以利用内部市场配置优势进入自己需要进行交易的领域，来获得经营效益[246]。中国作为一个新兴经济国家，较多的投资机会在一定程度上放大了不相关多元化的内部资本市场配置优势，因此在适当时机的适度多元化有可能是一种较为有效的成长战略。从这个角度，可以看出我国航空航天企业利用我国发展过程中的制度空白，在与核心业务关联度较低的产业也可能获得较高的收益率。例如，中航地产虽然与航空航天产业关联度较低，但其盈利能力相对较高。另外，为促进高技术产业和新兴产业的发展，我国制定了各种政策给予涉足这些产业的企业发展的优惠。虽然需要承担一些风险，但我国航空航天企业集团还是开展了“非相关”多元化的经营，在与核心业务相关度较低的情况下也获得了较好的经营绩效。

4.3.4 结论及建议

现代战略管理理论一般认为，实施相关多元化经营的企业由于可以利用不同业务单位之间的相关关系从而获得范围经济，因而要优于以资产组合理论为基础的不相关多元化经营。越来越多的学者认为，只有围绕核心业务向其他领域延伸，才能真正形成良性循环的多元化经营格局，以核心业务为基础也就成为多元化经营逻辑演进的必然结果[16]。然而，该项理论还缺乏在我国的实证检验。因此,本书围绕着研究主题“基于核心业务的相关多元化与企业盈利能力关系”对国内外航空航天企业进行分析探讨,提出新的度量核心业务相关度模型并在此基础上构建了回归模型。本书选择了世界航空 50 强的企业集团作为研究样本,搜集样本企业的年报资料,以 2008 ~2009 年的截面数据资料,对世界航空航天企业基于核心业务的多元化与企业盈利能力关系进行分析。同时,为进一步分析国内航空航天企业的发展状况,选择国内航空航天企业集团上市公司作为研究样本,以 2002 ~2010 年作为研究时间段,采用面板数据模型,对国内航空航天业基于核心业务的多元化与企业盈利能力关系进行分析。结果表明,国外航空航天企业基于核心业务的多元化与企业盈利能力显著相关;国内航空航天企业的垂直关联度与企业盈利能力存在正相关关系,水平关联度与企业盈利能力存在负相关或不相关关系。因此,对于国内航空航天企业并不能得出基于核心业务的相关多元化与企业盈利能力成正相关的关系结论,因而不同于对国外航空航天企业的研究结论。

根据以上结论,考虑我国现阶段的现实状况提出我国航空航天企业发展的建议。

1. 科学技术是第一生产力,是航空航天企业发展非核心产业的核心竞争力所在。国外航空航天企业实证分析表明,核心业务相关度的提高有利于企业盈利能力提升。这表明,非核心业务与核心业务越紧密盈利能力越强。从国外航空航天企业的多元化选择可以看出,国外企业多集中在航空航天产业、IT 产业,个别也涉及机械制造,多元化程度较低且与航空航天产品关联度非常高。反观我国航空航天企业,从摩托车、汽车、房地产、太阳能、IT、到航空航天产品,多元化程度较高且与航空航天产品关联度非常低。这也就导致了国内航空航天企业很难将航空航天产品的技术优势应用到相关产品中去。因此,对于一些盈利能力较差且难以共享航空航天技术优势的产业应采取外包的策略,提高核心业务相关度。

2. 航空航天企业的核心业务是航空航天制造技术,基于核心业务的多元化程度的提高促进企业盈利能力提升的根本是企业在核心技术上的优势。国外航空航天企业在核心业务上优势明显且利润率较高,可以通过自身的技术优势选择合适的产业扩散从而获取较高的盈利能力。与国外航空航天企业核心业务相比，我国航空航天企业技术能力较弱，无法有效地将优势应用于其他关联产业。因此，国内航空航天企业应不断进行技术创新，锤炼核心竞争力，使之成为企业发展的重要基石。

3. 航空航天企业进行多元化经营，应选择建立在核心业务基础上的多元化经营模式。现实中，许多企业都追求协同效应，甚至许多学者也认为多元化存在的理由就是获取协同，然而出于追求协同效应的公司在多元化过程中都遭到了失败。其根本原因就是虽然存在协同，但没有产生竞争优势，甚至很容易被模仿或替代。而以核心业务为基础的相关多元化则可以获得持续的竞争优势。

4. 在我国现阶段市场放开、管制放松的转型背景下，带来了产业赢利的孤波，使得非国有企业的"寻租"多元化发展。因此，利用转型时期的制度空白，抓住高技术产业发展的契机，进行不相关多元化发展也是国内航空航天产业发展的重要战略举措。

4.4 本章小结

本章以军民品协同发展为例探讨了多元化企业业务协同机理。首先分析了军工企业军民一体化价值链网络，然后从军民一体化价值链网络的角度分别从整体和个体两个方面对军工企业军民品业务协同机理进行分析。本书认为协同过程是各子系统相互耦合，最终各子系统状态转变为一个新的状态的过程。协同效应的大小与各部门在协同过程中的资源利用能力成正相关的关系。之后，本书又以军民品融合为例进一步探讨了业务协同与企业绩效之间的关系。在归纳军民品融合度的内涵基础上，以航空工业企业上市公司为样本进行实证分析，发现军民品融合度显著影响企业盈利能力、偿债能力和运营能力。

另外，本书探讨了业务多元化程度对企业绩效的影响。在提出度量基于核心业务的多元化模型基础上，采用 2008 ~ 2009 横截面数据和 2002 ~ 2010 的面板数据，分析国外和国内航空航天企业基于核心业务的相关多元化与盈利能力间的关系。研究发现国外航空航天企业的基于核心业务的相关多元化与盈利能力呈正相关关系。国内航空航天企业的垂直关联度与盈利能力正相关，但水平关联度与盈利能力负相关或不相关。

第五章　多元化企业效率性协同研究
——技术关联的视角

效率性协同是指企业各项业务之间共享相似的资源使得成本降低，提高盈利能力。核心技术是企业获得竞争优势的重要源泉，因此识别、开发和利用技术资源并以核心技术为基础形成企业独具一格的技术体系和产品系列是建立企业竞争优势的重要基础。通常情况下，企业的技术创新发展都是建立在核心技术基础上，通过内部发展、并购等手段促进技术的不断进步和扩散。因此，技术之间将会产生密切的关联。核心技术的变革将会导致所有相互关联或互补技术的同步发展，而技术关联或互补技术的创新也会导致核心技术的发展。技术之间的有效协同，将会使企业的技术创新能力不断提升，促进企业绩效的提升。

技术之间的关联性使得企业的核心技术或者是先进技术可以扩展和渗透到相关的业务领域，用以扩展产品线，从整体上提高竞争优势和企业绩效。例如，夏普公司经长期努力在液晶显示方面取得了出色的核心技术专长，并以此为基础，通过技术关联顺利进入了与该项技术关系密切的许多业务领域，如电脑、彩电等等，获得了巨大的成功。然而，过高的技术关联也会使企业技术创新被锁定于特定的技术领域，从而限制其创新能力的提高。另外，随着技术越来越复杂，技术间的关联使得技术管理成本将会越来越高，这也将会影响到企业绩效的提升。本章将从技术关联的视角来研究其对企业绩效的影响，探索两者间的发展规律。技术关联影响企业绩效，同时外部环境以及互补资产将会调节两者间关系，因而本书同时研究其对两者关系的调节效应。

5.1 技术关联与企业绩效

随着产品的复杂度和系统性不断上升,技术创新和产品生产日益需要企业集成多个学科的知识资源,即“知道得比它们做的还多”[207]。近年来的研究也表明,以技术知识为基础获取协同收益成为企业实施相关多元化战略的一个重要原因[247]。特别是在一些高技术企业中,技术已经成为企业参与市场竞争的基础。因此,企业在不同的业务领域进行技术创新,积累技术知识,可形成包含多个技术领域的技术组合。当跨领域的技术组合共享相同的技术基础知识时,企业的技术组合被认为存在技术关联。

从理论的角度来看,技术关联对企业发展具有重要的战略意义。一方面,企业通过技术关联形成了特定技术路径的技术知识累积,从而使企业快速地将技术能力转化为核心能力。另一方面,企业可以集中使用企业有限的资源,通过技术关联重点培育核心技术能力,快速形成企业核心竞争力。现实中,许多大企业在多个技术领域都拥有专利,而且各技术领域间形成了一定程度的相互关联,这大大促进了企业绩效的提升。例如,日本佳能公司在精密技术、微电子技术、光学技术等多个技术领域具有绝对优势,而各项技术间的相互关联使得佳能公司迅速地形成了图像化方面的核心竞争力。因此,技术关联是影响企业核心竞争力的关键因素,也是影响企业技术创新发展的重要变量。由此可见,研究技术关联对提高企业创新能力及提升企业绩效具有重要的现实意义。

近年来,技术关联无论是在企业并购、多元化还是在技术创新研究中越来越受到学者们的关注。然而,现有的研究大多强调了企业产品或业务间的高度技术关联可产生范围经济,认为企业多元化发展进入技术相关的产业时的绩效要优于那些多元化发展进入技术不相关的产业的企业绩效[248]。例如,Nest 和 Saviotti 以美国生物制药企业为样本,检验了生物技术专利组合的技术关联与企业生物技术专利申请数量之间的关系,结果表明两者存在正相关关系[249]。Jongtae Shin 实证分析了技术关联对企业研发绩效的影响,并且实证分析了所有权结构对两者间的关系的调节作用[250]。然而,高度的技术关联意味着各业务单位之间相互学习技术机会的减少,从而降低企业绩效。可见,增加技术关联度的战略选择给企业的研发绩效带来积极影响的同时还可能产生负面的作用。现有文献中多数都忽视了过度的技术关联带来的不利影响,使得原有的研究结论并不完善。另外,现有文献多数是将技术关联混杂于其他研究中,忽视了技术关联本身就是影响企业绩效的重要因素,因而专门针对技术关联与企业绩效关系的研究较少。

自从 Teece 提出互补性资产对企业技术创新的重要性后,国内外学者针对互补资产展开了广泛研究,许多学者实证分析了互补性资产对技术创新的重要调节作用。如 Chiu 利用 582 个台湾高技术企业研究了技术多元化与绩效之间的关系,强调了互补资产对两者之间关系的调节作用[251]。Hsien-che Lai 以电子信息企业为例,实证分析了技术多元化与组织维度间的关系,得出互补资产可负向调节两者间的相关关系[252]。蔡新蕾研究创新独创性和专有互补资产独立以及共同对创新商业化过程的调节作用[253]。现有文献在探讨技术关联与绩效间关系时,还缺乏对互补性资产影响技术关联与绩效间关系作用的认识。

技术创新的发展不仅受到技术相关因素的影响同时还受外部环境的影响,因而在技术创新研究领域,环境一直是国内外学者关注的权变因素。如马文聪以广东省 399 家企业为研究对象,探讨了环境动态性对工艺创新和产品创新与市场绩效关系的调节作用。结果表明,环境动态性对工艺创新与市场绩效间关系、产品创新与市场绩效间关系均有显著的调节作用[254]。那么,在日趋复杂和高度动态的外部环境中,环境的变化对技术关联与企业绩效间关系产生怎样的影响?是否依然有助于企业绩效的提升?回答这些问题不仅可以有助于进一步完善和丰富技术创新的相关理论,而且可以指导企业如何更好地在不断变化的环境中利用技术关联来提高企业绩效。然而在现有的文献中,外部环境对企业技术关联与企业绩效关系影响的研究还缺乏进一步的分析和探讨。基于此,本书从资源观的角度探索技术关联对企业绩效的影响,并在此基础上分析外部环境以及互补资产对技术关联与企业绩效关系的调节作用,希望为现阶段我国企业技术创新实践提供参考。

5.2 研究设计

5.2.1 样本选取

本书根据国家统计局颁布的《高技术产业统计分类目录》选取5个高技术行业,分别是电子及通信设备制造业、医疗设备及仪器仪表制造业、航空航天器制造业、医药制造业和化学品制造业。样本中高技术上市公司在高技术产业中的分布见表5.1。

表5.1 高技术上市公司在高技术产业中的分布

行业名称	上市公司数目	所占比重
电子及通信设备制造业	29	27.1%
医疗设备及仪器仪表制造业	16	14.9%
航空航天器制造业	6	5.7%
医药制造业	42	39.2%
化学品制造业	14	13.1%
合　计	107	100%

选取深市和沪市A股高技术上市公司作为研究样本,研究时间为2004年1月1日~2010年12月31日。为使结论真实可靠,本书在样本选择中尽量排除相关因素对数据的影响,因此在对样本选择时考虑以下几点:(1)选取仅发行A股的企业,避免B股或H股之间的差异。(2)剔除ST或*ST的企业。(3)由于本书对技术关联的研究是以专利为基础,因此剔除在2004~2010年期间专利数为零的企业。

筛选后的研究样本包括了107家上市公司,所有样本企业的专利信息来自中国知识产权网的中外专利数据库服务平台,选取样本企业的2004~2010年面板数据进行分析。研究变量的财务数据来源于中国证券监督管理委员会网站、巨潮资讯网等媒体披露的上市公司年报以及国泰安数据库。

5.2.2 变量测度

5.2.2.1 解释变量

1. 技术关联

本书的解释变量为技术关联。企业专利一般包括一个或几个国际专利分类代码,代码的每个数字都代表特定的技术功能或应用。因此,一种专利技术与其他专利技术之间有关系,最明显的特点即是一件专利申请说明书可能有一个以上的国际专利分类代码。通过专利说明书的主分类和副分类之间的关系即可确定两技术领域之间的关系。计算公式如下:

$$TR_{ij} = \sqrt{\frac{p^2 + q^2}{2}}, p = u_i a, q = v_j b \qquad (5-1)$$

那么,企业所有技术领域间技术关联度为:

$$TR = \sum_{i}^{N-1} \sum_{j=i+1}^{N} TR_{ij} \qquad (5-2)$$

其中,a 表示 IPC 分类中以某个技术领域 i 为主分类的企业专利申请中以技术领域 j 为副分类的比率,b 表示以 IPC 分类中某个技术领域 j 为主分类的企业专利申请中以技术领域 i 为副分类的比率,u_i 表示在以技术领域 i 为主分类同时以技术领域 j 为副分类的专利数占企业所有关联专利数的比重,v_i 表示在技术领域 j 为主分类同时以技术领域 i 为副分类的专利数占企业所有关联专利数的比重。

2. 互补资产

本书重点研究市场互补资产与人力互补资产在技术关联与企业绩效间的调节作用,因此利用销售费用与工资费用解释市场资产与人力资本状况。为消除企业规模产生的影响,采用互补资产除以企业每年的销售额。另外,为强调这些资产和能力的重要性,采用附加价值率(VAD)表示资产的专业化程度。附加价值率解释了企业拥有互补资产的愿望,即当附加价值率增加时企业更愿意获取互补资产。附加价值率计算公式为:附加价值/企业销售额。附加价值的计算采用加和法,为企业利润+工资+折旧+福利费+利息+税金。计算互补资产的公式如下:

$$\text{市场专业化互补资产} = \frac{\text{销售费用}}{\text{销售额}} \times VAD\ \text{比率} \qquad (5-3)$$

$$人力专业化互补资产 = \frac{工资费用}{销售额} \times VAD\ 比率 \qquad (5-4)$$

3. 环境包容性与环境动态性

测量环境包容性的方法是按照 Dess 和 Beard 的方法[255]，利用产业销售收入对时间进行回归，得到相对于时间的回归系数，利用该系数除以行业平均值，得到环境包容性。环境动态性也是利用与计算环境包容性同样的回归模型，也是利用产业销售收入对时间进行回归，得到相对于时间哑变量的标准差，利用该项标准差除以行业平均值。目前该方法被广泛应用于环境动态性和环境包容性的计算。

5.2.2.2 控制变量

本书将选取衡量企业规模的指标，作为实证分析时的控制变量。企业规模越大，资源配置能力越强。按照 Cool 与 Sehendel 的研究[231]，企业的主营业务收入能更好地反映企业规模，因此采用主营业务收入（*LNS*）或企业总资产（*LNZC*）的自然对数来控制企业规模的影响。另外，研究表明，杠杆系数反映了债权人和股东的影响，进而对经营绩效产生影响[233]。因此，本书同时采用资产负债率（*ZF*）来控制财务杠杆的影响。

5.2.2.3 被解释变量

本书的被解释变量为企业绩效。企业财务绩效可更好地评估企业的获利能力，因此本书利用财务绩效来表示企业绩效。为便于同其他相关文献比较，本书采用了资产收益率 ROA 和净资产收益率 ROE 进行财务绩效的度量。前者是用来衡量每单位资产创造多少净利润的指标，反映了股东和债权人共同的资金产生的利润。后者是衡量上市公司盈利能力的重要指标，是指利润额与平均股东权益的比值，反映仅是股东投入的资金所产生的利润。

5.2.3 研究方法

本书采用面板数据来考察技术关联与企业绩效之间的关系，实证研究技术关联、技术关联的平方与企业绩效间的关系并检验互补资产以及外部环境对两者间关系的调节作用。相对于横截面数据而言，面板数据能够极大地增加样本观测值，更加准确地找到事物发展的规律。实证研究是利用软件 Eviews6.0 完成。

5.3 技术关联对企业绩效影响

5.3.1 理论分析与研究假设

企业资源观认为,在不同的产品或业务中共享战略资源可获得范围经济。范围经济是指企业生产两种或者两种以上产品使资源共享可比单独运作两种产品时成本降低。因此,在企业内部共享战略资源成为理想选择,特别是当这些资源无法通过市场机制转移到第三方企业时,而技术资源就是市场机制无法转移的战略资源。多业务企业共享技术资源是企业获得竞争优势的重要途径,而技术关联有利于企业共享技术资源。

文献研究表明产品或业务间的技术关联有利于企业获得更高的绩效。首先,技术关联可使企业在相似的技术领域内进行知识转移从而增强核心竞争力[256]。其次,技术关联可使技术组合中各项技术更加融合,获得潜在协同收益。Suzuki 和 Kodama 分析了两个日本公司近 30 年来的专利、技术发展和销售额之间的关系。他们发现,在企业多种技术中存在明显的协同效应并产生竞争优势[257]。最后,技术相关性还能直接通过降低企业风险来减缓投资回报的波动性,进而提高企业的财务绩效和市场表现。另外,当技术领域之间密切相关时,企业的技术吸收能力也会大大增强。Szulanski 的研究就表明,各产品或业务间缺乏吸收能力是公司内部知识转移的主要障碍[258]。Song 和 Shin 发现当跨国公司子公司的技术领域与母公司的技术领域有密切关联时,子公司的技术知识主要来源于其母公司[259],因而技术关联可使企业更容易地利用现有的技术知识扩展其技术能力。

然而,过高的技术关联使企业接触新的技术知识的机会减少,因而可能降低企业提升绩效的潜力。Miller 提出过高的技术关联使技术路径变得狭窄从而限制了研发和业务发展机会[165]。从创新的角度来看,企业拥有不同的技术知识比拥有相似的技术知识可产生更高的创新绩效或财务绩效。因此,技术关联可能存在最优的关联水平使得企业绩效达到最大化。当企业的技术关联水平低于最优水平时,较低的吸收能力和较少的相互学习机会使得企业无法实现范围经济。而当企业的技术关联水平超过最优水平时,产品或业务技术的创新能力会

降低,从而影响企业绩效。基于以上分析,本书提出以下假设:

H1:技术关联度与企业绩效呈现倒 U 形关系。

5.3.2 实证分析

5.3.2.1 模型构建

根据上述分析,本书构造了多元回归分析模型来检验变量间的相互关系。模型建立如下:

$$ROA = \alpha + \beta_1 TR_i + \beta_2 TR_i^2 + Control\ variables + \varepsilon_i \quad (5-5)$$

$$ROE = \alpha + \beta_1 TR_i + \beta_2 TR_i^2 + Control\ variables + \varepsilon_i \quad (5-6)$$

其中,TR_i 表示第 i 个企业的技术关联程度,TR_i^2 表示第 i 个企业的技术关联程度平方。

5.3.2.2 结果分析

技术关联与企业绩效间关系的多元回归分析结果见表 5.2。本书采用 ROA 和 ROE 两个指标来测量企业绩效,前者是用来衡量每单位资产创造多少净利润的指标,反映了股东和债权人共同的资金产生的利润。后者是衡量上市公司盈利能力的重要指标,是指利润额与平均股东权益的比值,反映仅是股东投入的资金所产生的利润。在表 5.2 中,模型 1-2 解释技术关联对 ROA 产生的影响,而模型 3-4 解释技术关联对 ROE 产生的影响。

表 5.2　　多元回归分析结果

	因变量 ROA		因变量 ROE	
	模型 1	模型 2	模型 3	模型 4
常数	***	***	***	***
LNS	0.0301***	0.0324***	0.0561***	0.0568***
	(17.081)	(16.364)	(9.918)	(14.665)
ZF	-0.169***	-0.175***	-0.16***	-0.174***
	(-18.92)	(-15.134)	(-7.864)	(-7.131)
TR		0.0859***		0.204***
		(4.369)		(4.946)

续表

	因变量 ROA		因变量 ROE	
	模型 1	模型 2	模型 3	模型 4
TR^2		-0.125***		-0.317***
		(-3.327)		(-4.237)
R^2	0.859	0.846	0.772	0.779
调整后 R^2	0.836	0.815	0.734	0.735
N	742	742	742	742
F 值	36.208	27.718	20.092	17.838
Hausman test	27.621***	26.805***	28.497***	26.291***

注:表中所列为标准化回归系数,括号内为该系数的 t 检验值。*** 表示 $p<0.001$,** 表示 $p<0.05$,* 表示 $p<0.1$

在表 5.2 中,模型 1 和模型 3 是基本模型,仅包含控制变量。采用仅包含控制变量的模型是为了更好地与其他模型进行对比,从而更有效地说明技术关联对企业绩效的影响以及互补资产对这两者的调节作用。模型 2 和模型 4 是在基本模型的基础上加入了技术关联测度指标,目的是测试假设 1 是否成立。从多元回归结果来看,当因变量为 ROA 时,技术关联 TR 的回归系数为 0.0719 且在 $p<0.001$ 条件下统计显著,TR^2 的回归系数为 -0.126 且在 $p<0.001$ 条件下统计显著,表明技术关联与 ROA 呈倒 U 形关系。当因变量为 ROE 时,TR 的回归系数为 0.124 且在 $p<0.001$ 条件下统计显著,TR^2 的回归系数为 -0.219 且在 $p<0.001$ 条件下统计显著,表明技术关联与 ROE 呈倒 U 形关系。因此,模型 2 和模型 4 都支持了假设 1,即技术关联与企业绩效成倒 U 形关系。

5.4　互补资产对技术关联与企业绩效间关系的调节效应研究

5.4.1　理论分析与研究假设

战略管理学家 Teece 指出互补资产是一项可以将核心技术成功商业化的专业化支持资产,包括生产制造、分销渠道、互补技术等各种配套资产。企业从技术创新中获得预期经济收益就必须具备核心技术和专业化互补资产。Christmann 基于资源观提出专业化互补资产是决定企业绩效的关键资产[260];Rothaermel 和 Hill 通过对计算机、钢铁、制药、通信四个行业 26 年的面板数据实证分析,也提出了专业化互补资产对企业绩效非常关键[261]。技术创新过程中,人力资产和市场资产往往是重要的专业化资产,因而本书重点研究市场专业化互补资产和人力专业化互补资产对技术关联与企业绩效间的调节作用①。

市场互补资产主要包括可利用的销售渠道、营销体系、物流网络、品牌忠诚度,以及与技术创新有关的其他因素[262]。Rothaermel 通过对制药企业的研究发现,对新产品的测试和检验、销售渠道、物流系统等都是对企业绩效有重大作用的市场互补资产[263]。市场互补资产可使企业充分了解顾客的潜在需求,把握重点客户的需求信息,有助于提高企业技术探索能力。其中准确理解顾客需求是技术创新成功的关键因素,而技术探索能力会进一步提高企业绩效。企业实施技术多元化战略通常会进入不同的市场,因此适当的和丰富的市场知识和营销能力可大大降低风险和不确定性。

人力互补资产是企业发挥重要作用的人员及其掌握的技术。创新来源于员工的创造性,因此,发展并维持适当的人力资本可促进创新。另外,技术多元化要求企业有更广泛的技术范围,这就需要员工产生更多的技术思想。而人的习惯性思维通常会限制产生更多的新思维,因此足够的人力资本储备可为技术多元化发展提供多样化的思维。综上所述,专业化互补资产水平提高有利于促进企业绩效的提升。本书提出以下假设:

H2:市场专业化互补资产正向调节技术关联和企业绩效间关系。

H3:人力专业化互补资产正向调节技术关联和企业绩效间关系。

为便于理解各变量间的关系,本书提出了概念框架模型进行说明,见图 5.1。

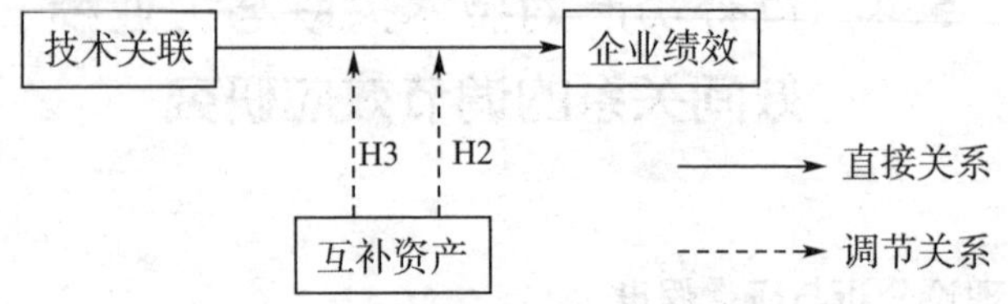

图 5.1 互补资产调节效应假设框架图

① 从技术关联的角度分析其对企业绩效影响时,技术关联体现了对柔性制造能力的要求,因而研究生产制造互补资产的调节作用意义不大。

5.4.2 实证分析

5.4.2.1 模型构建

本书构造多元回归分析模型来检验技术关联、互补资产以及企业绩效等变量间的相互关系。技术关联与企业绩效关系的基本模型与4.3.2.1中模型一致,下面仅给出互补资产调节技术关联与企业绩效关系的模型:

$$ROA = \alpha + \beta_1 TR_i + \beta_2 TR_i^2 + \beta_3 MA_i + \beta_4 MA_i TR_i + Control\ \text{var}\ iables + \varepsilon_i \quad (5-7)$$

$$ROE = \alpha + \beta_1 TR_i + \beta_2 TR_i^2 + \beta_3 MA_i + \beta_4 MA_i TR_i + Control\ \text{var}\ iables + \varepsilon_i \quad (5-8)$$

$$ROA = \alpha + \beta_1 TR_i + \beta_2 TR_i^2 + \beta_3 HA_i + \beta_4 HA_i TR_i + Control\ \text{var}\ iables + \varepsilon_i \quad (5-9)$$

$$ROE = \alpha + \beta_1 TR_i + \beta_2 TR_i^2 + \beta_3 HA_i + \beta_4 HA_i TR_i + Control\ \text{var}\ iables + \varepsilon_i \quad (5-10)$$

其中,TR_i表示第i个企业的技术关联程度,TR_i^2表示第i个企业的技术关联程度平方,MA_i表示第i个企业的市场互补资产,HA_i表示第i个企业的人力互补资产,MA_iTR_i表示第i个企业的市场互补资产与技术关联的乘积,HA_iTR_i表示第i个企业的人力互补资产与技术关联的乘积。

5.4.2.2 结果分析

技术关联、互补资产与企业绩效间关系的多元回归分析结果见表5.3。本书采用ROA和ROE两个指标来测量企业绩效,模型1-4解释技术关联对ROA产生的影响以及互补资产对两者关系的调节作用,而模型5-8解释技术关联对ROE产生的影响以及互补资产对两者关系的调节作用。

表5.3 多元回归分析结果

	因变量 ROA				因变量 ROE			
	模型1	模型2	模型3	模型4	模型5	模型6	模型7	模型8
常数	···	···	···	···	···	···	···	···

续表

	因变量 ROA				因变量 ROE			
	模型 1	模型 2	模型 3	模型 4	模型 5	模型 6	模型 7	模型 8
LNS	0.0101***	0.00833***	0.00598***	0.000596***	0.0227***	0.0144***	0.0102***	0.0103***
	(11.914)	(10.037)	(6.957)	(7.028)	(10.265)	(6.549)	(4.969)	(4.995)
ZF	-0.155***	-0.152***	-0.116***	-0.127***	-0.177***	-0.131***	-0.063***	-0.085***
	(-26.767)	(-25.363)	(-19.177)	(-21.066)	(-14.054)	(-9.829)	(-5.041)	(-6.657)
TR		0.0719***	0.0608***	0.0568***		0.124***	0.118***	0.114**
		(4.490)	(3.858)	(3.377)		(3.622)	(3.382)	(3.108)
TR^2		-0.126***	-0.0998***	-0.103**		-0.219***	-0.188***	-0.199**
		(-3.681)	(-3.101)	(-3.004)		(-3.111)	(-2.719)	(-2.806)
MA			0.499***				0.756***	
			(5.611)				(4.921)	
MATR			-0.324				-0.661	
HA			(-1.193)	1.323**			(-1.43)	2.127**
				(2.827)				(2.568)
HATR				3.217**				2.783*
				(1.921)				(1.796)
R^2	0.497	0.532	0.573	0.548	0.222	0.177	0.257	0.225
调整后 R^2	0.495	0.529	0.569	0.544	0.219	0.172	0.249	0.217
N	654	654	654	654	654	654	654	654
F 值	365.218	182.687	143.313	129.685	105.384	34.579	36.812	30.887

注：表中所列为标准化回归系数，括号内为该系数的 t 检验值。*** 表示 $p<0.001$，** 表示 $p<0.01$，* 表示 $p<0.05$

在表5.3中，模型1和模型5是基本模型，仅包含控制变量；模型2和模型6是在基本模型的基础上加入了技术关联测度指标；模型3和模型7是在模型2和模型6的基础上加入了市场互补资产变量，并测试了市场互补资产是否对技术关联与企业绩效两者关系具有调节作用。结果显示，市场互补资产与技术关联的乘积MATR的回归系数分别为-0.324和-0.661，且统计并不显著。这表明，市场资产并未促进技术关联对企业绩效的影响，假设2不成立。

模型4和模型8是在模型2和模型6的基础上加入了人力互补资产变量，并测试了人力互补资产是否对技术关联与企业绩效两者关系具有调节作用。结果显示，当因变量为ROA时，人力互补资产HA的回归系数为1.323且在 $p<0.01$ 的条件下统计显著，人力互补资产与技术关联的乘积HATR的回归系数为

3.217 且在 $p<0.01$ 的条件下统计显著,表明人力互补资产对技术关联与 ROA 间的关系起到正向调节作用。当因变量为 ROE 时,HA 的回归系数为 2.127 且在 $p<0.01$ 的条件下统计显著,HATR 的回归系数为 2.783 且在 $p<0.05$ 的条件下统计显著,表明人力互补资产对技术关联与 ROE 间的关系也起到正向调节作用。因此,模型 4 和模型 8 都支持了假设 3,即人力专业化互补资产正向调节技术关联和企业绩效间关系。

5.5　环境包容性与动态性对技术关联与企业绩效间的调节作用研究

5.5.1　理论分析与研究假设

在经济全球化、科技不断发展等因素的影响下,我国企业的生存和竞争环境变得越来越复杂和难以预测,因而生产经营必然在相当大程度上受外部环境的制约。在过去的 40 年里,大量的研究探索了外部环境对企业战略、组织结构、生产工艺和企业绩效的影响。面对不断变化的外部环境,企业在生产、技术、营销等方面的决策也呈现出了巨大差异。例如,外部环境动态性较强时,企业创新动机也更加强烈,因而创新对企业绩效的促进作用在动态环境中将更加显著[264]。实证研究也表明,在竞争性较强的环境中,企业生产决策将更加合理,从而促进企业绩效的提升[265]。尽管企业外部环境具有各种各样的特点,但在组织科学研究领域主要采用了 Dess 提出的三个维度来体现环境变化。Dess 认为,组织环境的特点主要体现在环境的包容性、环境的复杂性以及环境的动态性三个方面,同时也提出了利用产业数据计算这些指标的方法[255]。在技术创新研究领域,环境包容性与环境动态性是影响企业绩效的最重要的环境变量,因此,本书实证研究环境包容性与环境动态性对技术关联与企业绩效关系的影响。

环境动态性是指组织环境的不可预测的环境变化程度。一个企业面临的最主要的工作就是不断处理环境中的偶发事件,外部环境的变化成为企业需要应对的基本问题。在许多研究中,环境动态性经常作为调节变量来实证分析对组织变量与企业绩效关系的影响。例如,Gilley 和 Rasheed 发现环境动态性对外包与企业绩效关系的调节作用[266]。我国学者马文聪也实证检验了环境动态性对技术创新与市场绩效关系的调节作用。当环境动态性较高时,行业中消费者偏好或需求、企业竞争策略频繁变化,使得企业所拥有的技术或产品很容易被淘汰。因此,为生存和可持续发展,企业不得不进行不相关领域的技术创新,这必然影响到技术关联度的提升。另外,企业在不相关领域的技术创新又为企业带来了风险,增加了成本,不利于企业绩效的提升。

环境的包容性是指在企业经营环境中企业所需资源的充裕程度以及企业获得这些资源的难易程度。环境的包容性强,企业可以较为容易地从外界取得所需资源,而环境的包容性较弱时,企业很难从外界取得所需资源,即使能够获得也需要付出较高的成本。环境包容性可对企业从外界获取新的资源产生影响,从而影响到技术研发,进而影响企业绩效。因此,当企业处于包容性较强的环境中时,企业可以较为便利地获取外界资源,企业从而更倾向于在各个领域开展技术研发活动,降低了技术间的关联度。而在包容性较弱的环境中,稀缺的资源使企业更倾向于关注自身拥有的资源,因而提高技术关联度。另外,环境包容性较强时,企业容易获取资源,企业面临的机会较多,因而创新动机会降低,不利于企业绩效的提升。综合上文所述,提出以下假设:

H4:环境动态性对技术关联与企业绩效间关系产生负向调节作用。

H5:环境包容性对技术关联与企业绩效间关系产生负向调节作用。

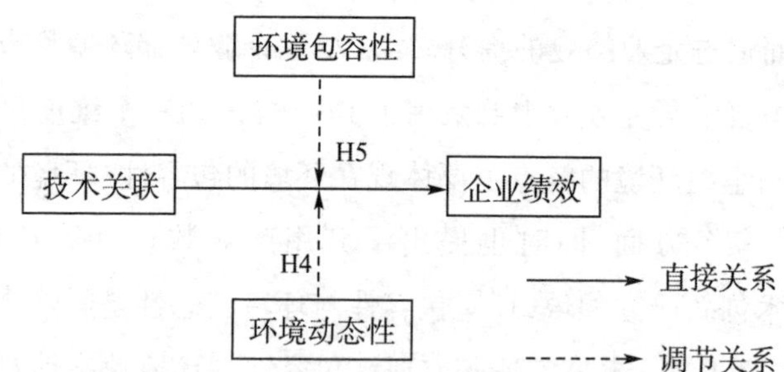

图 5.2　环境包容性与动态性调节效应假设框架图

为便于理解各变量间的关系,提出了环境包容性与动态性调节作用的概念框架模型图进行说明,见图 5.2。

5.5.2 实证分析

5.5.2.1 模型构建

根据上述分析，本书构造了多元回归分析模型来检验变量间的相互关系。模型建立如下：

$$ROA/ROE = \alpha + \beta_1 TR_i + \beta_2 TR_i^2 + \beta_3 EM_i + \beta_4 EM_i TR_i + Control\ variables + \varepsilon_i \tag{5-11}$$

$$ROA/ROE = \alpha + \beta_1 TR_i + \beta_2 TR_i^2 + \beta_3 ED_i + \beta_4 ED_i TR_i + Control\ variables + \varepsilon_i \tag{5-12}$$

其中，TR_i 表示第 i 个企业的技术关联程度，TR_i^2 表示第 i 个企业的技术关联程度平方，EM_i 表示第 i 个企业的环境包容性，ED_i 表示第 i 个企业的环境动态性，EM_iTR_i 表示第 i 个企业的环境包容性与技术关联的乘积，ED_iTR_i 表示第 i 个企业的环境动态性与技术关联的乘积。

5.5.2.2 结果分析

技术关联、环境变量与企业绩效间关系的多元回归分析结果见表 5.4。根据 F 检验和 Hausman 检验，文中所有模型均采用固定效应模型。从总体来看，样本观测值为 742 个，调整后的多重判定系数 R^2 即回归方程的拟合优度较高，符合多元回归的要求。所有的模型均通过了 F 检验，显著性 $p<0.001$，说明构建的模型是有效的。另外，本书采用 ROA 和 ROE 两个指标来测量企业绩效，模型 1－4 解释技术关联对 ROA 产生的影响以及环境包容性和动态性对两者关系的调节作用，而模型 5－8 解释技术关联对 ROE 产生的影响以及环境包容性和动态性对两者关系的调节作用。

表 5.4　　多元回归分析结果

	因变量 ROA				因变量 ROE			
	模型 1	模型 2	模型 3	模型 4	模型 5	模型 6	模型 7	模型 8
常数	***	***	***	***	***	***	***	***
LNS	0.0301***	0.0324***	0.0324***	0.0324***	0.0561***	0.0568***	0.0597***	0.0597***
	(17.081)	(16.364)	(12.311)	(12.311)	(9.918)	(14.665)	(10.25)	(10.252)

续表

	因变量 ROA				因变量 ROE			
	模型 1	模型 2	模型 3	模型 4	模型 5	模型 6	模型 7	模型 8
ZF	-0.169***	-0.175***	-0.173***	-0.173***	-0.16***	-0.174***	-0.162***	-0.162***
	(-18.92)	(-15.134)	(-15.42)	(-15.427)	(-7.864)	(-7.131)	(-6.187)	(-6.196)
TR		0.0859***	0.139***	0.139***		0.204***	0.335***	0.334***
		(4.369)	(6.148)	(6.143)		(4.946)	(6.558)	(6.549)
TR^2		-0.125***	-0.12***	-0.12***		-0.317***	-0.332***	-0.331***
		(-3.327)	(-3.23)	(-3.232)		(-4.237)	(-4.053)	(-4.05)
EM			0.0747***				0.19***	
			(5.097)				(5.805)	
TREM			-0.251***				-0.558***	
			(-5.302)				(-5.153)	
ED				0.0339***				0.0864***
				(5.097)				(5.807)
TRED				-0.114***				-0.253***
				(-5.298)				(-5.144)
R^2	0.859	0.846	0.849	0.849	0.772	0.779	0.752	0.752
调整后 R^2	0.836	0.815	0.819	0.819	0.734	0.735	0.702	0.702
N	742	742	742	742	742	742	742	742
F 值	36.208	27.718	27.985	28.013	20.092	17.838	15.053	15.048
Hausman test	27.621***	26.805***	34.798***	34.988***	28.497***	26.291***	34.866***	34.935***

注：表中所列为标准化回归系数，括号内为该系数的 t 检验值。*** 表示 $p<0.001$，** 表示 $p<0.05$，* 表示 $p<0.1$

在表 5.4 中，模型 1 和模型 5 是基本模型，仅包含控制变量。模型 2 和模型 6 是在基本模型的基础上加入了技术关联测度指标。模型 3－4 和模型 7－8 是在模型 2 和模型 6 的基础上分别加入了环境包容性和环境动态性调节变量，并测试了环境包容性和环境动态性是否对技术关联与企业绩效两者关系具有调节作用。假设 4 和假设 5 提出环境包容性和环境动态性对技术关联与企业绩效间的关系具有负向调节作用。实证结果表明，当因变量为 ROA 时，环境包容性与技术关联的乘积的回归系数为－0.251 且在 $p<0.001$ 条件下统计显著；环境动态性与技术关联的乘积的回归系数为－0.114 且在 $p<0.001$ 条件下统计显著，表明环境包容性和环境动态性都负向调节技术关联与 ROA 间的关系。当因变量为 ROE 时，环境包容性与技术关联的乘积的回归系数为－0.558 且在 $p<0.001$条件下统计显著；环境动态性与技术关联的乘积的回归系数为－0.253 且

在 $p<0.001$ 条件下统计显著,表明环境包容性和环境动态性都负向调节技术关联与 ROE 间的关系。因此,模型 3 -4 和模型 7 -8 都支持了假设 4 和 5。

5.6　本章小结

企业资源观认为,企业应当以核心资源和能力为基础建立企业的产品或业务组合,这样企业可以获得业务间协同效应。不同企业间技术难以共享使得以技术知识为基础获得潜在协同效应可增强企业核心竞争力。因此,持资源观的学者强调以技术资源为基础的业务组合可发挥协同效应,获得竞争优势。然而,本章的实证研究表明技术关联度和企业绩效呈倒 U 型关系,企业以技术资源为基础的业务组合在过多的共享技术资源的条件下将不利于企业绩效的提升。因而,在多元化企业中,共享技术基础知识的各项产品或业务组合可实现潜在协同效应,为企业技术创新带来竞争优势,但过度的技术关联限制了获取新知识的机会,降低了企业绩效。

本书发现人力互补资产正向调节技术关联和企业绩效间关系,市场互补资产对技术关联和企业绩效间关系调节作用不显著。在实施技术创新战略时加强技术间关联和人力专业化互补资产可使企业获取竞争优势。市场互补资产不显著表明我国高技术产业的营销资产的建设并不有助于获得高绩效。根据我国高技术产业的营销现状,进一步加强建设符合高技术定位的营销资产更有利于企业发展。

另外,本书得出环境包容性和动态性负向调节技术关联与企业绩效的关系。随着外部环境的不断变化,企业将面临更为激烈的竞争环境,实证研究结果为企业应对环境变化提供了理论依据。

第六章　多元化企业增长性协同——互补资产的研究

多元化企业增长性协同指的是企业利用资源之间的互补性提高企业盈利能力,使得企业价值增加。在多业务企业中,技术是获得竞争优势的重要来源,技术资产成为企业的核心资产。然而,许多多元化企业在将技术商品化的过程中经常遭受挫折。尽管企业研发出的技术确实突破当今能够达到的效能瓶颈,也能有效解决人们生活中的特定问题与需要,但是这些技术领先者们仍旧无法将这些技术成功商业化。当管理者和学者们不断强调核心技术与能力的重要性时,企业必须思考将技术优势转化为企业收益的有效途径,从技术优势到财务收益之路的影响因素及其作用机理是本章探索的主要内容。

对于已经掌握某种程度核心技术与能力的企业而言,在获取市场成功和商业利益的最终成果之前,还需要运用和累积互补性技术与能力。也就是说,只有核心技术与互补性资产协同发展才能更有效促进企业绩效的提升。因此,互补资产成为多业务企业中影响技术创新商业化的重要因素,也是影响企业利润获取的重要资产。本章以 Teece 对互补资产的讨论为基础,认为核心技术与能力的商业化发挥依赖于互补性资产的协助,着重探讨互补性资产与企业绩效关系、互补资产协同对绩效影响以及互补资产如何调节技术多元化与绩效关系。

6.1　互补资产及其相关研究

创新的成功商业化需要其核心技术知识和其他相关能力或资产共同使用,如分销渠道、服务能力、客户关系、产品供应商关系等等,这些资产或能力称之为互补性资产[267]。企业要从技术创新中获得收益，就必须充分利用互补性资产来获得专业化服务[5]。互补性资产是企业的专用性资产，不易被模仿，但也是企业投入的不可还原性的投资，仅与特定的产品、技术或经营方式联系时才具有价值[268]。企业在其核心技术商业化过程中，需要不同互补性资产的相互匹配和互补才能有效地提高互补性资产的价值。而且，不同的匹配和互补方式决定了企业的绩效。当企业各项业务之间面临相似的需要、偏好和购买行为时，就有机会利用相似的产品设计、子系统、界面或构件进行产品或业务的经营，良好的互补性资产间的协同匹配成为影响企业技术创新商业化的关键因素[269]。例如日本 Honda 生产汽车、摩托车和其他动力设备，在某种程度上顾客具有相似的需要和偏好（高度稳定性、高效能、低污染）。那么，不同的产品或业务就可以利用相似的技术、工艺或原材料生产，从而产生协同效应。Honda 在其生产经营过程中充分利用了上述三种产品的互补性资产的协同来促进企业发展。无论是汽车、摩托车还是其他动力设备，其生产制造互补资产和营销资产都进行了有效配合和互补，从而快速地将企业的核心技术进行商业化生产运作。

近年来，互补性资产引起了国内外学者的关注，特别是其对技术创新的调节作用[213,214]，同时也有少数学者分析了互补资产对企业绩效产生的影响。如 Farjoun 研究发现，互补资产而非资源共享可增加企业绩效。他分析了 158 个多元化制造业企业，发现知识的相关性和制造资产的关联对企业绩效有正向影响[63]。同样，Larsson 和 Finkelstein 分析了 61 个并购案例后发现协同收益来源于资源互补，得出资源互补是成功多元化的关键因素[173]。Tanriverdi 和 Venkatraman 对 303 个多业务企业的研究表明，互补知识资源可产生显著的市场绩效或财务绩效。特别是他们提出，来源于产品知识关联、顾客知识关联和管理知识关联的业务协同并不能单独提升企业绩效，协同收益来源于三类资源的互补[248]。国内学者也展开了对互补资产的研究，多是从理论的角度分析了互补性资产对创新的重要价值。薛红志、张玉利探讨了突破性创新、互补资产与企业间合作关系，提出突破性创新若破坏了主导企业的互补资产的价值，那么主导企业的绩效将会下滑[270]。罗珉、赵红梅认为中国制造的秘密是产业组织形式的创新和互补资产[271]。王发明提出发展创意产业集群须培育本地企业的互补资产，实现全球价值链的升级[272]。

从以上分析可看出，互补性资产是企业获得竞争优势的重要来源，且具有难以模仿的特性。然而，先前的研究还不够成熟，进一步研究互补资产间相互协调发展状况才能更好地实现核心技术的商业化过程。在多业务企业中，互补资产协同的基础是核心技术知识，因而技术间的关联程度是影响互补资产协同与企业绩效关系的重要变量[208,228]。因此，忽略技术关联作为两者间的调节变量将使互补资产协同与企业绩效关系的研究结论产生偏差。另外，互补资产是实现技术创新商业化过程的关键因素，因而互补资产可调节技术资产与企业绩效之间的关系。因此，本章亦将互补资产作为调节变量研究其对技术多元化与企业绩效关系的调节效应。

基于此，本书将从资源观的角度探索互补资产与企业绩效的关系，并在此基础上分析技术关联对互补性资产与企业绩效关系的调节作用。同时，互补资产作为重要的调节变量，本章将进一步探讨其对技术多元化与企业绩效的调节作用。

6.2　研究设计

6.2.1　样本选取

见5.2.1样本选取。

6.2.2　变量测度

6.2.2.1　解释变量

1.技术多元化(TD)

技术多元化反映了企业各项专利在各技术领域的分布广度。假设 N_i 表示某企业的专利技术中隶属于技术领域 i 的专利数，那么 $N = \sum_i N_i$。技术多元化可通过下面公式进行计算：

$$TD = 1/(\sum_i (N_i/N)^2) \qquad (6-1)$$

该方法借鉴了计算赫芬达尔指数的方法，$\sum_i (N_i/N)^2$ 测度了企业专利在各技术领域的集中程度。如果企业仅在一个技术领域拥有专利技术，那么 $\sum_i (N_i/N)^2$ 取值为1。若企业专利技术分散在大量的技术领域，那么 $\sum_i (N_i/N)^2$ 取值将接近零。技术多元化程度指标 *TD* 是利用了赫芬达尔指数的倒数进行测度。赫芬达尔指数的倒数表示技术多元化的程度，数值越大表明技术多元化水平越高。

2. 技术关联

企业专利一般包括一个或几个国际专利分类代码，代码的每个数字都代表特定的技术功能或应用。因此，一种专利技术与其他专利技术之间有关系，最明显的特点即是一件专利申请说明书可能有一个以上的国际专利分类代码。通过专利说明书的主分类和副分类之间的关系即可确定两技术领域之间的关系。在相关研究中，国内外学者也大都以国际专利分类号为基础，判断、整理相关的专利技术，并在此基础上分析专利文献中隐含的技术创新情报。其中，暴海龙和李金林描述了两个专利技术领域的相关度的计算方法[273]，计算公式如下：

$$TR_{ij} = \sqrt{\frac{p^2 + q^2}{2}}, p = u_i a, q = v_j b \qquad (6-2)$$

其中，a 表示 IPC 分类中以某个技术领域 i 为主分类的企业专利申请中以技术领域 j 为副分类的比率，b 表示以 IPC 分类中某个技术领域 j 为主分类的企业专利申请中以技术领域 i 为副分类的比率，u_i 表示在以技术领域 i 为主分类同时以技术领域 j 为副分类的专利数占企业所有关联专利数的比重，v_i 表示在技术领域 j 为主分类同时以技术领域 i 为副分类的专利数占企业所有关联专利数的比重。

本书利用该计算方法测度两个不同专利技术领域间的技术相关度，并在此基础上提出企业所有技术领域间技术关联度为：

$$TR = \sum_{i}^{N-1} \sum_{j=i+1}^{N} TR_{ij} \qquad (6-3)$$

3. 互补资产

通常情况下，企业并不公布其每项技术的互补资产情况，因而在以往的文献中对互补资产的测度方法并不一致。如 Mitchell 利用美国医疗图像工具产业的调研数据测度专业化互补资产[274]，Christmann 利用工艺创新能力表征互补资产[260]，还有学者认为人力资源也是重要专业化互补资产，并采用职工人数测度人力资源互补资产。Taylor 和 Lowe 提出按照功能对互补资产分类的方法，即市场资源、生产制造和人力资源等互补资产[275]。Chiu 在此基础上提出了计算互补资产的方法，许多学者已经通过应用该方法展开研究[276]。本书按照 Chiu 提出的计算方法测度互补资产。

本书重点研究技术多元化对企业绩效的影响以及生产制造互补资产、市场互补资产与人力互补资产对两者间关系的调节作用。生产制造互补资产、市场互补资产与人力互补资产分别采用企业固定资产净值、销售费用与工资费用解释，同时采用互补资产除以企业每年的销售额来消除企业规模产生的影响。另外，为强调这些资产和能力的重要性，利用附加价值率（*VAD*）表示资产的专业化程度。Huang 提出，*VAD* 比率是基于这样的前提假设，即如果企业实施纵向一体化战略，那么该企业发展将更倾向于利用内部的技术资源而不是从外部合作伙伴或者外包来获取。而如果企业没有实施纵向一体化战略，这样当该企业需要获取技术专业知识时则更倾向于从外部获得[277]。因此，高 *VAD* 比率的企业纵向一体化程度更高，专业化资产的互补性更强。由此可知，附加价值率解释了企业互补资产的专业化程度，体现了企业拥有互补资产的愿望。附加价值率计算公式为：附加价值/企业销售额。附加价值的计算采用加和法，为企业利润 + 工资 + 折旧 + 福利费 + 利息 + 税金。计算互补资产的公式如下：

$$\text{生产制造专业化互补资产} = \frac{\text{固定资产}}{\text{销售额}} \times VAD\ \text{比率} \quad (6-4)$$

$$\text{市场专业化互补资产} = \frac{\text{销售费用}}{\text{销售额}} \times VAD\ \text{比率} \quad (6-5)$$

$$\text{人力专业化互补资产} = \frac{\text{工资费用}}{\text{销售额}} \times VAD\ \text{比率} \quad (6-6)$$

6.2.2.2 控制变量

互补资产的协同是以企业产品或业务的技术多元化程度为基础来影响企业绩效。因此，在研究互补资产协同与企业绩效间关系时，将技术多元化程度作为控制变量。本书还将选取衡量企业规模的指标，作为实证分析时的控制变量。企业规模越大，资源配置能力越强。按照 Cool 与 Sehendel 的研究[231]，企业的主营业务收入能更好地反映企业规模,因此采用主营业务收入的自然对数来控制企业规模的影响。另外,研究表明,杠杆系数反映了债权人和股东的影响,进而对经营绩效产生影响[218]。因此,本书同时采用资产负债率来控制财务杠杆的影响。

6.2.2.3 被解释变量

本书的被解释变量为企业绩效。企业财务绩效可更好地评估企业的获利能力,因此利用财务绩效来表示企业绩效。为便于同其他相关文献比较,本书采用了资产收益率 ROA 和净资产收益率 ROE 进行财务绩效的度量。

6.2.3 研究方法

本书采用多元回归的方法来考察技术关联、互补资产与企业绩效之间的关系,特别是采用面板数据实证研究不同互补资产间协同与企业绩效间的关系并检验了技术关联对两者间关系的调节作用。相对于横截面数据而言,面板数据能够极大地增加样本观测值,更加准确地找到事物发展的规律。实证研究是利用 Eviews6.0 完成。

6.3 互补资产与企业绩效

6.3.1 理论分析与研究假设

技术创新的完整过程包括两个部分,一部分是技术研发,另一部分是技术的商业化。许多多元化企业各项业务领域都努力进行着技术创新,而当企业尝试将创新成果商业化时,发现创新成果的转化需要销售网络、辅助技术、售后服务等等活动。这些需要与企业的其他专业化资产相配合才能成功,但多数企业都忽视了各项专业化资产的建设,导致了创新商业化的失败。实际上,虽然创新的技术或者产品能为企业带来巨大收益,但没有辅助其商业化的各项互补性资产,这些企业很难获得竞争优势。

互补资产的类型非常广泛,财务资产、互补性科技能力、无形资产、管理能力、市场知识都属于互补资产的范畴。Rothaermel 以生物科技制药业为例,认为产品实验、测试与检验、FDA 的审核相关行政管理、营销等皆属于互补性资产[261]。Taylor 和 Lowe 从职能的视角将互补资产分为市场资源、生产制造资源、人力资本以及其他资源。这种划分方法与国内学者的研究不谋而合。魏江等基于企业技术创新的过程分析，提出了企业技术创新能力由 R&D 能力、制造能力、市场能力、组织能力和资金投入能力五要素构成的观点，并认为前三个要素是支撑产品创新实现的最关键要素[275]。在此基础上，彭灿提出企业的技术创新资产可以近似地认为是由 R&D 资产、制造资产和营销资产这三大要素构成的[279]。因此，本书将重点研究与技术资产联系最为密切的并且有助于实现技术创新商业化的其他资产，分别是市场资产、生产制造资产和人力资产。

在技术商业化过程中，企业若获得高额利润，技术资产必须与其各项互补资产密切配合才能获得协同效应，也就是说，技术资产必须与生产制造、销售渠道等互补性资产相结合，将无形的技术转化为有形的产品，然后再传递到市场上销售才能获利。这个过程实际上体现了企业各项资源之间的互补，这种协同效应可提高企业盈利能力。因此，本书认为市场互补资产、生产制造互补资产和人力互补资产都能正向促进企业绩效的提升，提出以下假设：

H1：生产制造互补资产的建设有利于企业绩效的提升。

H2：市场互补资产的建设有利于企业绩效的提升。

H3：人力互补资产的建设有利于企业绩效的提升。

6.3.2 实证分析

6.3.2.1 构建模型

$$ROA/ROE = \alpha + \beta_1 MKA_i + Control\ variables + \varepsilon_i \quad (6-7)$$

$$ROA/ROE = \alpha + \beta_1 MFA_i + Control\ variables + \varepsilon_i \quad (6-8)$$

$$ROA/ROE = \alpha + \beta_1 HA_i + Control\ variables + \varepsilon_i \quad (6-9)$$

其中，MKA_i 表示第 i 个企业的生产制造资产，MFA_i 表示第 i 个企业的市场资产，HA_i 表示第 i 个企业的人力资产。

6.3.2.2 结果分析

表6.1 互补资产与企业绩效关系回归分析结果

	因变量 ROA				因变量 ROE			
	模型1	模型2	模型3	模型4	模型5	模型6	模型7	模型8
常数	***	***	***	***	***	***	***	***
LNS	0.0301***	0.0330***	0.029***	0.0295***	0.0599***	0.0579***	0.0550***	0.0560***
	(17.082)	(21.556)	(17.197)	(17.779)	(17.947)	(15.774)	(16.757)	(17.082)
ZF	-0.170***	-0.159***	-0.145***	-0.152***	-0.146***	-0.179***	-0.134***	-0.142***
	(-18.924)	(-18.142)	(-15.629)	(-17.387)	(-7.425)	(-8.099)	(-6.837)	(-7.309)
MFA		0.144***				0.229***		
		(12.70)				(7.592)		
MKA			0.402***				0.514***	
			(9.673)				(7.929)	
HA				2.912***				3.869***
				(10.555)				(8.715)
R^2	0.859	0.879	0.861	0.858	0.803	0.816	0.797	0.795
调整后 R^2	0.836	0.858	0.837	0.834	0.769	0.779	0.763	0.760
N	742	742	742	742	742	742	742	742
F值	36.208	42.543	36.392	35.378	23.907	21.851	23.062	22.738
Hausman test	27.621***	43.046***	28.976***	29.063***	36.299***	36.339***	29.002***	29.177***

注:表中所列为标准化回归系数,括号内为该系数的t检验值。***表示 $p<0.001$,**表示 $p<0.05$,*表示 $p<0.1$

根据表6.1,模型1是仅有控制变量的基本模型,基本模型中各控制变量显著地影响绩效,这表明选择的控制变量是有效的。各个模型的F值较高表明建立的模型是有效的。根据Hausman值可知,所有的模型均为固定效应模型。本书采用ROA和ROE两个指标来测量企业绩效,模型1-4解释各项互补资产对ROA产生的影响,而模型5-8解释各项互补资产对ROE产生的影响。模型2和模型6是在基本模型的基础上加入了生产制造互补资产变量,结果表明生产制造互补资产的系数分别为0.144和0.229且在 $p<0.001$ 的统计条件下显著,这说明了生产制造互补资产可显著地影响企业绩效,假设1得到证明。模型3和模型7是在基本模型的基础上加入了市场互补资产变量,结果是市场互补资产的系数分别为0.402和0.514且在 $p<0.001$ 的统计条件下显著,这说明了市场互补资产可显著地影响企业绩效,假设2得到证明。模型4和模型8是在基

本模型的基础上加入了人力互补资产变量，结果是人力互补资产的系数分别为2.912和3.869且在 $p<0.001$ 的统计条件下显著，这说明了人力互补资产可显著地影响企业绩效，假设3得到证明。

6.4 互补资产协同、技术关联和企业绩效

6.4.1 理论分析与研究假设

6.4.1.1 互补资产协同

战略管理学家 Teece 提出互补资产是一项可以将核心技术成功商业化的专业化支持资产，包括生产制造、分销渠道、互补技术等各种配套资产，是决定企业绩效的关键资产[267]。Rothaermel 和 Hill 通过对计算机、钢铁、制药、通信四个行业26年的面板数据实证分析，也提出了专业化互补资产对企业绩效非常关键[261]。企业各项产品或业务协同发展过程中，生产制造资源、人力资源和市场资源往往是重要的专业化资产，因而本书重点研究生产制造互补资产、市场专业化互补资产和人力专业化互补资产相互间的协同对企业绩效产生的影响。

在经济理论中，互补性表明资源通过一系列相互作用后，将产生极强的累加协同效应[280]。而当某一项资源消失时，由于互补性，其他资源也就无法实现其价值。例如，奔驰戴姆斯勒公司的并购，由于其产品服务于不同的市场，市场资源和其他资源无法互补，从而导致几乎无法有效实现价值增长性协同[184]。在企业拥有的各项能力中，出色的生产制造能力是企业获得高绩效的关键环节，尤其是在大规模生产中，生产制造所需的能力与其他资源截然不同。因此，企业要想在多个业务领域中获得成功，必须通过模块化等方法来提高制造能力。Osterloff 指出，企业利用技术能力获取竞争优势时，出色的运营能力例如生产、分销、市场和销售的能力组合是不可或缺的[281]。人力互补资产是企业发挥重要作用的人员及其掌握的技术。创新来源于员工的创造性，因此，发展并维持适当的人力资本可促进企业发展。生产制造资源、市场资源和人力资源在多业务企业中是互补资产，因而这三种资源协同可产生额外的协同价值，这种协同价值是任何单一的一种资源所不能获得的。

从以上分析可得出,技术知识作为企业创新发展的基础,创新商业化的过程中需要核心技术与互补资产间共同协调发展。不同互补资产间的协同成为影响企业绩效的关键因素。因此,本书提出以下假设:

H4:生产制造资源与市场资源协同可正向促进企业绩效提升。

H5:生产制造资源与人力资源协同可正向促进企业绩效提升。

H6:人力资源与市场资源协同可正向促进企业绩效提升。

H7:生产制造资源、市场资源与人力资源协同可正向促进企业绩效提升。

6.4.1.2 技术关联的调节效应

当技术组合中各项技术共享了部分技术知识或具有相似的研究基础时就认为该技术组合内部相互关联[83]。企业技术之间具有高度关联性时可以为企业发展带来很多优势。如技术组合中各项技术相互关联可以获得潜在协同效应,从而使技术多元化企业可以获得比技术专业化企业更好的绩效[282]。技术间存在关联时,可有效地利用企业的互补资产,如技术关联可利用共同的设备,共同的研发人员等。因而,技术关联程度增加时,可充分利用互补资产协同提高企业绩效。

然而,技术关联度提高,也可能使得生产制造资源与市场资源协同对企业绩效产生不利的影响。生产制造资源与市场资源协同意味着企业的产品或业务具有相似的工艺和顾客需求,因而随着技术关联度增加,产品的同质性将会大大增强,这不仅不利于企业绩效的提升反而会使其产品间产生竞争,导致企业绩效的下降。因此本书提出以下假设:

H8:技术关联对生产制造资源与市场资源协同与企业绩效的关系存在负向调节作用。

H9:技术关联对生产制造资源与人力资源协同与企业绩效的关系存在正向调节作用。

H10:技术关联对市场资源与人力资源协同与企业绩效的关系存在正向调节作用。

H11:技术关联对生产制造资源、市场资源与人力资源协同与企业绩效的关系存在正向调节作用。

为便于理解各变量间的关系,本书提出了相关假设的框架图进行说明,见图6.1。

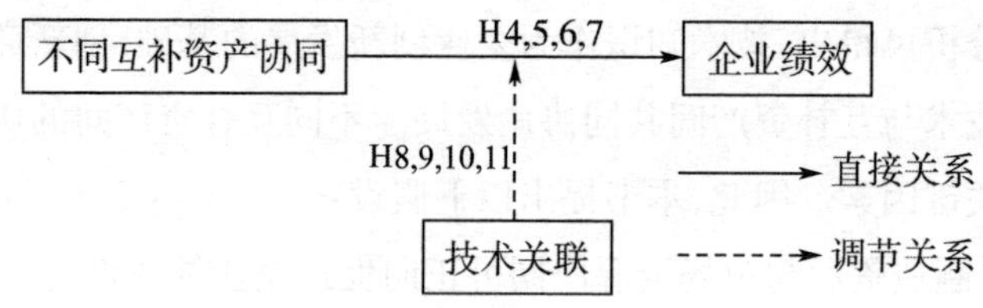

图 6.1 互补资产协同相关假设框架图

6.4.2 实证分析

6.4.2.1 模型构建

根据上述分析，本书构造了多元回归分析模型来检验变量间的相互关系。模型建立如下：

$$ROA/ROE = \alpha + \beta_1 MKA_i MFA_i + \beta_2 TR_i + \beta_3 MKA_i MFA_i TR_i + Control\ variables + \varepsilon_i \quad (6-10)$$

$$ROA/ROE = \alpha + \beta_1 MKA_i HA_i + \beta_2 TR_i + \beta_3 MKA_i HA_i TR_i + Control\ variables + \varepsilon_i \quad (6-11)$$

$$ROA/ROE = \alpha + \beta_1 MFA_i HA_i + \beta_2 TR_i + \beta_3 MFA_i HA_i TR_i + Control\ variables + \varepsilon_i \quad (6-12)$$

$$ROA/ROE = \alpha + \beta_1 MKA_i MFA_i HA_i + \beta_2 TR_i + \beta_3 MKA_i MFA_i HA_i TR_i + Control\ variables + \varepsilon_i \quad (6-13)$$

其中，TR_i 表示第 i 个企业的技术关联程度，MKA_i 表示第 i 个企业的生产制造资产，MFA_i 表示第 i 个企业的市场资产，HA_i 表示第 i 个企业的人力资产，$MKA_i MFA_i$ 表示第 i 个企业的生产制造资产与市场资产协同程度，$MKA_i HA_i$ 表示第 i 个企业的市场资产与人力资产协同程度，$MFA_i HA_i$ 表示第 i 个企业的生产制造资产与人力资产协同程度，$MKA_i MFA_i HA_i$ 表示第 i 个企业的生产制造资产、市场资产与人力资产协同程度。

6.4.2.2 结果分析

技术关联、互补资产与企业绩效间关系的多元回归分析结果见表 6.2 和表 6.3。本书采用 ROA 和 ROE 两个指标来测量企业绩效，模型 1 – 9 解释互补资产协同对 ROA 产生的影响以及技术关联对两者关系的调节作用，而模型 10 – 18 解释互补资产协同对 ROE 产生的影响以及技术关联对两者关系的调节作用。

根据F检验和Hausman检验,本书中所有的模型均采用固定效应模型。

表6.2　　因变量为ROA时多元回归分析结果

	因变量ROA								
	模型1	模型2	模型3	模型4	模型5	模型6	模型7	模型8	模型9
常数	***	***	***	***	***	***	***	***	***
LNZC	0.023***	0.0215***	0.0211***	0.0214***	0.0219***	0.0209***	0.0217***	0.0219***	0.0224***
	(9.77)	(9.88)	(9.851)	(9.83)	(9.92)	(9.714)	(9.771)	(9.788)	(9.835)
ZF	-0.152***	-0.146***	-0.144***	-0.145***	-0.148***	-0.143***	-0.147***	-0.147***	-0.149***
	(-13.59)	(-13.83)	(-13.81)	(-13.81)	(-13.86)	(-13.65)	(-13.67)	(-13.68)	(-13.69)
TD	0.00138***	0.00143***	0.00143***	0.0014***	0.0014***	0.00151***	0.00148***	0.00147***	0.00146***
	(4.41)	(4.58)	(4.628)	(4.59)	(4.54)	(4.623)	(4.499)	(4.458)	(4.424)
MKAMFA		0.11***				0.34***			
		(8.921)				(3.728)			
MKAHA			3.108***				-1.203		
			(5.062)				(-1.16)		
MFAHA				1.07***				-0.063	
				(6.61)				(-0.11)	
MKAMFAHA					1.16***				0.492
					(8.04)				(0.415)
TR						-0.0025	-0.0025	-0.0026	-0.0019
						(-0.58)	(-0.58)	(-0.59)	(-0.44)
MKAMFATR						-2.464**			
						(-2.47)			
MKAHATR							10.22**		
							(3.979)		
MFAHATR								2.672**	
								(1.85)	
MKAMFAHATR									1.592
									(0.57)
R^2	0.832	0.846	0.837	0.839	0.844	0.844	0.847	0.846	0.846
调整后R^2	0.799	0.815	0.805	0.808	0.813	0.813	0.816	0.815	0.814
N	662	662	662	662	662	662	662	662	662
F值	25.339	27.762	26.04	26.558	27.327	26.846	27.389	27.229	27.116
Hausman test	16.913**	15.372**	14.206**	14.950**	15.784**	19.212**	21.942**	21.663**	20.729**

注:表中所列为标准化回归系数,括号内为该系数的t检验值。***表示 $p<0.001$,**表示 $p<0.05$,*表示 $p<0.1$

在表6.2和表6.3中,模型1和模型10是基本模型,仅包含控制变量。采用仅包含控制变量的模型是为了更好地同其他模型进行对比,从而更有效地说明互补资产的协同对企业绩效的影响以及技术关联对这两者的调节作用。模型2-5和模型11-14是在基本模型的基础上分别加入了生产制造资源和市场资源协同指标、生产制造资源与人力资源协同指标、市场资源与人力资源协同指标和生产制造资源、市场资源及人力资源协同指标,目的是测试假设4至7是否成立。从结果来看,模型2和模型11中,生产制造资源与市场资源协同回归系数0.11和0.129且在 $p<0.001$ 条件下统计显著,这表明生产制造资源与市场资源协同可有效促进企业绩效的提升。模型3和模型12中市场资源与人力资源协同的回归系数为3.108和3.575且在 $p<0.001$ 条件下统计显著,这表明市场资源与人力资源协同可有效促进企业绩效的提升。模型4和模型13中生产制造资源与人力资源协同的回归系数为1.07和1.267且在 $p<0.001$ 条件下统计显著,这表明生产制造资源与人力资源协同可有效促进企业绩效的提升。模型5和模型14中,生产制造资源、市场资源与人力资源协同的回归系数为1.16和1.306且在 $p<0.001$ 条件下统计显著,这表明生产制造资源、市场资源与人力资源协同可有效促进企业绩效的提升。因此,模型2-5和模型11-14都支持假设4、5、6和7。

表6.3　　因变量为ROE时多元回归分析结果

	因变量ROE								
	模型10	模型11	模型12	模型13	模型14	模型15	模型16	模型17	模型18
常数	···	···	···	···	···	···	···	···	···
LNS	0.0492***	0.0466***	0.0463***	0.0466***	0.0474***	0.0457***	0.0477***	0.0481***	0.0492***
	(10.032)	(9.638)	(9.528)	(9.604)	(9.758)	(9.359)	(9.721)	(9.804)	(9.956)
ZF	-0.177***	-0.165***	-0.164***	-0.165***	-0.167***	-0.159***	-0.168***	-0.169***	-0.174***
	(-7.586)	(-7.147)	(-7.096)	(-7.141)	(-7.262)	(-6.359)	(-7.121)	(-7.183)	(-7.382)
TD	0.002***	0.00213***	0.00214***	0.00213***	0.00211***	0.0022**	0.00213**	0.0021***	0.002**
	(3.355)	(3.408)	(3.411)	(3.419)	(3.377)	(3.101)	(3.008)	(2.968)	(2.934)
MKAMFA		0.129***				0.429**			
		(4.1)				(2.529)			
MKAHA			3.575***				-3.911*		
			(3.317)				(-1.975)		
MFAHA				1.267***				-1.534	
				(3.596)				(-1.306)	

续表

	因变量 ROE								
	模型 10	模型 11	模型 12	模型 13	模型 14	模型 15	模型 16	模型 17	模型 18
MKAM FAHA					1.306***				-3.064
					(3.699)				(-1.358)
TR						0.0032	0.003	0.00275	0.00388
						(0.377)	(0.357)	(0.323)	(0.455)
MKAM FATR						-3.387*			
						(-1.776)			
MKAH ATR							17.202**		
							(3.526)		
MFAH ATR								6.407**	
								(2.309)	
MKAM FAHA TR									10.282*
									(1.935)
R^2	0.804	0.805	0.805	0.805	0.805	0.797	0.8	0.8	0.8
调整后 R^2	0.765	0.767	0.767	0.766	0.767	0.755	0.759	0.76	0.76
N	662	662	662	662	662	662	662	662	662
F 值	20.969	20.963	20.949	20.873	20.936	19.409	19.848	19.864	19.829
Hausman test	15.540**	14.683**	14.302**	14.497**	14.834**	16.681**	20.042**	19.034**	18.701**

注：表中所列为标准化回归系数，括号内为该系数的 t 检验值。*** 表示 $p<0.001$，** 表示 $p<0.05$，* 表示 $p<0.1$

模型 6 -9 和模型 15 -18 是在模型 2 和模型 6 的基础上加入了技术关联变量，并测试了技术关联是否对互补资产与企业绩效两者关系具有调节作用。结果显示，模型 6 和模型 15 中技术关联与生产制造资源与市场资源协同乘积的回归系数分别为 -2.464 和 -3.387 且在 P<0.1 条件下统计显著，这表明技术关联程度对生产制造资源与市场资源协同和企业绩效呈现负调节作用。模型 7 和模型 16 中技术关联和市场资源与人力资源协同乘积的回归系数分别为 10.22 和 17.202 且在 P<0.1 条件下统计显著，这表明技术关联程度对市场资源与人力资源协同和企业绩效关系起到正向调节作用。模型 8 和模型 17 中技术关联和生产制造资源与人力资源协同乘积的回归系数分别为 2.672 和 6.407 且在 P<0.05 条件下统计显著，这表明技术关联程度对生产制造资源与人力资源协同与企业绩效关系起到正向调节作用。模型 9 中技术关联和生产制造资源、市场资源与人力资源协同乘积的回归系数为 1.592 但统计并不显著，模型 18 中技术关联和生产制造资源、市场资源与人力资源协同乘积的回归系数为 10.282 且在

$P<0.1$ 条件下统计显著。这表明技术关联对生产制造资源、市场资源与人力资源协同与企业绩效成正向调节作用得到部分支持。分析原因是技术关联对生产制造资源与市场资源协同产生负调节作用，因而影响到与生产制造资源、市场资源与人力资源协同的关系。根据以上分析，模型 6 - 9 和模型 15 - 18 都支持假设 8、9、10 和 11。

6.5 本章小结

在多业务企业中，资源的共享可产生范围经济，获得协同效应，然而资源间的互补可使得价值增加，提高企业盈利能力。本章首先从互补资产的角度探讨其对企业绩效产生的影响，进一步阐述了资源的互补性对技术创新具有重要意义。企业投入大量的人力、物力和财力研发新技术，期望利用新技术生产出新产品从而更好地满足客户需求，从而获得更多的利润。然而，将技术转化为产品或服务是一个商业化的过程，互补资产在这个过程中起着关键作用。

其次，从实证的角度出发，论证了互补资产可显著地影响企业绩效，然后进一步探讨了互补资产间的协同对企业绩效的影响，同时分析了技术关联对两者间关系的调节作用。结果表明了互补资产的建设不仅可以赢得高额利润，同时可利用专有的资产创建竞争优势。

最后，论述了互补资产对技术多元化与企业绩效间的调节效应。市场互补资产和人力互补资产对技术多元化与企业绩效间的关系调节作用非常明显，这也为我国高技术企业进一步充分利用互补资产、提高绩效提供了理论依据。

第七章　多元化企业增长性协同——技术多元化的研究

7.1　技术多元化与企业绩效关系研究

7.1.1　引言

从策略面剖析企业的成长途径,不论是在萌芽期、成长期、成熟期的哪个经营阶段,都需要技术创新来维持生存或开拓新领域[283]。技术多元化是企业生存或进入新领域的策略方法之一,并且辅助公司组织协调、资源配合、整合企业内部资源和优势,获取竞争优势。技术多元化是指企业利用两种以上的科学技术来开展创新活动或企业的核心业务将其技术知识转移或应用到新的业务领域[284]。技术多元化可将技术能力扩展到更广的技术领域,因而可以让公司获得规模经济和范围经济,增加企业盈利[285]。从现代的观点来看,企业需要不断地产品创新才能在激烈的产业竞争中生存。特别是以技术为基础的公司,更需要不断地持续创新来追求新的创新机会,而技术多元化是有效促进技术创新的战略[286]。除此之外,技术多元化还可以降低研发的投资风险和不确定性风险[287]。因此,技术多元化对提高企业创新能力以及企业的发展具有重要的理论和现实意义。

7.1.2　文献综述

近几年来,技术多元化成为国内外学者关注的热点研究领域,已经展开了技术多元化与企业绩效关系的研究。大部分学者认为技术多元化可以促进企业绩效的提升。他们认为,如果企业拥有较多的组织备用资源就可以利用这些资源展开技术多元化活动,提高资源的利用效率[288]。技术多元化企业可以自由调整研发组合产生新的跨学科知识技术,使得研发策略更加有弹性,提高创新绩效[289]。除此之外,技术多元化还可以促进产品的多元化从而提高企业财务绩效[290]。从实证结果来看,许多学者得出了技术多元化与绩效正相关的结论[288-291]。例如,Chiu(2008)利用582个台湾高技术企业研究了技术多元化与绩效之间的关系,也得出两者之间存在正相关关系,且互补资产可调节两者间关系[251]。尽管技术多元化可以带来收益,但同时也带来了许多负面影响。一方面,技术多元化使得企业资源的利用效率降低;另一方面,技术多元化增加了技术研发管理的复杂性,产生了较高的融合、交流等管理成本。部分学者的实证研究也证明了过度的技术多元化产生的成本确实影响了企业绩效[292-293]。如Leten(2007)利用欧美日等国的184个企业实证研究了技术多元化、技术粘滞性与创新绩效之间的关系,得出技术多元化与创新绩效存在着倒U形关系。国内的学者在技术多元化领域的研究相对较少且关注的是技术多元化与创新绩效之间的关系[294-295]。如周文琪(2007)验证了在产品创新过程中技术多元化与创新绩效成正相关关系。何郁冰(2011)研究了技术多元化促进企业绩效的机理,认为产品创新战略在技术多元化影响企业绩效过程中起完全中介作用。

7.1.3 研究假设与理论分析

技术是企业获得竞争优势和持续增长最具吸引力的资源,同时技术也是企业发展产品、促进企业获利和成长的根本[298]。因此,企业必须思考自己企业的产品需要哪些技术,然后扩展企业的技术基础从而形成企业的竞争优势来源。而扩展技术基础,大多可通过技术多元化完成。技术多元化可获得规模经济和范围经济,随着技术基础范围增大,技术组合也越来越多,使企业成长和获利增加。研究者普遍认为,企业内部的技术多元化可为企业带来较多的收益。首先,技术多元化可通过技术间的相互关联获得协同效应[299]。Suzuki and Kodama(2004)分析了两个日本公司近30年来的专利、技术发展和销售额之间的关系。他们发现,在企业多种技术中存在明显的协同效应并产生竞争优势[257]。技术多元化还可利用其多样化的技术组合出更多且更丰富的研发投资组合,并分摊每个研发投资方案的风险。也因为企业拥有更多的研发投资方案从而使企业免于固守某些技术,使其策略更加有弹性[301]。总之,企业的技术范围越宽,就越能有效整合不同技术领域的知识,从而提高企业绩效表现。

然而,也有不少学者提出过度的技术多元化会给企业带来成本的上升,影响到企业绩效的提高。Granstrand(1998)就提出多元化的技术组合可能会给企业带来更多的集成、协调和交流成本[294]。另外,也有部分学者认为过度的技术多元化会破坏组织的一致性,导致企业失去对其能力杠杆和组合能力的控制,从而降低企业绩效[295]。根据以上分析,可以得知技术多元化可使企业技术增加,为企业创造出良好的绩效表现,而过高的技术多元化不利于企业绩效提升,提出以下假设:

H1:技术多元化和企业财务绩效之间呈倒 U 型关系。

H2:技术多元化和企业创新绩效之间呈倒 U 型关系。

7.1.4　研究设计

7.1.4.1　样本选取

见 5.2.1 样本选取。

7.1.4.2　变量测度

1. 解释变量

技术多元化反映了企业各项专利在各技术领域的分布广度。假设 N_i 表示某企业的专利技术中隶属于技术领域 i 的专利数,那么 $N = \sum_i N_i$。技术多元化可通过下面公式进行计算:

$$TD = 1/(\sum_i (N_i/N)^2) \qquad (7-1)$$

该方法借鉴了计算赫芬达尔指数的方法, $\sum_i (N_i/N)^2$ 测度了企业专利在各技术领域的集中程度。如果企业仅在一个技术领域拥有专利技术,那么 $\sum_i (N_i/N)^2$ 取值为1。若企业专利技术分散在大量的技术领域,那么 $\sum_i (N_i/N)^2$ 取值将接近零。技术多元化程度指标 TD 是利用了赫芬达尔指数的倒数进行测度。

2. 被解释变量

本书的被解释变量为企业绩效,包括财务绩效和创新绩效。企业财务绩效评估企业的获利能力,为便于同其他研究技术多元化的相关文献比较,采用资产报酬率(ROA)和净资产收益率(ROE)进行财务绩效的度量。企业创新绩效衡量企业的创新能力,通常采用新产品销售收入和企业申请专利数目来度量,鉴于数据的可获得性,本书采用专利数目(ZL)来衡量企业创新绩效。

3.控制变量

本书将选取衡量企业规模的指标,作为实证分析时的控制变量。企业规模越大,资源配置能力越强。按照 Cool 与 Sehendel 的研究[231],企业的主营业务收入能更好地反映企业规模,因此采用主营业务收入的自然对数来控制企业规模的影响。另外,研究表明,杠杆系数反映了债权人和股东的影响,进而对经营绩效产生影响[296]。因此,本书同时采用资产负债率来控制财务杠杆的影响。因此,研究技术多元化与财务绩效关系时,采用主营业务收入的自然对数(LNS)和资产负债率(ZF)作为控制变量。

在研究创新绩效时,除了企业规模可对创新产生影响外,企业成立时间也显著影响创新绩效。因此,研究技术多元化与创新绩效时,采用主营业务收入的自然对数(LNS)和成立时间(AGE)作为控制变量。

7.1.4.3 研究方法

本书采用面板数据来考察技术多元化与企业绩效之间的关系。相对于横截面数据而言,面板数据能够极大地增加样本观测值,更加准确地找到事物发展的规律。技术多元化与企业绩效之间的关系是利用 STATA12.0 完成。另外,在考察技术多元化与创新绩效关系时,由于专利数是离散变量,且违反线性模型中残差服从正态分布的假设,因此采用负二项回归的方法进行多元回归分析。

7.1.5 实证分析

7.1.5.1 构建模型

根据上述分析,本书构造了多元回归分析模型来检验变量间的相互关系。模型建立如下:

$$ROA/ROE = \alpha + \beta_1 TD_{it} + \beta_2 TD_{it}^2 + Control\ variables + \varepsilon_{it} \tag{7-2}$$

$$P_{it} = \exp(\alpha + \beta_1 TD_{it} + \beta_2 TD_{it}^2 + Control\ variables) \tag{7-3}$$

其中,TD_{it} 表示第 i 个企业第 t 年的技术多元化程度,TD_{it}^2 表示 第 i 个企业第 t 年的技术多元化程度平方,P_{it} 表示第 i 个企业第 t 年的专利数目。

7.1.5.2 结果分析

技术多元化与企业财务绩效间关系的多元回归分析结果见表 7.1。通过 F

检验和 Hausman 检验,所有模型均采用固定效应模型。本书采用 ROA 和 ROE 指标来测量企业财务绩效,模型 1 - 3 解释技术多元化对资产收益率 ROA 产生的影响,模型 4 - 6 解释技术多元化对净资产收益率 ROE 产生的影响。

在表 7.1 中,模型 1 和模型 4 是基本模型,仅包含控制变量。采用仅包含控制变量的模型是为了更好地与其他模型进行对比,从而更有效地说明技术多元化与企业绩效间的关系。从模型 1 和 4 可看出,主营业务收入和资产负债率都显著地影响了企业财务绩效。模型 2 和模型 5 是在基本模型的基础上加入了技术多元化测度指标。结果显示,当因变量为 ROA 时,其回归系数为 0.00075 且在 $p<0.05$ 的条件下统计显著。而当因变量为 ROE 时,回归系数为 0.00209 且在 $p<0.001$ 的条件下统计显著。这表明,技术多元化对企业绩效有正向的影响,即技术多元化促进了企业财务绩效的提升。假设 1 认为当技术多元化程度较高时,其管理成本提升,因而和企业财务绩效呈现倒 U 形关系。根据模型 3 和模型 6 可知,TD^2 的回归系数不显著,表明假设 1 不成立。分析原因可能是我国高技术企业的技术多元化程度不高,因而其管理成本还不足以影响企业绩效。Leten(2007)得出的美国、欧洲、日本等发达国家和地区的企业技术多元化程度为 4.56,远高于我国高技术上市公司 3.51,因此管理成本也就对企业绩效的影响较小。

表 7.1 面板固定效应多元回归分析结果(因变量为 ROA)

	因变量 ROA			因变量 ROE		
	模型 1	模型 2	模型 3	模型 4	模型 5	模型 6
常数	***	***	***	***	***	***
LNS	0.030***	0.0314***	0.0312***	0.0561***	0.0493***	0.0566***
	(17.08)	(18.745)	(18.647)	(16.138)	(10.032)	(14.363)
ZF	-0.169***	-0.186***	-0.187***	-0.160***	-0.177***	-0.191***
	(-18.924)	(-19.248)	(-19.465)	(-7.864)	(-7.585)	(-8.364)
TD		0.00075**	0.00181**		0.00209***	5.0E-05
		(2.406)	(2.525)		(3.357)	(0.0297)

续表

	因变量 ROA			因变量 ROE		
	模型 1	模型 2	模型 3	模型 4	模型 5	模型 6
TD2			-9.44E-05			3.96E-05
			(-1.44)			(0.265)
R^2	0.859	0.891	0.891	0.772	0.804	0.776
调整后 R^2	0.836	0.869	0.869	0.734	0.765	0.732
N	742	742	742	742	742	742
Hausman 值	27.621***	27.649***	28.817***	28.497***	15.540***	27.929***
F 值	36.208	41.725	41.531	20.092	20.964	17.523

注：表中所列为标准化回归系数，括号内为该系数的 t 检验值。*** 表示 $p<0.001$，** 表示 $p<0.05$，* 表示 $p<0.1$

表 7.2 负二项回归分析结果

	因变量 ZL		
	模型 7	模型 8	模型 9
常数	***	***	***
LNS	0.688***	0.684***	0.655***
	(20.67)	(20.65)	(19.37)
AGE	0.0766***	0.034**	0.0306**
	(4.93)	(2.46)	(2.23)
TD		0.238***	0.457***
		(8.95)	(9.27)
TD^2			-0.018***
			(-6.18)
log likelihood	-3197.54***	-2929.86***	-2918.55***
chi-square	437.01***	527.85***	550.48***
N	742	742	742
LR test	1.2E+05***	1.2E+05***	1.1E+05***

注：表中所列为标准化回归系数，括号内为该系数的 z 检验值。*** 表示 $p<0.001$，** 表

示 $p<0.05$，* 表示 $p<0.1$

技术多元化与企业创新绩效间关系的负二项回归分析结果见表7.2。本书采用专利数指标来测量企业创新绩效，模型7－9解释技术多元化对创新绩效产生的影响。在表7.2中，模型7是基本模型，仅包含控制变量。该模型实证结果显示，主营业务收入和成立时间显著地影响了创新绩效。模型8是在基本模型的基础上加入了技术多元化测度指标，结果显示，在模型8中技术多元化回归系数为0.238，且在 $p<0.001$ 的条件下统计显著。这表明，技术多元化对企业创新绩效有正向的影响。假设2认为当技术多元化程度较高时，其管理成本提升，从而抑制了创新绩效的提升，因而和企业创新绩效呈现倒U形关系。根据模型9可知，TD^2 的回归系数为－0.018且在 $p<0.001$ 的条件下统计显著，表明假设2成立。

7.1.6　结论及建议

技术多元化与企业财务绩效呈现正相关关系，而与创新绩效呈现了倒U形关系。该项研究结论与国外学者的研究成果基本一致。本书认为企业在环境变化快速的高技术产业中，追求不断的成长与获利，就需要不断推出符合市场需求的产品。而每个产品大多是由多个技术所构成，故企业会开始进行技术多元化活动，利用技术多元化活动将企业的技术加以联结和组合，从而推出符合市场需求的产品，帮助企业获取竞争优势[296]，获得良好的绩效表现[297]。技术多元化还可以帮助公司来促进技术的创新，这是因为企业不断追求创新时，企业必须要处在新的技术领域中，而技术多元化则可以帮助企业来追求企业所想要的技术创新[298]。从国内技术创新状况来看，虽然国内企业注重了技术研发，但整体看来创新能力薄弱，创新资源投入普遍较低[299]。据统计，2009年全国42.9378万家规模以上工业企业中，当年申请专利的仅有2.5375万家，占全部规模以上工业企业的5.9%；获得专利授权的有1.8951万家，占全部规模以上工业企业的4.4%。因而中国高技术企业的技术多元化程度也偏低，提高技术多元化程度，加快技术创新速度可有效促进财务绩效的提升。然而，需引起注意的是过高的技术多元化程度抑制了创新绩效的提升。因此，技术多元化程度存在最优值，当企业的技术多元化程度达不到或超过此最优值时都不能获得最优绩效。该项研究结论为企业技术范围选择即技术多元化还是技术专业化提供了新的理论依据。即当企业采用技术多元化战略不断扩大企业技术领域达到最优值时,应当采用技术专业化战略,在现有的技术领域内深入开发新技术,这样才能更有效地促进企业绩效提升。

7.2 技术多元化对企业绩效的影响研究——技术关联的调节效应

7.2.1 引言

在如今高度竞争的市场环境中,具有广泛的技术基础并能进行持续技术创新是企业获取竞争优势的重要来源[300]。因而企业应当不断扩展其核心技术能力进入新市场并提高生产率,同时通过技术创新获取竞争优势[301]。实践中,许多绩效较好的企业往往具有广泛的技术能力,这使得它们可以在自身核心能力的基础上持续不断地开发新产品,获得快速成长[302]。因此,技术已经成为企业参与市场竞争的基础[286],技术多元化成为影响企业绩效的重要因素。技术多元化是指企业所拥有的技术知识多样化的增长过程,或者说企业技术知识所涉及的技术领域范围的增加[251-252]。技术多元化一方面可为企业带来大量创新收益,另一方面还可以阻止企业在某个技术领域的锁定效应,从而促进企业产品或业务的更新和技术的再创新[303]。由此可见,研究技术多元化对提高企业创新能力及提升企业绩效具有重要的现实意义。

近年来,国外学者采用发达国家的企业为样本已经展开了技术多元化与企业绩效关系的研究。大部分的学者认为,技术多元化可以促进企业绩效提升。他们认为,如果企业拥有较多的组织备用资源就可以利用这些资源展开技术多元化活动。技术多元化企业可以自由调整研发组合产生新的跨学科知识技术,提高创新绩效[165]。除此之外,技术多元化还可以促进产品的多元化从而提高企业财务绩效[288]。从实证结果来看,许多学者得出了技术多元化与绩效正相关的结论。例如,Chiu 利用 582 个台湾高技术企业研究了技术多元化与绩效之间的关系,也得出两者之间存在正相关关系,且互补资产可调节两者间关系[251]。尽管技术多元化可以带来收益,但部分实证研究也得出了过度技术多元化带来的负面影响[255,286]。一方面,技术多元化使得企业资源的利用效率降低;另一方面,技术多元化增加了技术研发管理的复杂性,产生了较高的融合、交流等管理成本。因此,技术多元化可对企业绩效产生正向或负向影响,即技术多元化与企业绩效存在着非线性效应。国内的学者在技术多元化领域的研究相对较少且关注的是技术多元化与创新绩效之间的关系[291-292]。如周文琪验证了在产品创新过程中技术多元化与创新绩效成正相关关系[291]。何郁冰研究了技术多元化促进企业绩效的机理,认为产品创新战略在技术多元化影响企业绩效过程中起完全中介作用[292]。

现有的技术多元化与企业绩效的研究中普遍忽略了技术关联在两者之间的作用,使得现有的研究结论并不完善。企业各产品或业务技术之间具有相似的技术知识可产生协同效应,从而提升企业绩效。技术关联还有利于降低融合、交流等管理成本从而有利于绩效的提高。而过高的技术关联又可限制企业获取新的知识,降低企业绩效。因此,忽略技术关联作为调节变量将对技术多元化与企业绩效的研究产生偏差。另外,技术多元化与企业绩效关系的研究大多数是采用发达国家的企业为样本,以发展中国家的企业为样本的研究非常缺乏。而以我国企业为背景的研究更为少见,仅有的少数研究主要是数量统计的分析或仅采用某一年份的截面数据,无法全面反映技术多元化对企业绩效产生的影响。本书在现有文献研究的基础上,以中国高技术上市公司为样本,考虑技术关联的调节效应,采用面板数据实证分析技术多元化、技术关联与企业绩效之间的关系,为中国高技术企业发展提供理论依据。

7.2.2　理论分析与研究假设

7.2.2.1　技术多元化与企业绩效

技术是企业获得竞争优势和持续增长最具吸引力的资源,因此企业必须考虑如何利用其技术能力扩展到主要的业务领域或其他相关业务领域[304-305]。也就是说,企业可以选择进入较为熟悉的领域采用技术专业化战略或者采用技术多元化战略进入不熟悉的领域。技术专业化使企业在自身熟悉的领域以更低的成本提升技术能力,同时由于学习效应和在相似的技术领域内的知识转移可使企业建立核心竞争力[306]。而技术多元化是企业的技术能力扩展到更广泛的技术领域,并通过规模经济和范围经济增加企业利润[33]。虽然少数学者认为技术多元化会使企业的创新精力分散,从而无法取得技术优势[307],但绝大多数学者都认为,技术多元化可给企业带来更大的好处。首先,技术多元化可通过技术关联获得协同效应。Suzuki 和 Kodama 分析了两个日本公司近 30 年来的专利、技术发展和销售额之间的关系。他们发现,在企业多种技术中存在明显的协同效应并产生竞争优势[257]。除了获取协同效应之外,技术多元化还能直接通过降低企业风险来减缓投资回报的波动性,进而提高企业的财务绩效和市场表现。研究表明,具有较高程度技术多元化企业能产生更多的研发组合,从而分摊每个研发项目的内在风险[265]。而且,丰富的研发组合也能使企业免于固守某些技术,使企业更具战略灵活性[251]。总之,企业的技术范围越宽,就越能有效整合不同技术领域的知识,从而提高企业绩效表现。Breschi 就指出,尽管企业需要某种程度上的技术专业化来掌握核心技术,但技术多元化更能促进企业在日益激烈的竞争市场上获得持久性的竞争优势[256]。

然而,也有不少学者提出过度的技术多元化会给企业带来成本的上升,影响到企业绩效的提高。Granstrand 就提出多元化的技术组合可能会给企业带来更多的集成、协调和交流成本[294]。另外,也有部分学者认为过度的技术多元化会破坏组织的一致性,导致企业失去对其能力杠杆和组合能力的控制,从而降低企业绩效[295]。根据以上分析,提出以下假设:

假设 1:技术多元化和企业财务绩效之间呈倒 U 型关系。

假设 2:技术多元化和企业创新绩效之间呈倒 U 型关系。

7.2.2.2 技术关联的调节作用

当技术组合中各项技术共享了部分技术知识或具有相似的研究基础时就认为该技术组合内部相互关联[256]。企业实施技术多元化战略过程中,利用现有的技术来探索新的技术是技术创新的重要途径,因而企业的各项技术领域之间必然存在技术关联。Robins 和 Wiersema 发现企业多元化发展进入技术相关的产业时的绩效要优于那些多元化发展进入技术不相关产业的企业绩效[54]。技术组合中各项技术相互关联还可以获得潜在协同效应,从而使技术多元化企业可以获得比技术专业化企业更好的绩效[300]。另外,当技术领域之间密切相关时，企业的技术吸收能力将会大大增强[258-259]。然而，过高的技术关联也会对企业绩效产生负面效应。从企业整体来看，过度的技术关联形成了固定的技术路径，且使企业无法接触到新的技术知识，从而限制了企业研发或技术创新的机会[308]。从创新的角度来看，企业拥有不同的技术知识比拥有相似的技术知识可产生更高的创新绩效或财务绩效[309]。根据以上分析，当技术关联度较低时正向调节技术多元化对企业绩效的影响，而技术关联度较高时则负向调节技术多元化对企业绩效的影响，因而提出相对立的研究假设：

假设3：技术关联正向调节技术多元化对企业财务绩效的影响。

假设4：技术关联负向调节技术多元化对企业财务绩效的影响。

假设5：技术关联正向调节技术多元化对企业创新绩效的影响。

假设6：技术关联负向调节技术多元化对企业创新绩效的影响。

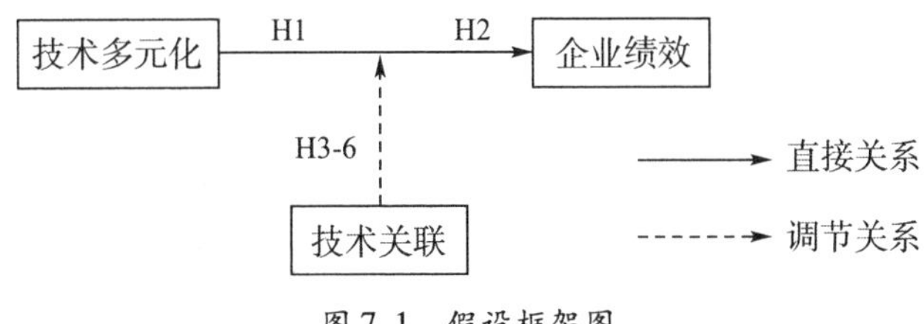

图7.1　假设框架图

为便于理解各变量间的关系，本书提出了相关假设的框架图进行说明，见图7.1。

7.2.3　研究设计

7.2.3.1　样本选取

见5.2.1样本选取。

7.2.3.2　变量测度

1.解释变量

(1)技术多元化

技术多元化反映了企业各项专利在各技术领域的分布广度。目前，在技术多元化程度的度量方法中，学者们普遍采用赫芬达尔指数法和熵指数法来进行测度，其中应用最为广泛的技术多元化测度方法是赫芬达尔指数的计算方法。本书也是应用该方法来测度企业技术领域的多元化程度。具体的计算方法如下:假设 N_i 表示某企业的专利技术中隶属于技术领域 i 的专利数,那么 $N = \sum_i N_i$。技术多元化可通过下面公式进行计算:

$$TD = 1/(\sum_i (N_i/N)^2) \quad (7-4)$$

$\sum_i (N_i/N)^2$ 测度了企业专利在各技术领域的集中程度。如果企业仅在一个技术领域拥有专利技术,那么 $\sum_i (N_i/N)^2$ 取值为1。若企业专利技术分散在大量的技术领域,那么 $\sum_i (N_i/N)^2$ 取值将接近零。技术多元化程度指标 TD 是利用了赫芬达尔指数的倒数进行测度。

(2)技术关联

企业专利一般包括一个或几个国际专利分类代码,代码的每个数字都代表特定的技术功能或应用。因此,一种专利技术与其他专利技术之间有关系,最明显的特点即是一件专利申请说明书可能有一个以上的国际专利分类代码。通过专利说明书的主分类和副分类之间的关系即可确定两技术领域之间的关系。在相关研究中,国内外学者也大都以国际专利分类号为基础,判断、整理相关的专利技术,并在此基础上分析专利文献中隐含的技术创新情报。其中,暴海龙和李金林(2004)描述了两个专利技术领域的相关度的计算方法[273],计算公式如下:

$$TR_{ij} = \sqrt{\frac{p^2 + q^2}{2}}, p = u_i a, q = v_j b \quad (7-5)$$

其中,a 表示 IPC 分类中以某个技术领域 i 为主分类的企业专利申请中以技术领域 j 为副分类的比率,b 表示以 IPC 分类中某个技术领域 j 为主分类的企业专利申请中以技术领域 i 为副分类的比率,u_i 表示在以技术领域 i 为主分类同时以技术领域 j 为副分类的专利数占企业所有关联专利数的比重,v_i 表示在技术领域 j 为主分类同时以技术领域 i 为副分类的专利数占企业所有关联专利数的比重。

本书利用该计算方法测度两个不同专利技术领域间的技术相关度,并在此基础上提出企业所有技术领域间技术关联度为:

$$TR = \sum_{i}^{N-1} \sum_{j=i+1}^{N} TR_{ij} \quad (7-6)$$

2. 控制变量

控制变量可以评价回归模型的正确性和拒绝实证结果的其他解释。在研究多元化与绩效的关系时,多数文献选取了公司规模、公司偿债能力以及公司成立时间等作为关键控制变量[20,310]。相关文献表明,公司年龄对公司创新有积极影响,高技术企业持续经营越久则创新绩效增加进而提升财务绩效。按照 Cool 与 Sehendel 的研究[231],企业的主营业务收入能更好地反映企业规模,因此采用主营业务收入的自然对数来控制企业规模的影响。研究表明,杠杆系数反映了债权人和股东的影响,进而对经营绩效产生影响。借鉴 Grant 的研究方法[232],本书将选取衡量企业规模的指标主营业务收入的自然对数（*LNS*）、资产负债率（*ZF*）以及公司上市时间（*AGE*）作为实证分析时的控制变量。在实证研究技术多元化与创新绩效关系时,采用主营业务收入的自然对数（*LNS*）和上市时间（*AGE*）作为控制变量。

3. 被解释变量

本书的被解释变量为企业绩效,包括财务绩效和创新绩效。企业财务绩效评估企业的获利能力,为便于同其他研究技术多元化的相关文献比较,采用净资产收益率（*ROE*）进行财务绩效的度量。企业创新绩效衡量企业的创新能力,通常采用新产品销售收入和企业申请专利数目来度量,鉴于数据的可获得性,本书采用专利数目（*ZL*）来衡量企业创新绩效。

7.2.3.3 研究方法

本书采用面板数据来考察技术多元化、技术关联与企业绩效之间的关系。特别是从技术关联的视角实证研究技术多元化程度、技术多元化程度平方与企业绩效间的关系并检验技术关联的调节作用。相对于横截面数据而言,面板数据能够极大地增加样本观测值,更加准确地找到事物发展的规律。技术多元化、技术关联与企业绩效之间的关系实证是利用 STATA12.0 完成。

7.2.4 实证分析

7.2.4.1 构建模型

根据上述分析,本书构造了多元回归分析模型来检验变量间的相互关系。另外,在实证研究分析中,创新绩效的度量通常以申请或授权的专利数代替,但由于专利数是任意非负整数,是典型的计数数据,它不再服从正态分布,而可能是服从泊松分布或负二项分布,所以在计量分析时采用计数模型比线性模型更适合。在计数模型中应用较为广泛的是泊松模型，但是，泊松模型假定的约束条件特别是条件均值等于条件方差在应用中经常不成立，在这种情况下若仍采用泊松模型，将会导致较大误差。为消除这种不利影响，许多改进模型相继被提出，其中负二项式模型最为常见。本书实证分析所采用的是企业层面的微观面板数据，且因变量创新绩效也是以专利申请数度量，考虑以上因素，参照 Ahuja 和 Katila 的负二项式回归方法[177]，建立计量经济模型如下：

$$ROE = \alpha + \beta_1 TD_{it} + \beta_2 TD_{it}^2 + Control\ var\ iables + \varepsilon_{it} \quad (7-7)$$

$$ROE = \alpha + \beta_1 TD_{it} + \beta_2 TD_{it}^2 + \beta_3 TR_{it} + \beta_4 TD_{it} TR_{it} + Control\ var\ iables + \varepsilon_{it} \quad (7-8)$$

$$P_{it} = \exp(\alpha + \beta_1 TD_{it} + \beta_2 TD_{it}^2 + Control\ var\ iables) \quad (7-9)$$

$$P_{it} = \exp(\alpha + \beta_1 TD_{it} + \beta_2 TD_{it}^2 + \beta_3 TR_{it} + \beta_4 TD_{it} TR_{it} + Control\ var\ iables) \quad (7-10)$$

其中，TD_{it} 表示第 i 个企业第 t 年的技术多元化程度，TR_{it} 表示第 i 个企业第 t 年的技术关联程度，TD_{it}^2 表示第 i 个企业第 t 年的技术多元化程度平方，$TD_{it}TR_{it}$ 表示第 i 个企业第 t 年的技术多元化与技术关联的乘积，P_{it} 表示第 i 个企业第 t 年的专利数目。

7.2.4.2 结果分析

技术多元化、技术关联与企业财务绩效间关系的多元回归分析结果见表 7.3。通过 F 检验和 Hausman 检验，所有模型均采用固定效应模型。本书采用 ROE 指标来测量企业财务绩效，模型 1 - 4 解释技术多元化、技术关联对净资产收益率 ROE 产生的影响。

表 7.3　　面板固定效应回归分析结果

	因变量 ROE			
	模型 1	模型 2	模型 3	模型 4
常数	***	***	***	***
LNS	0.0312***	0.0299***	0.0310***	0.0331***
	(6.787)	(5.924)	(6.166)	(6.368)

续表

	因变量 ZL			
	模型 5	模型 6	模型 7	模型 8
ZF	-0.112***	-0.0822***	-0.106***	-0.107***
	(-6.972)	(-8.493)	(-8.349)	(-9.242)
AGE	0.00208**	0.00158***	0.00211**	0.00217**
	(2.842)	(3.055)	(3.161)	(2.802)
TD		0.00151**	-0.00266	0.000824
		(2.009)	(-1.496)	(0.326)
TD^2			0.000389	0.000347
			(0.511)	(0.811)
TR				0.0294*
				(1.796)
TDTR				-0.0108*
				(-1.864)
R^2	0.841	0.848	0.851	0.856
调整后 R^2	0.813	0.818	0.821	0.826
N	654	654	654	654
F 值	30.878	28.104	28.265	28.744
Hausman 值	14.803**	16.607**	18.898**	19.503**

注：表中所列为标准化回归系数，括号内为该系数的 t 检验值。*** 表示 $p<0.001$，** 表示 $p<0.05$，* 表示 $p<0.1$

在表 7.3 中，模型 1 是基本模型，仅包含控制变量。采用仅包含控制变量的模型是为了更好地与其他模型进行对比，从而更有效地说明技术多元化、技术关联与企业绩效间的关系。模型 2 是在基本模型的基础上加入了技术多元化测度指标，结果显示，回归系数为 0.00151 且在 $p<0.05$ 的条件下统计显著。这表明，技术多元化对企业绩效有正向的影响，即技术多元化促进了企业财务绩效的提升。假设 1 认为当技术多元化程度较高时，其管理成本提升，因而和企业绩效呈现倒 U 形关系。根据模型 3 可知，TD^2 的回归系数不显著，表明假设 1 不成立。分析原因可能是我国高技术企业的技术多元化程度不高，因而其管理成本

还不足以影响企业绩效。Leten 得出的美国、欧洲、日本等发达国家和地区的企业技术多元化程度为4.56,远高于我国高技术上市公司3.51,因此管理成本也就对企业绩效的影响较小。

假设3提出技术关联可在技术多元化与企业财务绩效两者之间起到正向调节作用。根据表7.3实证结果可知,技术多元化与技术关联的乘积对绩效产生了显著的影响。在模型4中,TDTR的回归系数为-0.0108,且在p<0.1的条件下统计显著。实证结果支持假设4,即随着技术关联程度的增加,技术多元化对企业绩效产生了不利的影响。

表7.4　　**负二项回归分析结果**

	因变量ZL			
	模型5	模型6	模型7	模型8
常数	***	***	***	***
LNS	0.688***	0.684***	0.655***	0.416***
	(20.67)	(20.65)	(19.37)	(10.89)
AGE	0.0766***	0.0341**	0.0306**	0.0441***
	(4.93)	(2.46)	(2.23)	(3.60)
TD		0.238***	0.457***	0.845***
		(8.95)	(9.27)	(11.03)
TD^2			-0.018***	-0.017***
			(-6.18)	(-5.21)
TR				0.0171
				(0.02)
TDTR				-1.415***
				(-7.44)
Log likelihood	-3197.54***	-2929.86***	-2918.55***	-2846.66***
Chi-square	142.65***	192.48***	214.72***	238.03***
N	654	654	654	654
LR test	1.2E+05***	1.2E+05***	1.1E+05***	7.9E+04***

注:表中所列为标准化回归系数,括号内为该系数的z值。***表示p<0.001,**表示p<0.05,*表示p<0.1

技术多元化、技术关联与企业创新绩效间关系的负二项回归分析结果见表7.4。本书采用专利数指标来测量企业创新绩效，模型5－8解释技术多元化、技术关联对创新绩效产生的影响。

在表7.4中，模型5是基本模型，仅包含控制变量。该模型实证结果显示，主营业务收入和成立时间显著地影响了创新绩效。模型6是在基本模型的基础上加入了技术多元化测度指标，结果显示，在模型2中技术多元化回归系数为0.238，且在 $p<0.001$ 的条件下统计显著。这表明，技术多元化对企业创新绩效有正向的影响。假设2认为当技术多元化程度较高时，其管理成本提升，从而抑制了创新绩效的提升，因而和企业创新绩效呈现倒U形关系。根据模型7可知，TD^2 的回归系数为－0.018且在 $p<0.001$ 的条件下统计显著。表明假设2成立。

假设5提出技术关联可在技术多元化与创新绩效两者之间起到正向调节作用。根据表7.4实证结果可知，技术多元化与技术关联的乘积对绩效的影响在模型8中是显著的，但呈现了负向调节作用。在模型8中，TDTR的回归系数为－1.415，且在 $p<0.001$ 的条件下统计显著。实证结果支持假设6，即随着技术关联程度的增加，技术多元化对企业创新绩效产生了不利的影响。

7.2.5　结论

本书实证分析了技术多元化和企业绩效之间的关系，并探讨了在企业专利技术组合中技术关联对两者间的调节作用。利用包含654个样本年度面板数据来测试本书提出的研究假设，分别采用多元回归分析以及负二项回归的方法进行实证检验，得出如下结论：

首先，技术多元化对企业财务绩效具有正向相关关系。该项研究结论与国外许多学者的研究结论较为一致，表明高技术企业在实施技术创新战略过程中，应当扩大技术范围，才能更有利于企业绩效的提升。从实践看，我国高技术企业已经充分意识到技术多元化的重要性，尤其是一些创新型企业如海尔、华为等，一方面围绕产品创新进行了多元化的技术研发，另一方面也从多个技术领域积累自身的技术能力。然而，总体来看，我国技术创新能力还不强。据统计，2009年全国42.9378万家规模以上工业企业中，当年申请专利的仅有2.5375万家，占全部规模以上工业企业的5.9%；获得专利授权的有1.8951万家，占全部规模以上工业企业的4.4%。因此，我国高技术企业应当加快技术创新，适当提高技术多元化程度，实现发展方式的转变。

其次，负二项回归分析结果表明技术多元化与创新绩效存在倒U形关系。这表明，技术多元化程度存在最优值，使得企业创新绩效可达到最大值。即当企业技术多元化程度低于最优值时，增加技术多元化程度可促进企业创新绩效的提升，当技术多元化超过最优值时创新绩效则下降。本书的实证研究证明，在企业技术创新战略实施过程中，过度的技术多元化或技术专业化都不利于企业创新绩效的提升，企业应力争实现最优技术多元化水平。该项结论给予企业管理者一定的启示，技术的多元化由于可实现范围经济和知识共享从而对技术创新是有益的，而技术专业化可避免协同成本和冲突问题也有利于创新绩效，因此企业管理者应关注本企业的技术创新策略，对两种不同策略采用折中的方法来获得更好的创新产出。特别是当企业技术多元化到一定程度即达到最优值时就应当不再扩展技术范围，转而在现有的技术领域内进行专业化的技术创新，这样更有利于企业绩效的提高。

最后，技术关联对技术多元化与企业绩效间的关系具有负向调节作用。这表明，我国高技术企业技术关联程度较高，抑制了学习新知识的机会，导致企业创新能力降低，不利于企业绩效的提升。分析我国高技术企业专利状况可知，高技术企业每年的申请专利数量较少，而且大多数属于渐进性创新，使得技术之间的关联性较高，从而抑制了企业绩效的提升。从创新的角度来看，中国高技术企业过多地采用渐进性创新，在突破性创新方面还较为缺乏，不利于企业绩效的提升。本书的实证结论证明了中国高技术企业在突破性创新能力方面的薄弱，技术间的关联产生的优势并未得到有效发挥。近年来，多数高技术企业已经意识到技术关联的重要性，但由于技术多元化程度不足，突破性创新力度不够，导致企业整体绩效不够理想。因此，在未来的企业技术创新战略实施过程中加大创新力度尤其是突破性创新是促进企业绩效提升的根本途径。

相对既有文献而言，本书以我国高技术上市公司为例，采用2004～2010年面板数据从技术关联的角度研究其对技术多元化与企业绩效间关系的调节作用，丰富并完善了相关理论，为企业技术创新发展提供了有益的参考。当然，本书的研究中还有很多内容需要进一步探讨。如技术多元化与企业绩效的关系中,除了技术关联外还有哪些因素会影响到两者间的关系?技术关联是如何影响企业绩效的?另外,复杂产品在现代社会中所占的比重越来越高,复杂产品创新所需的技术范围要更大,因此如何对多技术资源进行协调和管理,降低技术多元化成本是未来研究的一个方向。

7.3　互补资产对技术多元化与企业绩效关系的调节作用

技术多元化是指企业所拥有的技术知识多样化的增长过程,或者说企业技术知识所涉及的技术领域范围的增加[212]。许多绩效较好的企业往往具有广泛的技术能力,这使得它们可以在自身核心能力的基础上持续不断地开发新产品,获取竞争优势。特别是当产业结构并不完善时,任何质量的提升或创新都可帮助企业获取竞争优势。然而,质量提升和创新要求企业具备多样化的技术,也就是说需要具有更广泛的技术创新活动。许多专家学者已经认识到技术多元化可以有效促进企业绩效提升,但这需要互补资产的作用。目前,国内外学者针对互补资产展开了广泛研究,已经关注了互补资产对技术创新的调节作用[251-252]。如 Hsien-che Lai 以电子信息企业为例,实证分析了技术多元化与组织维度间的关系,得出互补资产可负向调节两者间的关系[252]。因此,互补资产的建设可有效调节技术多元化与企业绩效间的关系。

7.3.1　理论分析与研究假设

7.3.1.1　技术多元化

技术是企业获得竞争优势和持续增长最具吸引力的资源,而多样化的技术知识是现代技术型企业创新的基础。技术多元化是企业的技术能力扩展到更广泛的技术领域,并通过规模经济和范围经济增加企业利润。Fai 指出,企业涉足的领域越多,拥有的技术范围越广,就越能有效地在现有的产品领域内或在新市场上开发新产品[311]。尤其是在知识密集型产业中,企业需要集合多学科的知识开发新产品,这其中需要涉足先前并不熟悉的技术领域,若企业缺乏这些领域的技术知识,即使企业意识到了新的市场机会也会因为知识的匮乏而不得不放弃这些市场机会[312-313]。

从经营活动来看,技术多元化可通过技术之间关联性产生协同效应,从而促进企业绩效的提升[228]。Suzuki 和 Kodama 分析了两个日本公司近 30 年来的专利、技术发展和销售额之间的关系。他们发现,在企业多种技术中存在明显的协同效应并产生了竞争优势[257]。另外,技术多元化还能直接通过降低企业风险来减缓投资回报的波动性,进而提高企业的财务绩效和市场表现。研究表明,具有较高程度技术多元化企业能产生更多的研发组合,从而分摊每个研发项目的内在风险。而且,多样化的研发组合也能使企业避免锁定于某些技术,使企业更具战略灵活性。总之,企业的技术范围越宽,就越能有效整合不同技术领域的知识,提高企业绩效表现。根据上述分析,提出以下假设:

H3:技术多元化与企业绩效正相关,即技术多元化水平越高,经营绩效越好。

7.3.1.2 互补资产的调节作用

该部分内容仍然按照 Taylor 和 Lowe 的方法,重点研究市场互补资产、生产制造互补资产和人力互补资产对技术多元化和企业绩效关系的调节作用。

市场互补资产是由营销渠道、品牌等构成的并且与创新的商业化有密切联系的专业化资产。Rothaermel 通过对制药企业的实证研究发现,对新产品的测试和检验、销售渠道、物流系统等都是对企业绩效有重大作用的市场互补资产[261]。技术多元化战略经常会使企业面临不熟悉的市场,因而具有一定的市场知识或营销能力可降低企业在不熟悉市场的风险和不确定性[239]。国内学者研究表明,利用当地独特的经营环境,通过本身拥有的当地市场知识、人脉、品牌、售后服务等市场资产可促进企业创新能力的发展,创建竞争优势[265]。

成功商业化还需要企业拥有出色的生产制造资产或能力,该项资产或能力是企业获得高绩效的关键环节,尤其是在大规模生产中,生产制造资源与其他资源截然不同。大规模生产在成本、质量、速度、可靠性等方面要求较高[223],因此生产制造资源和能力是将创新设计转化为最终产品必要的资产。技术多元化使得企业拥有多样化的产品和市场,企业要在多个业务领域中获得成功,必须通过模块化等方法来提高制造能力[314]。

创新来源于员工的创造性,因而发展并维持适当的人力资本可促进创新、提高绩效。技术多元化企业涉及更广泛的技术领域,这就要求研发人员必须产生更广泛的创造性。王发明认为建设互补资产的重点就是加强培养和引进人才,人才及其素质是产业发展的关键[272]。人力资产可以为创新的商业化过程提供知识和智力支持,因此,拥有一定数量的人力资本可影响创新绩效。根据以上分析,本书提出以下假设:

H4:生产制造互补资产对技术多元化与绩效两者关系起到正向调节作用。

H5:市场互补资产对技术多元化与绩效两者关系起到正向调节作用。

H6:人力互补资产对技术多元化与绩效两者关系起到正向调节作用。

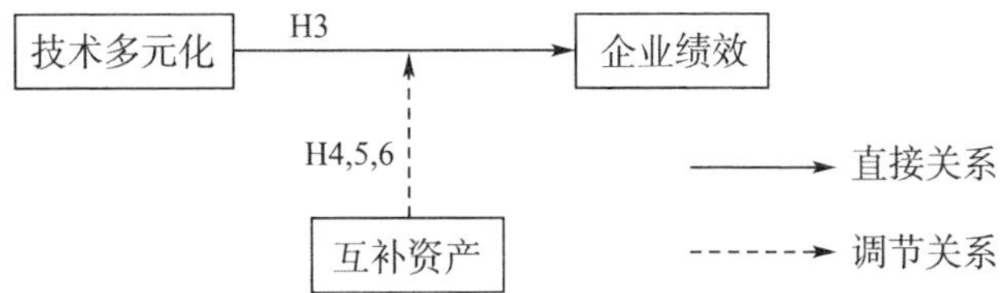

图 7.2　互补资产调节效应假设框架图

为便于理解各变量间的关系,本书提出了相关假设的框架图进行说明,见图7.2。

7.3.2　实证分析

7.3.2.1　模型构建

根据上述分析,本书构造了多元回归分析模型来检验变量间的相互关系。模型建立如下:

$$ROA/ROE = \alpha + \beta_1 TD_i + Control\ var\ iables + \varepsilon_i \quad (7-11)$$

$$ROA/ROE = \alpha + \beta_1 TD_i + \beta_2 MFA_i + \beta_3 MFA_i TD_i + Control\ var\ iables + \varepsilon_i \quad (7-12)$$

$$ROA/ROE = \alpha + \beta_1 TD_i + \beta_2 MKA_i + \beta_3 MKA_i TD_i + Control\ var\ iables + \varepsilon_i \quad (7-13)$$

$$ROA/ROE = \alpha + \beta_1 TD_i + \beta_2 HA_i + \beta_3 HA_i TD_i + Control\ var\ iables + \varepsilon_i \quad (7-14)$$

其中，TD_i 表示第 i 个企业的技术多元化程度，MFA_i 表示第 i 个企业的生产制造互补资产，MFA_iTD_i 表示第 i 个企业的技术多元化与生产制造互补资产的乘积，MKA_i 表示第 i 个企业的市场互补资产，MKA_iTD_i 表示第 i 个企业的技术多元化与市场互补资产的乘积，HA_i 表示第 i 个企业的人力互补资产，HA_iTD_i 表示第 i 个企业的技术多元化与人力互补资产的乘积。

7.3.2.2 结果分析

表 7.5 互补资产调节效应回归分析结果

	因变量 ROA					因变量 ROE				
	模型 1	模型 2	模型 3	模型 4	模型 5	模型 6	模型 7	模型 8	模型 9	模型 10
常数	···	···	···	···	···	···	···	···	···	···
LNS	0.0301***	0.0299***	0.0359***	0.0299***	0.0309***	0.0561***	0.0556***	0.0664***	0.0517***	0.0543***
	(17.082)	(17.17)	(20.046)	(18.357)	(18.838)	(16.138)	(16.194)	(16.375)	(14.847)	(14.947)
ZF	-0.170***	-0.165***	-0.175***	-0.155***	-0.160***	-0.160***	-0.154***	-0.189***	-0.158***	-0.165***
	(-18.924)	(-18.09)	(-21.228)	(-16.371)	(-17.407)	(-7.864)	(-7.567)	(-9.119)	(-7.416)	(-7.785)
TD		0.282***	0.225**	0.319***	0.062		0.356***	0.609***	0.552***	0.0433
		(11.222)	(2.979)	(3.411)	(1.008)		(6.85)	(4.146)	(3.301)	(0.384)
MFA			0.228***					0.443***		
			(9.173)					(9.658)		
MFATD			0.00078***					0.00071		
			(3.606)					(1.214)		
MKA				0.563***					0.778***	
				(6.397)					(5.271)	
MKATD				0.0852**					0.152**	
				(2.607)					(2.883)	
HA					1.986***					3.504***
					(5.327)					(5.949)
HATD					0.0881***					0.0606*
					(6.277)					(1.698)
R^2	0.859	0.869	0.901	0.891	0.895	0.772	0.782	0.812	0.816	0.824
调整后 R^2	0.836	0.846	0.881	0.868	0.873	0.734	0.744	0.774	0.778	0.787
N	742	742	742	742	742	742	742	742	742	742
F 值	36.208	38.637	45.246	40.086	41.802	20.092	20.989	21.506	21.799	23.013
Hausman test	27.621***	28.202***	53.399***	37.623***	32.696***	28.497***	28.437***	44.538***	31.858***	30.648***

注：表中所列为标准化回归系数，括号内为该系数的 t 检验值。***表示 $p<0.001$，**表示 $p<0.05$，*表示 $p<0.1$

技术多元化、互补资产与企业绩效间关系的多元回归分析结果见表 7.5。

通过F检验和Hausman检验，所有模型均采用固定效应模型。本书采用ROA和ROE两个指标来测量企业绩效，模型1－5解释技术多元化对ROA产生的影响以及不同互补资产对两者的调节作用，而模型6－10解释技术多元化对ROE产生的影响以及不同互补资产对两者的调节作用。

在表7.5中，模型1和模型6是基本模型，仅包含控制变量。采用仅包含控制变量的模型是为了更好地与其他模型进行对比，从而更有效地说明技术多元化、互补资产与企业绩效间的关系。模型2和模型7是在基本模型的基础上加入了技术多元化（*TD*）测度指标，目的是测试假设12是否成立。结果显示，在模型2中，回归系数为0.282，且在 $p<0.001$ 的条件下统计显著；而在模型7中，回归系数为0.356，且在 $p<0.001$ 的条件下统计显著。这表明，技术多元化对企业绩效有正向的影响，假设3得到验证。假设13－15提出各项互补资产对技术多元化与企业绩效间关系起到正向调节作用。模型3和模型8是在模型2和模型6的基础上分别加入了生产制造互补资产（*MFA*）。结果发现，当因变量为ROA时，回归系数为0.00078，且在 $p<0.001$ 的条件下统计显著；但当因变量为ROE时，回归系数为0.00071但统计并不显著。这表明，生产制造互补资产对技术多元化与企业绩效间的调节关系仅得到了部分支持，假设4并未完全得到支持。投资在生产制造上的专业化资产通常具有锁定效应，因此生产制造互补资产的调节作用并不明显。由于生产制造资源的专用性，某项产品的生产设备转移生产其他产品并不容易，而这种情况会伴随着企业技术多元化程度的增加而增加。模型4和模型9是在模型2和模型6的基础上分别加入了市场互补资产（*MKA*），其回归系数分别为0.0853和0.152，且在 $p<0.05$ 的条件下统计显著。这表明，市场互补资产对技术多元化与企业绩效关系起到了正向调节作用，假设5得证。模型5和模型10是在模型2和模型6的基础上分别加入了人力互补资产（*HA*）。结果表明，因变量为ROA时其回归系数为0.0881，且在 $p<0.001$ 条件下统计显著；而当因变量为ROE时，其回归系数为0.0606，且在 $p<0.1$ 的条件下统计显著。这说明了人力互补资产对技术多元化与企业绩效关系起到了正向调节作用，假设6得证。

7.3.2.3　稳健性检验

在上述分析中，技术多元化程度是关键的解释变量，因此考虑到模型的稳健性问题,本书采用企业涉及不同技术领域的专利类别数量来测度技术多元化程度。Ansoff 等开始研究多元化战略时的衡量方法就是行业数目,本书借鉴了该方法来衡量技术多元化。以国际专利分类(IPC)小类为基本单位,企业专利技术涉及不同 IPC 小类,那么涉及的 IPC 小类的数量作为技术多元化程度的度量值。根据新的技术多元化程度度量指标,对模型进行重新估计,检验结果如表 7.6 所示。

表 7.6　　回归结果的稳健性检验

	因变量 ROA					因变量 ROE				
	模型 1	模型 2	模型 3	模型 4	模型 5	模型 6	模型 7	模型 8	模型 9	模型 10
常数	***	***	***	***	***	***	***	***	***	***
LNS	0.0301***	0.0317***	0.0333***	0.0289***	0.0315***	0.0561***	0.0535***	0.0579***	0.0525***	0.0550***
	(17.082)	(21.829)	(22.514)	(16.693)	(19.217)	(16.138)	(14.234)	(15.774)	(13.994)	(15.413)
ZF	−0.170***	−0.188***	−0.164***	−0.147***	−0.162***	−0.160***	−0.195***	−0.179***	−0.163***	−0.168***
	(−18.924)	(−19.814)	(−17.261)	(−13.649)	(−16.162)	(−7.864)	(−8.543)	(−8.099)	(−7.305)	(−7.751)
TD		0.000637***	0.000554***	0.000118	0.00048***		0.000643***	0.000579**	0.00026	0.000636**
		(5.215)	(3.681)	(0.627)	(2.963)		(2.209)	(1.871)	(0.739)	(2.077)
MFA			0.156***					0.229***		
			(12.529)					(7.592)		
MFATD			0.00356**					0.00128		
			(2.016)					(0.262)		
MKA				0.257***					0.347***	
				(5.113)					(3.675)	
MKATD				0.0414**					0.0552**	
				(3.015)					(2.038)	
HA					3.169***					3.618***
					(7.384)					(4.974)
HATD					0.0137					0.185*
					(0.202)					(1.825)
R^2	0.859	0.900	0.906	0.890	0.890	0.772	0.792	0.816	0.801	0.815
调整后 R^2	0.836	0.880	0.887	0.867	0.867	0.734	0.751	0.779	0.761	0.777
N	742	742	742	742	742	742	742	742	742	742
F 值	36.208	38.637	47.595	39.813	39.804	20.092	19.222	21.851	19.812	21.631
Hausman test	27.621***	33.595***	47.159***	34.759***	36.605***	28.497***	30.089***	36.339***	30.144***	31.967***

注:表中所列为标准化回归系数,括号内为该系数的 t 检验值。*** 表示 $p<0.001$,** 表示 $p<0.05$,* 表示 $p<0.1$

估计结果显示,技术多元化程度与企业绩效之间仍然具有显著的正相关关系,且互补资产对两者间的调节关系也基本是显著的,这与表 7.6 中的结果类似,表明前文中的研究结果并没有因为变量的不同定义出现较大差异,从而进一步验证了本书的研究假设。另外,其他控制变量所得结果也与表 7.6 中的计量结果基本一致。这表明,本书实证研究的结果具有良好的稳健性。

7.4　互补资产与 TMT 对技术多元化和企业绩效关系的调节效应

技术多元化促进绩效提升需要互补资产的支持以及高层管理团队(TMT)的协调管理才能发挥作用,而忽略互补资产以及高层管理团队的调节作用使得研究产生偏差。另外,技术多元化与企业绩效关系的研究大多数是采用发达国家的企业为样本,以发展中国家的企业为样本的研究非常缺乏。而以我国企业为背景的研究更为少见,仅有的少数研究主要是数量统计的分析或仅采用某一年份的截面数据,无法全面反映技术多元化对企业绩效产生的影响。本书在现有文献研究的基础上,以中国高技术上市公司为样本,考虑互补资产和高层管理团队单独以及共同的调节效应,采用面板数据实证分析技术多元化与企业绩效以及互补资产和高层管理团队单独和共同对两者关系的调节作用,为中国高技术企业发展提供理论依据。

7.4.1　理论分析与研究假设

7.4.1.1　TMT 特征的调节作用

企业采用技术多元化战略时,一方面企业需要在多个技术领域认知,另一方面由于涉及多个技术领域的协调和管理,从而造成管理的复杂性。另外,技术多元化的实施依赖于互补资产的支持,如何更好地利用互补资产也增加了管理负荷。这三个方面的复杂性对高层管理团队提出了更高的管理要求。而这些要求与高层管理团队的认知基础和价值观密切相关。Hambrick 和 Mason (1984)认为研究企业家的认知基础必须使用人口学中的相关指标,如年龄、职业背景、教育背景等[315]。在技术多元化与绩效研究中,技术多元化能否促进绩效与高层管理团队风险偏好和职业经历密切相关。因此,本书从 TMT 的人口统计学变量的角度选取职能背景和职业经历研究其对技术多元化和企业绩效的调节作用。

1.职能背景的调节作用

Katz 和 Kahn(1966)把企业职能归为两类[316],一类是输出型职能,如营销、研发等,主要是根据市场状况,发现新市场机会和开发新产品;另一类是生产型职能,如财务、生产等,主要是控制成本、质量等。显然,对于具有研发、营销等输出职能背景的高管而言,因为市场机会的挖掘和新产品开发是他们的职责,所以他们更容易接受新思想,能接受风险,更倾向于采用技术多元化战略。而对于具有生产、财务等背景的高管而言,由于职能特征更注重流程控制、效率,所以对待创新的态度更保守,不利于技术多元化的开展。Barker&Muener 以及李华晶的实证研究都证明了上述观点[317-318]。因此,本书提出以下假设:

H7:具有输出职能背景的高管人数比例对技术多元化与企业财务绩效存在正相关关系。

H8:具有输出职能背景的高管人数比例对技术多元化与企业创新绩效存在正相关关系。

2.职业经历的调节作用

是否具有丰富的其他企业或政府任职经历对技术多元化的开展具有重要影响。当企业高管人员具有丰富的职业经历时,其往往拥有丰富的社会关系网络,而社会关系网络越大越能容易获得技术资源,从而会抑制技术多元化水平的提高[319]。特别是现阶段中国高技术企业整体技术创新还较为薄弱,多数企业采用技术引进消化吸收的策略,自主创新的能力还不强。在这种情况下,职业经历丰富的高管人员充分利用自身的社会网络关系来获取技术从而不利于自身创新能力的培养。另外,高管团队具有丰富的职业经历可能会带来较多的团队成员冲突,这种冲突将会不利于对各技术领域的协调管理,从而不利于创新绩效。因此,本研究提出以下假设:

H9:具有丰富职业经历的高管人数比例对技术多元化与企业财务绩效关系存在负向调节作用。

H10:具有丰富职业经历的高管人数比例对技术多元化与企业创新绩效关系存在负向调节作用。

7.4.1.2 互补资产和 TMT 特征的交互作用

前文已经论述了互补资产对企业技术商业化的支持是企业提升盈利能力的

关键。然而,互补资产的使用又离不开高层管理团队的协调和管理。输出型职能的高管人员对新产品开发、一体化等更感兴趣,因而更容易利用其社会网络获取知识、信息和市场机会等异质性资源。而市场互补资产、人力互补资产恰好是输出型职能高管人员有兴趣的资源,是实现技术或产品商业化的重要资产。因此,对于市场互补资产或者是人力互补资产,具有输出背景的高管人员将会更倾向于积极的建设,促进互补资产的使用,充分发挥互补资产的效应。

具有丰富职业经历的高管由于其丰富的社会关系网络,可较为容易地从外部获取到企业所需的市场资源或人力资源,从而会抑制自身市场资源和人力资源的建设。另外,由于丰富的其他企业职业经历使得该类高管人员战略视角也较为开阔,可以对外部资源进行广泛的搜索。这样,企业将较为容易地寻到外部的合适的互补资产,因而也抑制了企业本身的市场互补资产和人力互补资产的建立。因此,本研究提出以下假设:

H11:具有输出职能背景的高管人数比例和市场互补资产对技术多元化和企业财务绩效关系的正向调节作用互相促进。

H12:具有输出职能背景的高管人数比例和市场互补资产对技术多元化和企业创新绩效关系的正向调节作用互相促进。

H13:具有输出职能背景的高管人数比例和人力互补资产对技术多元化和企业财务绩效关系的正向调节作用互相促进。

H14:具有输出职能背景的高管人数比例和人力互补资产对技术多元化和企业创新绩效关系的正向调节作用互相促进。

H15:具有丰富职业经历的高管人数比例和人力互补资产对技术多元化和企业财务绩效关系的正向调节作用互相替代。

H16:具有丰富职业经历的高管人数比例和人力互补资产对技术多元化和企业创新绩效关系的正向调节作用互相替代。

H17:具有丰富职业经历的高管人数比例和市场互补资产对技术多元化和企业财务绩效关系的正向调节作用互相替代。

H18:具有丰富职业经历的高管人数比例和市场互补资产对技术多元化和企业创新绩效关系的正向调节作用互相替代。

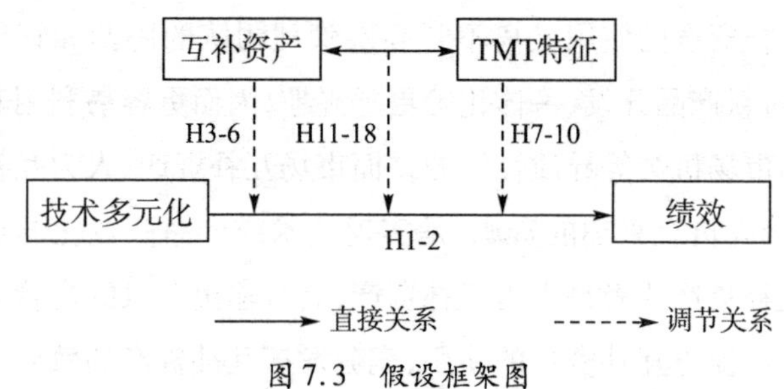

图 7.3 假设框架图

为便于理解各变量间的关系,本书提出了相关假设的框架图进行说明,见图 7.3。

7.4.2 研究设计

7.4.2.1 样本选取

参考 7.1 节技术多元化与企业绩效关系研究部分。

7.4.2.2 变量测度

1. 解释变量

(1)互补资产

本书重点研究市场互补资产(*MKA*)与人力互补资产(*HA*)在技术多元化与企业绩效间的调节作用,利用销售费用与工资费用解释市场资产与人力资本状况。计算公式参考 7.2 节互补资产对技术多元化与企业绩效关系的调节效应部分。

(2)TMT 特征

输出职能(*SC*)。根据上市公司年报中对高层管理团队成员的任职资料来确定其职业背景。首先将高管的背景分为研发、营销类背景和生产、财务类背景,其中研发、营销类背景是输出职能。然后把高管团队成员的职业背景作为哑变量来处理,属于输出职能的为 1,不属于的为 0。采用具有输出职能背景的高管人数与团队人数的比值来表示。

职业经历(*SZ*)。根据上市公司年报中对高层管理团队成员的任职资料来确定其职业经历。在分析中,高管团队成员的职业经历也作为哑变量来处理,具有两个或两个以上企业高管经历的成员的为 1,仅是单一经历的为 0。采用具有多职业经历背景的高管人数与团队人数的比值来表示。

2. 被解释变量

本书的被解释变量仍然为企业绩效,包括财务绩效和创新绩效。企业财务绩效评估企业的获利能力,为便于同其他研究技术多元化的相关文献比较,采用资产报酬率(*ROA*)和净资产收益率(*ROE*)进行财务绩效的度量。企业创新绩效衡量企业的创新能力,通常采用新产品销售收入和企业申请专利数目来度量,鉴于数据的可获得性,本书采用专利数目(*ZL*)来衡量企业创新绩效。

3. 控制变量

与7.1节技术多元化与企业绩效关系研究部分相同。

7.4.2.3　研究方法

本书采用面板数据来考察互补资产和TMT特征对技术多元化与企业绩效关系的调节作用。互补资产和TMT特征对技术多元化与企业绩效关系的调节作用实证是利用STATA12.0完成。另外,在考察互补资产和TMT特征对技术多元化与企业绩效关系的调节作用时,由于专利数是离散变量,且违反线性模型中残差服从正态分布的假设,因此采用负二项回归的方法进行多元回归分析。

7.4.3　实证分析

7.4.3.1　构建模型

根据上述分析,本书构造了多元回归分析模型来检验变量间的相互关系。模型建立如下:

$$ROA/ROE = \alpha + \beta_1 TD_{it} + \beta_2 TD_{it}^2 + Control\ \mathrm{var}\ iables + \varepsilon_{it} \quad (7-15)$$

$$ROA/ROE = \alpha + \beta_1 TD_{it} + \beta_2 TD_{it}^2 + \beta_3 complementaryasset_{it} + \beta_4 TD_{it} complementartyasset_{it} + Control\ \mathrm{var}\ iables + \varepsilon_{it} \quad (7-16)$$

$$ROA/ROE = \alpha + \beta_1 TD_{it} + \beta_2 TD_{it}^2 + \beta_3 complementaryasset \times tmt_{it} + \beta_4 TD_{it} complementaryasset_{it} \times tmt_{it} + Control\ \mathrm{var}\ iables + \varepsilon_{it} \quad (7-17)$$

$$P_{it} = \exp(\alpha + \beta_1 TD_{it} + \beta_2 TD_{it}^2 + Control\ \mathrm{var}\ iables) \quad (7-18)$$

$$P_{it} = \exp(\alpha + \beta_1 TD_{it} + \beta_2 TD_{it}^2 + \beta_3 complementaryasset_{it} + \beta_4 TD_{it} complementaryasset_{it} + Control\ \mathrm{var}\ iables) \quad (7-19)$$

$$P_{it} = \exp(\alpha + \beta_1 TD_{it} + \beta_2 TD_{it}^2 + \beta_3 complementaryasset \times tmt_{it} + \beta_4 TD_{it} complementaryasset_{it} \times tmt_{it} + Control\ \mathrm{var}\ iables) \quad (7-20)$$

其中，TD_{it} 表示第 i 个企业第 t 年的技术多元化程度，TR_{it} 表示第 i 个企业第 t 年的技术关联程度，TD_{it}^2 表示 第 i 个企业第 t 年的技术多元化程度平方，P_{it} 表示第 i 个企业第 t 年的专利数目。

7.4.3.2 结果分析

技术多元化与企业财务绩效间关系以及互补资产和 TMT 特征对这两者关系的调节作用的多元回归分析结果见表 7.7 和表 7.8。通过 F 检验和 Hausman 检验，所有模型均采用固定效应模型。本书采用 ROA 和 ROE 指标来测量企业财务绩效，模型 1 – 11 解释技术多元化对资产收益率 ROA 产生的影响以及互补资产和 TMT 特征对这两者关系的调节作用。模型 12 – 22 解释技术多元化对净资产收益率 ROE 产生的影响以及互补资产和 TMT 特征对这两者关系的调节作用。

在表 7.7 和表 7.8 中，模型 1 和模型 12 是基本模型，仅包含控制变量。假设 7 提出 TMT 输出背景比例可在技术多元化与企业财务绩效两者之间起到正向调节作用，假设 9 则提出 TMT 多职业经历比例可在技术多元化与企业财务绩效两者之间起到负向调节作用。在模型 6 中，SCTD 的回归系数为 0.0259 且在 $p<0.05$ 的条件下统计显著。而在模型 17 中，SCTD 的回归系数为 0.044 且在 $p<0.05$ 的条件下统计显著。这表明，输出职能高管背景的人数比例越大越能促进技术多元化对企业绩效的影响，实证结果支持假设 7。而在模型 7 中，SZTD 的回归系数为 –0.00501 且在 $p<0.05$ 的条件下统计显著。在模型 18 中，SZTD 的回归系数为 –0.00798 且在 $p<0.05$ 的条件下统计显著。这表明，职业经历丰富的高管在 TMT 中所占比重越大不利于技术多元化对企业绩效的影响，实证结果支持假设 9。

表 7.7 面板固定效应多元回归分析结果(因变量为 ROA)

	因变量 ROA										
	模型 1	模型 2	模型 3	模型 4	模型 5	模型 6	模型 7	模型 8	模型 9	模型 10	模型 11
常数	* * *	* * *	* * *	* * *	* * *	* * *	* * *	* * *	* * *	* * *	* * *
LNS	0.030***	0.0314***	0.0312***	0.0296***	0.0343***	0.0327***	0.03***	0.0306***	0.0327***	0.0298***	0.0323***
	(17.08)	(18.745)	(18.647)	(17.021)	(29.89)	(17.356)	(14.153)	(17.274)	(19.424)	(16.749)	(20.943)
ZF	-0.169***	-0.186***	-0.187***	-0.157***	-0.167***	-0.177***	-0.169***	-0.169***	-0.174***	-0.164***	-0.167***
	(-18.924)	(-19.248)	(-19.465)	(-16.634)	(-20.636)	(-16.269)	(-14.356)	(-16.768)	(-17.59)	(-16.47)	(-17.76)
TD		0.00075**	0.00181**	-0.000676	-0.00166**	0.000989	0.00384**	0.000253	0.0023***	0.00126	0.0027***
		(2.406)	(2.525)	(-0.818)	(-2.242)	(1.173)	(3.157)	(0.28)	(3.295)	(1.497)	(4.84)
TD2			-9.44E-05	6.92E-05	0.00012**	-2.99E-05	-0.00011	1.57E-05	-0.00012**	-3.64E-05	-0.00014**
			(-1.44)	(1.07)	(2.11)	(0.39)	(-1.17)	(0.21)	(1.89)	(-0.59)	(-2.55)
MKA				0.320***							
				(5.472)							
HA					1.55***						
					(4.387)						
SC						-0.0172***					
						(-2.706)					
SCTD						0.0259**					
						(2.417)					
SZ							0.0279***				
							(4.124)				
SZTD							-0.00501**				
							(-3.679)				

续表

	因变量 ROA										
	模型 1	模型 2	模型 3	模型 4	模型 5	模型 6	模型 7	模型 8	模型 9	模型 10	模型 11
MKASC								0.353*			
								(1.879)			
MKASCTD								0.144**			
								(2.086)			
HASC									8.714***		
									(7.944)		
HASCTD									-0.486**		
									(-1.925)		
MKASZ										0.471***	
										(4.189)	
MKASZTD										-0.00548	
										(-0.121)	
HASZ											5.281***
											(6.248)
HASZTD											-0.361*
											(-1.523)
R^2	0.859	0.891	0.891	0.887	0.933	0.87	0.858	0.886	0.893	0.886	0.886
调整后 R^2	0.836	0.869	0.869	0.864	0.919	0.843	0.829	0.863	0.872	0.863	0.864
N	742	742	742	742	742	742	742	742	742	742	742
Hausman 值	27.621***	27.649***	28.817***	33.527***	28.483***	33.815***	35.624***	30.359***	32.206***	30.465***	28.621***
F 值	36.208	41.725	41.531	38.445	68.282	33.182	29.895	38.607	41.537	38.611	38.882

注：表中所列为标准化回归系数，括号内为该系数的 t 检验值。*** 表示 $p<0.001$，** 表示 $p<0.05$，* 表示 $p<0.1$

表 7.8 面板固定效应多元回归分析结果(因变量为 ROE)

	因变量 ROE										
	模型 12	模型 13	模型 14	模型 15	模型 16	模型 17	模型 18	模型 19	模型 20	模型 21	模型 22
常数	* * *	* * *	* * *	* * *	* * *	* * *	* * *	* * *	* * *	* * *	* * *
LNS	0.0561***	0.0493***	0.0566***	0.0543***	0.0559***	0.0594***	0.0559***	0.0568***	0.0589***	0.0559***	0.0587***
	(16.138)	(10.032)	(14.363)	(14.54)	(14.811)	(14.299)	(12.67)	(14.6)	(15.343)	(14.432)	(15.372)
ZF	-0.160***	-0.177***	-0.191***	-0.157***	-0.151***	-0.179***	-0.167***	-0.178***	-0.179***	-0.169***	-0.167***
	(-7.864)	(-7.585)	(-8.364)	(-7.15)	(-7.151)	(-7.402)	(-6.62)	(-7.806)	(-7.987)	(-7.457)	(-7.547)
TD		0.00209***	5.0E-05	-0.00258	-0.00149	0.000658	0.0056**	-0.000161	0.00102	0.000292	0.000551
		(3.357)	(0.0297)	(-1.54)	(-2.242)	(0.367)	(2.255)	(-0.0907)	(0.613)	(0.168)	(0.331)
TD^2			3.96E-05	0.000192	0.000134	9.54E-06	-0.000142	5.17E-05	-6.15E-05	3.94E-05	1.24E-05
			(0.265)	(1.392)	(0.963)	(0.0596)	(-0.807)	(0.344)	(8.649)	(0.262)	(0.0853)
MKA				0.336***							
				(3.276)							
HA					3.459***						
					(5.575)						
SC						-0.0476***					
						(-3.383)					
SCTD						0.044 * *					
						(2.035)					
SZ							0.0542***				
							(4.099)				
SZTD							-0.00798**				
							(-2.854)				

续表

	因变量 ROE										
	模型 12	模型 13	模型 14	模型 15	模型 16	模型 17	模型 18	模型 19	模型 20	模型 21	模型 22
MKASC								0.693**			
								(1.879)			
MKASCTD								0.108			
								(0.784)			
HASC									13.793***		
									(8.649)		
HASCTD									-1.028**		
									(-3.028)		
MKASZ										0.621***	
										(2.399)	
MKASZTD										-0.00711	
										(-0.0663)	
HASZ											5.358***
											(3.668)
HASZTD											0.164
											(0.334)
R^2	0.772	0.804	0.776	0.806	0.812	0.773	0.778	0.783	0.832	0.786	0.793
调整后 R^2	0.734	0.765	0.732	0.766	0.774	0.728	0.734	0.739	0.799	0.743	0.751
N	742	742	742	742	742	742	742	742	742	742	742
Hausman 值	28.497***	15.540***	27.929***	29.304***	27.651***	32.622***	34.092***	29.14***	29.754***	27.549***	27.224***
F 值	20.092	20.964	17.523	20.305	21.119	16.955	17.416	17.905	24.629	18.248	19.007

注：表中所列为标准化回归系数，括号内为该系数的 t 检验值。*** 表示 $p<0.001$，** 表示 $p<0.05$，* 表示 $p<0.1$

假设 11 提出具有输出职能背景的高管人数比例和市场互补资产间的交互作用显著,对技术多元化和企业财务绩效关系存在正向调节作用。模型 8 中,MKASCTD 的回归系数为 0.144 且在 $p<0.05$ 的条件下统计显著。而在模型 19 中,MKASCTD 的回归系数为 0.108 但统计并不显著。这表明假设 11 仅得到了部分支持。假设 13 提出具有输出职能背景的高管人数比例和人力互补资产对技术多元化和企业财务绩效关系的正向调节作用互相替代。模型 9 中,HASCTD 的回归系数为 -0.486 且在 $p<0.05$ 的条件下统计显著。而在模型 20 中,HASCTD 的回归系数为 -1.028 且在 $p<0.05$ 的条件下统计显著。实证结果表明假设 13 未得到支持。这说明,国内高管人员还秉持人力资源是企业成本的理念,在互补人力资产建设方面起到了负面作用。假设 15 和 17 提出具有丰富职业经历的高管人数比例无论是市场互补资产还是人力互补资产都对技术多元化和企业财务绩效关系的正向调节作用互相替代。仅有当因变量为 ROA 时,具有丰富职业经历的高管人数比例和人力互补资产交互作用为负,说明具有丰富职业经历的高管人数比例和人力互补资产共同影响技术多元化时,存在替代效应,假设 15 得到部分支持。而具有丰富职业经历的高管人数比例和市场互补资产交互作用系数并不显著,因此,假设 17 未得到支持。

互补资产和 TMT 特征对技术多元化与企业绩效关系的调节作用的负二项回归分析结果见表 7.9。本书采用专利数指标来测量企业创新绩效,模型 23 - 33 解释技术多元化对创新绩效产生的影响以及互补资产和 TMT 特征单独以及共同对两者间的调节作用。在表 7.9 中,模型 23 是基本模型,仅包含控制变量。假设 8 中,提出具有输出职能背景的高管人数比例对技术多元化与企业创新绩效存在正相关关系。实证结果显示,SCTD 的回归系数为 1.785 且在 $p<0.001$ 的条件下统计显著,表明假设 8 成立。同样,SZTD 的回归系数为 -0.104 但统计并不显著,假设 10 未获得支持。

表 7.9 负二项回归分析结果

	因变量 ZL										
	模型 23	模型 24	模型 25	模型 26	模型 27	模型 28	模型 29	模型 30	模型 31	模型 32	模型 33
常数	* * *	* * *	* * *	* * *	* * *	* * *	* * *	* * *	* * *	* * *	* * *
LNS	0.688***	0.684***	0.655***	0.664***	0.662***	0.539***	0.644***	0.619***	0.631***	0.661***	0.656***
	(20.67)	(20.65)	(19.37)	(19.67)	(19.68)	(14.55)	(18.82)	(16.93)	(17.07)	(19.51)	(19.45)
AGE	0.0766***	0.034**	0.0306**	0.0315**	0.0291**	0.0249**	-0.0222	0.0352**	0.0323**	0.0314**	0.0281**
	(4.93)	(2.46)	(2.23)	(2.30)	(2.12)	(1.94)	(1.58)	(2.58)	(2.37)	(2.31)	(2.05)
TD		0.238***	0.457***	0.504***	0.478***	0.338***	0.512***	0.381***	0.455***	0.511***	0.498***
		(8.95)	(9.27)	(8.96)	(9.03)	(6.69)	(7.41)	(6.87)	(8.71)	(9.90)	(9.58)
TD^2			-0.018***	-0.0193***	-0.0188***	-0.0129***	-0.0202***	0.0154***	-0.0178***	-0.0202***	-0.0199***
			(-6.18)	(-6.44)	(-6.20)	(-4.23)	(-6.21)	(-4.98)	(-5.94)	(-6.91)	(-6.71)
MKA				12.617**							
				(2.08)							
MKATD				-5.14***							
				(-2.34)							
HA					17.943						
					(0.285)						
HATD					-9.193*						
					(-1.87)						
SC						2.325***					
						(7.24)					
SCTD						-1.785***					
						(-3.57)					
SZ							-0.132				
							(-0.39)				

续表

	因变量 ZL										
	模型 23	模型 24	模型 25	模型 26	模型 27	模型 28	模型 29	模型 30	模型 31	模型 32	模型 33
SZTD							-0.104				
							(-1.16)				
MKASC								-46.084**			
								(-2.87)			
MKASCTD								19.703**			
								(2.84)			
HASC									81.571		
									(1.04)		
HASCTD									-4.085		
									(-0.21)		
MKASZ										26.379***	
										(4.03)	
MKASZTD										-10.57***	
										(-4.56)	
HASZ											74.248**
											(2.18)
HASZTD											-34.197**
											(-3.04)
log likelihood	-3197.54***	-2929.86***	-2918.55***	-2910.96***	-2912.09***	-2888.07***	-2914.56***	-2914.28***	-2916.59***	-2910.79***	-2913.31***
chi - square	437.01***	527.85***	550.48***	557.83***	555.55***	611.44***	558.45***	559.01***	554.39***	566.01***	560.96***
N	742	742	742	742	742	742	742	742	742	742	742
LR test	1.2E+05***	1.2E+05***	1.1E+05***	1.0E+05***	1.1E+05***	5.3E+04***	8.3E+04***	1.1E+05***	9.7E+04***	9.4E+04***	1.0E+05***

注：表中所列为标准化回归系数，括号内为该系数的 z 检验值。*** 表示 $p<0.001$，** 表示 $p<0.05$，* 表示 $p<0.1$

假设12和假设14提出具有输出职能背景的高管人数比例和市场互补资产、人力互补资产对技术多元化和企业创新绩效关系的正向调节作用互相促进。实证结果显示,MKASCTD的回归系数为19.703且在$p < 0.05$的条件下统计显著,表明假设12成立。HASCTD的回归系数为-4.085但统计并不显著,假设14未获得支持。假设16和假设18提出具有丰富职业经历的高管人数比例和人力互补资产、市场互补资产对技术多元化和企业创新绩效关系的正向调节作用互相替代。实证结果表明,MKASZTD的回归系数为-10.57且在$p < 0.001$的条件下统计显著,表明假设16成立。HASZTD的回归系数为-34.197且在$p < 0.05$的条件下统计显著,表明假设18成立。

7.4.4 结论

本节以中国高技术企业为样本实证分析了技术多元化和企业绩效间的关系,并探讨了互补资产和TMT特征单独以及共同对技术多元化和绩效关系的调节作用。通过对相关理论文献的分析,提出技术多元化与绩效呈倒U形关系的研究假设。然后,基于互补资产和高层管理团队的视角研究其单独以及共同对企业整体绩效(财务绩效和创新绩效)的影响,并提出了相应的理论假设。采用面板数据模型,利用多元回归的方法对所提出的假设进行了实证检验,得出了以下结论。

第一,高层管理团队的输出职能的成员所占比例越高越能正向调节技术多元化与企业绩效的关系,而职业经历丰富的成员所占比例越高负向调节技术多元化与企业绩效的关系。显然,对于中国高技术企业而言,在高层管理团队中加大具有营销、研发等职能的成员比例可有利于实施技术多元化战略,提高绩效。由于竞争强度的提高和产品生命周期的缩短,企业创新能力变得越来越重要。在现实环境影响下,高层管理团队成员的价值更为突出,是否具有开拓精神和承担风险的特征将成为影响高技术企业未来发展重要因素。因此,在高层管理团队中加大输出职能成员的比例将会使得高技术企业更有创新精神和活力。而职业经历丰富的成员所占比例越高负向调节技术多元化与企业绩效的关系可能是现阶段中国高技术企业的现状导致的结果。中国高技术企业现阶段整体创新能力不强,多数企业依赖外部引进技术进行消化吸收后生产运作,自主创新能力薄弱。而职业经历越丰富的团队成员由于其丰富的社会资源越倾向于从外部获取技术,从而抑制了本公司的技术创新能力。因此,加大自主创新力度是改变目前这种状况的根本途径。

第二,市场互补资产和TMT特征交互作用对技术多元化与财务绩效的调节作用并不明显,但对技术多元化与创新绩效的调节作用显著。这表明高层管理团队中输出职能的成员比例与市场互补资产相互促进共同影响技术多元化与创新绩效关系。而高层管理团队中职业经历丰富的成员比例与市场互补资产相互替代。上文分析中可看出,市场互补资产不利于企业创新绩效的提升。作为高技术企业的决策者应当意识到此类问题,适当地选择具有多种职业经历的营销或研发类高层管理团队成员可缓解其不利影响。人力互补资产和TMT特征交互作用对技术多元化与财务绩效的调节作用显著,但对技术多元化与创新绩效的调节作用部分显著。从实证结果可知,人力互补资产与TMT特征的调节作用是相互替代。从财务绩效的角度来看,人力互补资产有利于绩效提升,因此作为决策者应当意识到人力互补资产的重要性,积极建立合适的人力互补资产。从创新的角度来看,高层管理团队应当注意到人力互补资产知识和能力的合理性,快速地适应技术环境的变化,及时调整员工的知识结构,从而促进企业绩效的提升。

创新能力是国家竞争力的核心,也是企业竞争力的核心,而技术多元化是构建企业核心竞争力的有效方法。本节以中国高技术企业为样本,探索了技术多元化与整体绩效(财务绩效和创新绩效)的关系,同时考虑了互补资产和TMT特征的单独以及两者共同的调节作用,为中国高技术企业的技术创新发展提供了有益的参考。当然,本书的研究还存着一定的局限性。例如,企业的技术创新并不一定都体现在专利技术上,虽然采用高技术企业在一定程度上可以避免该类问题的影响,但未来应当选择更合理的度量技术创新的方法。

7.5　本章小结

技术多元化与企业绩效之间的关系受到国内外学者的关注,但既有文献探讨两者间关系时忽略了互补资产以及高层管理团队的调节作用,也缺乏基于中国企业的实证分析。本书采用中国高技术上市公司2004～2010年面板数据,实证研究技术多元化与企业绩效的关系,并分析互补资产和TMT特征单独以及两者共同对技术多元化与绩效关系的调节作用。结果发现,技术多元化与企业财务绩效呈正向相关关系;技术多元化与创新绩效呈倒 U 型关系;互补资产对技术多元化与企业财务绩效存在正向调节作用,但对创新绩效存在负向调节作用;TMT 输出职能比例对技术多元化和绩效具有正向调节作用,而多职业经历比例存在负向调节作用。两种不同互补资产与 TMT 特征间存在着显著的交互作用。因此,中国企业可适当扩大技术范围,加强互补资产的灵活性、合理选择高层管理团队以提升效益。本节的研究结论为中国高技术企业技术创新发展提供了有益的参考。

第八章　技术多元化影响因素研究

8.1　企业技术范围选择:技术多元化还是技术专业化

8.1.1　引言

技术是企业核心能力中最根本的部分,也是决定企业战略的关键因素。技术知识成为企业获得竞争优势和持续增长最具吸引力的资源[262]。而随着产品的复杂度和系统性不断上升,技术创新和产品生产日益需要企业集成多个学科的技术知识[310],特别是企业在激烈竞争的市场环境中为获取竞争优势,需要不断扩展其技术基础并获取新的技术知识[304,305]。因此,在制定技术创新战略时,如何确定技术范围——技术多元化还是技术专业化成为企业面临的一个重要问题。技术范围决策不仅影响到企业技术竞争力而且影响企业整体发展战略。企业采用技术多元化战略可使企业技术范围扩展到更广泛的技术领域,并通过规模经济和范围经济增加企业利润[306];而采用技术专业化战略可使企业在自身熟悉的领域以更低的成本提升技术能力,同时由于学习效应和在相似的技术领域内的知识转移可使企业建立核心竞争力[33]。另外,技术范围不同也将会给企业带来不同程度的风险和不确定性,而错误地选择技术范围将损害企业价值,增加转换成本,从而影响到企业的发展。因此,研究企业技术范围选择无疑具有重要的理论与现实意义。

技术范围不同,企业面临的风险及不确定性将不同,因此合理地选择技术范围对企业成长以及提高竞争能力至关重要[320]。目前,大多数学者关注了企业采用技术多元化或技术专业化战略带来的好处[250]和负面影响[286],忽视了对技术范围决策影响因素的研究。在现有文献中,仅有少数学者在相关文献中涉及了技术范围的影响因素。Kodama(1986)已经提出了产业环境或结构如贸易政策、产业政策等都可加大技术多元化程度[321]。Granstrand(1998)提出了技术多元化带来的5S效应,强调了市场需要激励了企业追求新的技术[294]。Breschi(2003)发现知识关联是影响技术多元化的关键因素[256]。Miller(2006)发现产业竞争力包括研发强度、产业利润率等都对技术多元化产生了显著影响[165]。以上文献仅是从某一个方面对影响企业技术范围选择的因素进行了分析,但并不全面系统。综合分析企业中哪些因素影响到技术范围的选择以及企业在何种情况下如何选择技术范围还处于研究空白。本节在已有文献研究的基础上,以中国高技术上市公司为样本,采用面板数据实证分析技术范围的选择与其影响因素间关系,为中国高技术企业发展提供理论依据。

8.1.2 理论基础与研究假设

8.1.2.1 技术范围

1.技术专业化

技术专业化是指企业所拥有的技术知识集中在某一个较为狭窄的领域。Breschi(2003)曾指出,企业将研发活动重点关注于狭窄的技术领域可使企业在专业化的活动中受益。通常情况下,企业技术基础范围较为狭窄时可有利于在相似的领域累积技术知识,获得较高的学习效应[322]。另外,技术专业化还可以增加范围经济,便于企业产品或业务间的知识转移[302]。这样,当企业建立了核心竞争力时,技术知识的累积产生路径效应。企业管理者通常利用其已经建立的技术知识基础搜寻新知识,使核心技术与创新相互匹配。

尽管技术专业化可以带来诸多好处,如学习效应、便于技术知识转移,但不可预测的环境变化将会给企业造成巨大影响[323]。例如,消费者偏好的变化、技术的革新可能导致企业失去原有的市场。另外,企业一直关注于某一特定领域或许会面临技术的锁定效应和竞争风险等问题[302]。

2.技术多元化

技术多元化是指企业所拥有的技术知识多样化的增长过程,或者说企业技术知识所涉及的技术领域范围的增加[251]。技术专业化虽然可以使企业更专业地提高某项复杂的技术从而获得高收益,但企业拥有更广泛的技术能力可以在竞争市场中获得更多的优势。Breschi 就指出，尽管企业需要某种程度上的技术专业化来掌握核心技术，但技术多元化更能促进企业在日益激烈的竞争市场上获得持久性的竞争优势[256]。不同技术在市场中有不同的应用，因此更多的技术领域可使企业获得更多的市场机会。不同的技术知识之间通过交叉创新可获得协同效应[289]。Suzuki and Kodama（2004）分析了两个日本公司近 30 年来的专利、技术发展和销售额之间的关系。他们发现，在企业多种技术中存在明显的协同效应并产生竞争优势[257]。除了获取协同效应之外，技术多元化还能直接通过降低企业风险来减缓投资回报的波动性，进而提高企业的财务绩效和市场表现。研究表明，具有较高程度技术多元化企业能产生更多的研发组合，从而分摊每个研发项目的内在风险。而且，丰富的研发组合也能使企业免于固守某些技术，使企业更具战略灵活性。

然而，过度的技术多元化可能带来很多负面影响。如，Granstrand（1998）就提出多元化的技术组合可能会给企业带来更多的集成、协调和交流成本[294]，还可能会使企业的创新精力分散，从而无法取得技术优势[265]。另外，也有部分学者认为过度的技术多元化会破坏组织的一致性，导致企业失去对其能力杠杆和组合能力的控制，从而降低企业绩效。

8.1.2.2　技术范围影响因素

技术多元化的实证研究中已经探讨了技术多元化与企业绩效之间的关系，同时也提出了企业开展多项技术活动的理由。然而，面临着不断变化的环境以及企业资源状况的差异，企业的技术范围选择也将不同。因此，哪些内容或因素会影响企业技术范围选择成为实施技术创新战略的关键问题。本研究从外部环境、企业现有状况、组织备用资源三个方面探讨技术范围的影响因素。

1. 外部环境

在企业运营过程中，外部环境几乎影响到企业管理的各个方面，包括战略、生产、技术以及企业绩效等等。实证研究也表明外部环境是影响企业技术战略决策的关键变量[324]。在影响技术范围选择的外部环境因素中，环境包容性、产业竞争强度以及产业吸引力是最关键的要素。

环境包容性是指企业外部经营环境提供给企业所需资源的充裕程度以及企业获取这些资源的难易程度[325]。在环境包容性较高的环境中，企业可以较为容易地获取技术多元化所需的资源，而资源宽裕则有利于开展技术多元化活动，更好地适应复杂的竞争环境[326]。McArhur and Nystrom(1991)发现环境包容性是影响战略与绩效关系的显著变量[324]。Rajagopalan(1993)指出包容性强的外部环境完全不同于包容性弱的环境，因而在不同环境中企业选择的技术范围不同[327]。在包容性强的环境中，大量的资源使企业不得不承担更大的风险和更注重利用自身的资源，因此，技术多元化可以认为是一种比竞争对手获得更好位置或竞争优势的资源之一。

产业竞争强度和产业吸引力是影响技术范围选择的产业环境中的重要变量。在一个产业吸引力比较强的环境中，企业将会有强烈的动机发展自身的资源和竞争力，企业管理者也将会充分利用技术知识追逐技术多元化发展。因此，产业吸引力越强，企业的技术多元化程度将会越高。而当一个产业的竞争强度越高时，企业将努力通过技术多元化来提高产品差异性，从而避免与其他企业的激烈竞争。而且，技术多元化将为企业提供新的技术轨道，一方面有利于企业探索与识别新的技术机会，另一方面也有利于企业寻找有别于竞争对手的技术知识从而探索新的技术知识组合。综合上文所述，提出下列假设：

H1－1：环境包容性越强，技术多元化程度越高。

H1－2：产业竞争力越强，技术多元化程度越高。

H1－3：产业吸引力越强，技术多元化程度越高。

2. 企业运营状况

企业进行技术范围决策时必须要考虑到企业运营状况，而技术关联状况、垂直集成度、企业绩效是企业运营过程中的重要因素。另外，高技术企业中无形资产的多少也是影响企业技术范围的因素之一。因此，本研究选择技术关联度、纵向集成度、资产收益率和无形资产比作为反映企业运营状况的关键要素。

企业实施技术多元化战略过程中，利用现有的技术来探索新的技术是技术创新的重要途径，因而企业的各项技术领域之间必然存在技术关联。Robins and Wiersema(1995)发现企业多元化发展进入技术相关的产业时的绩效要优于那些多元化发展进入技术不相关产业的企业绩效[65]。企业技术之间具有高度关联性时可以为企业发展带来很多优势。如技术组合中各项技术相互关联可以获得潜在协同效应，从而使技术多元化企业可以获得比技术专业化企业更好的绩效[282]。因此,技术关联度提高可促进技术多元化程度提升。

企业在多元化过程中,通常沿价值链活动进行前向或后向垂直集成,因而企业需要拥有多样化的技术能力。而在价值链上的各环节中,供应商或消费者的变化也将会影响到产品技术的变化,使企业不得不扩大其技术能力。特别是随着产品复杂度越来越高,供应商、消费者、生产商之间的依赖性将会越来越强,对企业技术多样化的能力要求也越来越高。因此,当垂直集成度增加,为更好地协调和管理整体变化,企业不得不扩展其技术范围,使企业技术多元化程度提高。

企业若仅在相似的技术领域进行研发投入可能会加大投资风险和不确定性。技术多元化不仅能降低研发风险,而且会在技术融合中产生溢出效应。因此,当研发投入较高时,技术多元化程度也将会提高。

资产收益率表示了企业盈利能力。事实上,通常情况下当盈利能力增强时企业倾向于业务多元化发展,也就需要更多的技术能力,因而技术多元化程度会提高。综上所述,提出以下假设:

H2－1:技术关联度越高,技术多元化程度越高。

H2－2:垂直集成度越高,技术多元化程度越高。

H2－3:无形资产比越高,技术多元化程度越高。

H2－4:资产收益率越高,技术多元化程度越高。

3. 组织备用资源

在企业中,冗余的人力资源、未充分利用的能力、不需要的资本支出等通常被作为备用资源。这些备用资源激励管理者们承担风险,可直接影响技术研发和企业战略活动。Mishina(2004)就指出,一定量的组织备用资源可使企业重新配置资源、形成新的技术能力、转换到新的市场,同时还可缓冲环境的影响和增强组织效率[329]。因此,拥有更多备用资源的企业将鼓励管理者们采用技术多元化战略。本书采用负债比率和流动比率来体现组织备用资源。提出以下假设:

H3－1:负债比率越高,技术多元化程度越高。

H3－2:流动比率越高,技术多元化程度越高。

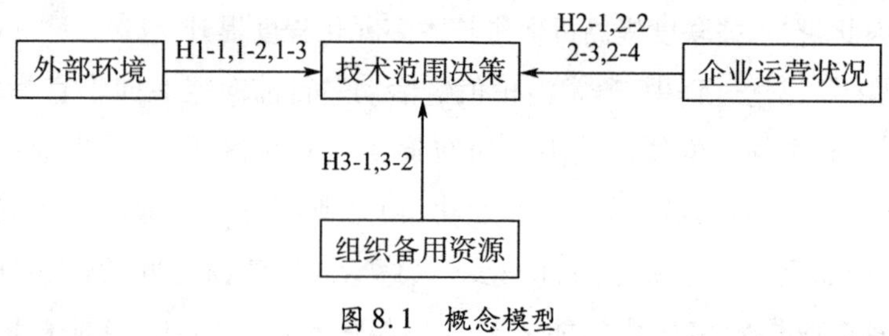

图 8.1　概念模型

为便于理解各变量间的关系，本书提出了技术范围选择的概念模型进行说明，见图 8.1。

8.1.3　研究设计

8.1.3.1　样本选取

见 5.2.1 样本选取。

8.1.3.2　变量测度

1. 被解释变量

技术范围反映了企业各项专利在各技术领域的分布广度。假设 N_i 表示某企业的专利技术中隶属于技术领域 i 的专利数，那么 $N = \sum_i N_i$。技术范围可通过下面公式进行计算：

$$TD = 1/(\sum_i (N_i/N)^2) \qquad (8-1)$$

该方法借鉴了计算赫芬达尔指数的方法，$\sum_i (N_i/N)^2$ 测度了企业专利在各技术领域的集中程度。如果企业仅在一个技术领域拥有专利技术，那么 $\sum_i (N_i/N)^2$ 取值为 1。若企业专利技术分散在大量的技术领域，那么 $\sum_i (N_i/N)^2$ 取值将接近零。技术范围指标 TD 是利用了 $\sum_i (N_i/N)^2$ 的倒数进行测度，数值越大表明技术范围越宽，企业采用技术多元化战略。TD 数值越小表明技术范围越窄，企业采用技术专业化战略。

2. 解释变量

(1) 外部环境

本书选择环境包容性、产业竞争强度以及产业吸引力三个因素来反映环境对技术范围的影响。环境包容性是利用出口货物值对时间的回归系数来进行计算[330]。采用产业平均利润率来表征产业吸引力，而产业利润率利用企业所在产业的平均资产收益率体现[251]。产业竞争力强意味着企业必须加大营销投入，使销售费用提高，因此可采用产业平均销售费用占销售收入的比重来体现产业竞争强度[251]。

表 8.1　　外部环境指标

代　码	指标名称	计算公式
X1	环境包容性	出口交货值的回归系数
X2	产业吸引力	平均资产收益率
X3	产业竞争力	销售费用/主营业务收入

（2）企业运营状况

本书采用技术关联度、垂直集成度、无形资产比以及资产收益率来体现企业运营状况。技术关联度的计算方法是依据企业专利之间的关系进行测度。企业专利一般包括一个或几个国际专利分类代码，因而一种专利技术与其他专利技术之间有关系最明显的特点即是一件专利申请说明书可能有一个以上的国际专利分类代码。通过专利说明书的主分类和副分类之间的关系即可确定两技术领域之间的关系。计算公式如下：

$$TR_{ij} = \sqrt{\frac{p^2 + q^2}{2}}, p = u_i a, q = v_j b \qquad (8-2)$$

那么，企业所有技术领域间技术关联度为：

$$TR = \sum_{i}^{N-1} \sum_{j=i+1}^{N} TR_{ij} \qquad (8-3)$$

其中，a 表示 IPC 分类中以某个技术领域 i 为主分类的企业专利申请中以技术领域 j 为副分类的比率，b 表示以 IPC 分类中某个技术领域 j 为主分类的企业专利申请中以技术领域 i 为副分类的比率，u_i 表示在以技术领域 i 为主分类同时以技术领域 j 为副分类的专利数占企业所有关联专利数的比重，v_i 表示在技术领域 j 为主分类同时以技术领域 i 为副分类的专利数占企业所有关联专利数的比重。

本书利用附加价值率（VAD）测度企业垂直集成度。附加价值率解释了企业资产的专业化程度，即当附加价值率提高时，纵向的互补资产专业化程度提高，垂直集成度增加。附加价值率计算公式为：附加价值/企业销售额。附加价值的计算采用加和法，为企业利润 + 工资 + 折旧 + 福利费 + 利息 + 税金。无形资产比是指企业无形资产净值与主营业务收入之比。企业绩效采用资产收益率来表示。

表 8.2　　企业运营状况指标

代　码	指标名称	计算公式
X4	技术关联度	见公式(1)
X5	VAD 比率	附加价值/ 主营业务收入
X6	无形资产比	无形资产净值/主营业务收入
X7	资产收益率	利润/资产总额

(3)组织备用资源

采用债务比率和流动比率来体现组织备用资源的充裕程度。

表 8.3　　组织备用资源指标

代　码	指标名称	计算公式
X8	流动比率	流动资产/流动负债
X9	债务比率	长期负债/负债总额

3. 控制变量

本书将选取衡量企业规模的指标,作为实证分析时的控制变量。企业规模越大,资源配置能力越强,技术多元化程度越高。按照 Cool 与 Sehendel 的研究[231],企业的主营业务收入能更好地反映企业规模,因此采用主营业务收入(*LNS*)的自然对数来控制企业规模的影响。另外,利用企业成立之日到测度年份的时间作为控制变量。成立时间越长,资源越丰富,技术多元化程度会越高。因此,本研究同时采用企业成立时间(*AGE*)作为控制变量。

8.1.3.3　研究方法

本研究采用面板数据来考察技术范围及其影响因素间的关系。相对于横截面数据而言,面板数据能够极大地增加样本观测值,更加准确地找到事物发展的规律。技术多元化及其影响因素之间的关系实证是利用 Eviews6.0 完成。

8.1.4　实证分析

8.1.4.1　构建模型

根据上述分析,本研究构造了多元回归分析模型来检验变量间的相互关系。模型建立如下:

$$TD = \alpha + \beta_1 EM_i + \beta_2 CI_i + \beta_3 AI_i + Control\ \text{var}\ iables + \varepsilon_i \quad (8-4)$$

$$TD = \alpha + \beta_1 TR_i + \beta_2 VAD_i + \beta_3 RDI_i + \beta_4 ROA_i + Control\ \text{var}\ iables + \varepsilon_i \quad (8-5)$$

$$TD = \alpha + \beta_1 DR_i + \beta_2 CR_i + Control\ \text{var}\ iables + \varepsilon_i \quad (8-6)$$

其中，TD_i 表示第 i 个企业的技术多元化程度，CI_i 表示第 i 个企业的产业竞争强度，AI_i 表示第 i 个企业的产业吸引力，EM_i 表示第 i 个企业的环境包容性，TR_i 表示第 i 个企业的技术关联程度，VAD_i 表示第 i 个企业的垂直集成度，RDI_i 表示第 i 个企业无形资产比，ROA_i 表示第 i 个企业的资产收益率，DR_i 表示第 i 个企业的债务比率，CR_i 表示第 i 个企业的流动比率。

8.1.4.2 结果分析

技术范围及其影响因素间关系的多元回归分析结果见表 8.4。通过 F 检验和 Hausman 检验，所有模型均采用固定效应模型。

表 8.4 多元回归分析结果

	因变量 TD				
	模型 1	模型 2	模型 3	模型 4	模型 5
常数	***	***	***	***	***
LNS	0.373**	0.465***	0.227*	0.575***	0.383**
	(3.59)	(3.59)	(1.772)	(5.213)	(2.644)
AGE	0.149***	0.210***	0.175***	0.128***	0.198***
	(6.258)	(5.038)	(7.449)	(5.466)	(4.736)
EM		1.752**			1.209*
		(2.762)			(1.857)
CI		11.462***			10.282***
		(8.389)			(6.014)
AI		7.707***			2.308
		(2.631)			(0.746)
TR			1.751***		1.750***
			(5.595)		(5.347)

续表

	因变量 TD				
	模型 1	模型 2	模型 3	模型 4	模型 5
VAD			-0.722**		-0.499**
			(-2.804)		(-1.839)
RDI			-0.839		-0.314
			(-0.992)		(-0.413)
ROA			2.902***		1.968**
			(3.88)		(2.349)
DR				0.732*	0.694*
				(1.721)	(1.669)
CR				0.117**	0.119*
				(2.058)	(1.838)
R^2	0.727	0.727	0.759	0.724	0.726
调整后 R^2	0.674	0.672	0.71	0.669	0.667
N	659	659	659	659	659
F 值	13.7	13.293	15.524	13.233	11.374
Hausman test	11.413***	49.361***	14.404**	11.365**	45.114***

注：表中所列为标准化回归系数，括号内为该系数的 t 检验值。*** 表示 $p<0.001$，** 表示 $p<0.05$，* 表示 $p<0.1$

在表 8.4 中，模型 1 是基本模型，仅包含控制变量。采用仅包含控制变量的模型是为了更好地与其他模型进行对比，从而更有效地说明技术范围及其影响因素间的关系。模型 1 表明了公司成立时间和公司规模显著地影响了企业的技术范围决策。企业的历史越悠久、规模越大可使企业技术范围扩大到不同的技术领域。

在假设 1 中，本书提出外部环境将影响到企业技术范围决策。在模型 2 中，加入了测度外部环境影响的指标。结果表明，环境包容性的回归系数为 8.63E-05，且在 $p<0.05$ 的条件下统计显著；产业竞争强度的回归系数为 12.085 且在 $p<0.001$的条件下统计显著；产业吸引力的回归系数为 7.707 且在 $p<0.001$ 的条件下统计显著。这说明当企业在一个资源丰富并且具有较多技术机会的环境中更倾

向于采用技术多元化战略。因此,假设1-1,1-2,1-3得到支持。

在假设2中,本书认为技术范围决策受到技术关联度、垂直集成度、无形资产比和企业绩效的影响。结果表明,除了无形资产比之外,其他变量都非常显著。从表8.4中可以看出,模型3中技术关联度的回归系数为1.751且在 $p<0.001$ 的条件下统计显著;企业绩效对技术范围决策的影响也非常显著,回归系数为2.902。特别需要注意的是,垂直集成度的回归系数为-0.722且在 $p<0.001$ 的条件下统计显著。这说明,垂直集成度越高,企业越倾向于采用技术专业化战略。而无形资产比回归系数为-0.839但统计并不显著,这说明了企业在技术资产方面的积累并没有对企业技术范围选择产生影响。因此,仅有假设2-1,2-4得到支持。

在假设3中,本研究认为流动比率和债务比率等组织备用资源影响技术范围决策。在模型4中,债务比率的回归系数为0.732且在 $p<0.1$ 的条件下统计显著。流动比率的回归系数为0.117且在 $p<0.05$ 的条件下统计显著。因此,假设3-1,3-2得到支持。

在模型5中,综合考虑了影响技术范围选择的所有因素。结果表明,外部环境和组织备用资源的所有因素都存在显著影响,而企业运营状况中技术关联度和企业绩效影响显著,垂直集成度影响显著但存在负向关系。无形资产比没有显著影响。

8.1.5 结论

虽然技术多元化已经被许多学者关注,但具体哪些因素会影响到技术范围选择还缺乏深入研究。本节从外部环境、企业运营状况和组织备用资源三个不同角度探索分析了技术范围决策的影响因素,并实证分析了不同类型的影响因素对技术范围决策的影响。

从理论的角度来看,本节的研究证明了技术范围选择不依赖于任何单一因素,而是多种不同因素共同造成的结果。实证结果也清晰地表明外部环境、企业运营状况和组织备用资源对技术范围决策产生了显著影响。这为企业管理者提供了技术范围决策的理论依据。企业在进行技术范围选择时要综合考虑企业外部环境、采用的战略以及企业拥有的资源,这样才能获得高绩效的发展。

实证研究表明外部环境与技术多元化战略选择呈正向相关关系。这说明随着环境包容性的增加,企业应充分利用外部资源,多元化其技术能力并努力抓住市场机会。而产业竞争强度较高并且吸引力较强时,企业可通过技术多元化进入新的市场,增加企业收益。随着经济发展的全球化,国外企业已经全面参与到我国市场中,我国高技术企业正面临着越来越激烈的竞争环境。同时,高技术产业作为朝阳产业,其高利润率正越来越吸引其他企业的进入。因此,我国高技术企业采取技术多元化战略可能更有利于适应外部环境的变化。另外,组织备用资源与技术多元化战略选择呈正相关关系。无论是债务比率还是流动比率都显著地影响了技术范围的选择。因此,当企业拥有较高的备用资源时,技术多元化战略成为企业理想的选择。

在企业运营状况的各影响因素中,仅技术关联度和企业绩效与技术多元化存在正相关关系。需要特别注意的是,无形资产的增加与技术多元化不存在显著的关系。分析原因可能是无形资产的增加一方面可使企业多样化其技术能力从而选择技术多元化战略,另一方面也可使企业围绕某一核心技术展开技术研发,选择技术专业化战略,因此,两者间关系并不显著。另外,垂直集成度与技术范围呈现负相关关系。这表明,我国高技术企业在前向或后向一体化的过程中注重了技术上的一致性,并购相同或相似技术领域的企业成为企业的首选,使核心企业充分利用核心技术展开多元化活动。

综上所述,技术范围选择受到多种因素的影响,包括外部环境、企业运营状况和组织备用资源等。实证研究为企业技术范围选择提供了理论依据,丰富了技术多元化的理论体系。当然,本节的研究还存在许多不足之处,如利用专利技术计算企业技术关联程度。虽然实证研究中专利技术经常被用来测度技术创新产出、技术多元化以及技术关联程度,但企业中的技术创新并不是全部都申请专利。专利是高技术企业重要成果,选取高技术企业作为样本一定程度上避免了该类问题,但未来的研究应提出一个更系统和全面的方法来测度企业技术关联。

8.2 机构投资者持股与技术多元化关系的实证研究

8.2.1 引言

在政府“超常规发展机构投资者”的方针指引下，中国的机构投资者实现了飞跃式发展，对资本市场的稳定和发展发挥着越来越重要的作用。随着机构投资者持股比例的增加，中国机构投资者越来越多地积极参与上市公司的治理、创新以及战略发展以获取更高的收益并规避风险[331]。技术多元化战略是企业持续创新和经济增长的主要源泉[257]，那么，机构投资者如何影响企业的技术多元化战略？外部环境变得越来越复杂和难以预测，这将会对机构投资者与上市公司技术多元化战略之间产生怎样的影响？因此，研究机构投资者与技术多元化的关系可更好地引导机构投资者发挥积极作用并能更有效地促进企业的创新与发展。

技术多元化是一种重要的技术创新战略，能帮助企业有效应对创新复杂性和环境变化带来的风险，已经成为创新型企业必然的战略选择。文献研究表明，加大技术多元化程度可促进企业绩效的提升[251]。然而，技术多元化提高也就意味着企业加大研发投入，这与机构投资者的利益密切相连。目前，国内外文献直接对机构投资者持股与技术多元化两者关系的研究还十分缺乏，两者间关系的研究更多的间接体现在机构投资者持股与公司治理[332]、技术创新[333-334]等的关系研究中。在这些文献中，多数学者认为机构投资者积极参与公司战略制定，鼓励企业技术创新。如 Philippe Aghion(2009)发现机构投资者持股与企业技术创新存在正相关关系[335]。Jongtae Shin(2012)采用美国机械产业中的 128 家企业数据，利用向量自回归模型对机构投资者持股与技术关联的内生性关系展开研究，发现技术关联度提升能吸引机构投资者持股但机构投资者并未对技术关联产生影响。国内学者对机构投资持股与技术创新之间的关系也展开探索[333]。冯根福和温军(2008)利用中国 2005 ~ 2007 年 343 家上市公司数据对公司治理与技术创新的关系进行了分析，得出了机构持股比例越高，技术创新能力越强的结论[336]。温军和冯根福(2012)利用 2004 ~ 2009 年 923 家上市公司数据研究了机构持股、企业性质与企业创新的关系，得出机构投资者整体持股对全样本企业的专利申请有不显著的正效应，而对R&D投入则有显著的负效应[331]。

根据已有文献可知，机构投资者持股比例的增加有助于创新绩效的提升，然而技术创新产出的增加并不等于技术多元化程度提升。目前，现有文献对机构投资者持股与技术多元化两者关系的研究还较为鲜见。特别是中国的公司治理具有不同于英美等发达国家的鲜明特征，股权集中度较高，“一股独大”现象较为普遍，因此机构投资者参与公司治理以及影响企业技术创新战略发展受到诸多限制。因此，结合中国实际状况，本节从企业微观实证的角度分析中国机构投资者持股比例是否有助于技术多元化程度的提升。另外，机构投资者在影响企业技术多元化战略实施过程中会受到技术、外部环境变量的制约。如企业通过技术关联可产生协同效应，动态性强的环境加大企业风险等。基于已有文献，本节以中国高技术上市公司为样本，采用面板数据实证分析机构投资者持股比例与技术多元化两者间的关系以及技术关联、外部环境对两者间关系的调节作用，希望为现阶段中国企业技术创新实践提供参考。

8.2.2 理论分析与研究假设

8.2.2.1 机构投资者持股与技术多元化

现有的文献研究已经表明，技术多元化程度提升可使得产品创新能力更强，企业业务组合更加丰富，从而促进企业绩效。一方面，技术多元化可通过技术关联获得协同效应。Suzuki and Kodama（2004）分析了两个日本公司近30年来的专利、技术发展和销售额之间的关系。他们发现，在企业多种技术中存在明显的协同效应并产生竞争优势[257]。另一方面，技术多元化还能直接通过降低企业风险来减缓投资回报的波动性，进而提高企业的财务绩效和市场表现。而且，丰富的研发组合也能使企业免于固守某些技术，使企业更具战略灵活性。总之，技术多元化能有效整合不同技术领域的知识，使企业在日益激烈的竞争市场上获得持久性的竞争优势。

尽管技术多元化对提高企业绩效和增加股东财富具有重要的战略意义，但依然存在许多原因导致高层管理者并不优先选择技术多元化战略。首先，企业采用技术多元化战略实现协同效应依赖于企业高层管理者的长期的持续关注和管理[337]。如高层管理者要不断协调各业务单位间的相互依赖关系并且在作业计划、确定工作重点及解决问题等方面进行交流、集成以及协调等工作。因此，高层管理者必须从长期的视角进行组织或业务重构，这加大了高层管理者的管理负荷。其次，技术多元化战略将会使企业研发投入增加并给企业带来风险[334]。根据代理理论，高层管理者为了最大化自身财富，将有强烈的动机来降低企业风险。特别是某些高层管理者将采取降低风险的战略代替能增加公司价值如增加研发投入、实施技术多元化的战略等等[228]。与之相反，由于股东可通过多元化自身的股票组合抵御风险，因而更愿意企业实施有一定风险但能最大化公司价值的战略[338]。

目前，机构投资者对高层管理者的战略决策影响存在两种不同的观点：机构短视论和机构积极主义论。持有机构短视论的学者认为，机构投资者是从短期投资的视角来评价公司战略，而且机构投资基金经理更愿意用企业目前的财务收益评价指标来进行股票交易[339]。因此，按照这种观点，机构投资者将不希望高层管理者实施长期的能增加公司价值的战略。相反，持有机构积极主义论的学者认为，机构投资者是从长期投资的视角来评价公司战略，短期的买卖策略不可能增加机构投资者的回报，因为大量的股票抛售将会降低股票价格而且在股票市场上也很难找到更好的投资选择[340]。因此，机构投资者将通过促进企业采取增加公司价值的策略如技术多元化或增加研发投入等等实现自身目的。机构积极主义的观点得到了更多的实证研究的支持[341-342]。例如，David, Hitt and Gimeno(2001)认为，机构投资者根本不需要减少新产品研发的比例，相反，增加了研发投入[342]。如果机构积极主义论的观点是正确的，机构投资者则支持企业实施技术多元化战略，因为从长期来看技术多元化可提高公司价值，股东可获得更高的收益。因而，提出以下假设：

H1：机构投资者持股比例越高，企业技术多元化程度越高。

8.2.2.2　技术关联的调节效应

当技术组合中各项技术共享了部分技术知识或具有相似的研究基础时就认为该技术组合内部相互关联。企业实施技术多元化战略过程中，利用现有的技术来探索新的技术是技术创新的重要途径，因而企业的各项技术领域之间必然存在技术关联。在技术多元化企业中，各项技术领域间的技术关联可有效实现潜在的协同效应,从而使企业获得更好的绩效[282]。另外,技术关联使企业的技术吸收能力大大增强[259]。因此,技术关联产生的效应可使企业的研发投入更加有效,研发人员可更便利地交流思想。为充分利用技术关联带来的优势,机构投资者必然倾向于强调技术间的关联性。然而,过高的技术关联将形成固定的技术路径,使企业无法接触到新的技术知识,从而会抑制技术多元化程度的提升。因此,提出以下假设:

H2:技术关联负向调节机构投资者持股比例对技术多元化程度的影响。

8.2.2.3 外部环境的调节作用

技术创新的发展不仅受到技术相关因素的影响同时还受外部环境的制约,因而在技术创新研究领域,外部环境一直是国内外学者关注的权变因素。如马文聪(2011)以广东省399家企业为研究对象,探讨了环境动态性对工艺创新和产品创新与市场绩效关系的调节作用。结果表明,环境动态性对工艺创新与市场绩效间关系、产品创新与市场绩效间关系均有显著的调节作用[254]。面对不断变化的外部环境,企业在生产、营销、技术等方面的决策也将会产生巨大的差异。如实证研究表明,在动态性较强的环境中,技术多元化可有助于缓解外部环境带来的风险。因此,机构投资者影响技术多元化战略时必然考虑外部环境因素。在组织科学领域,大量学者应用Dess提出的环境包容性、环境动态性和环境复杂性三个维度来体现环境变化。而环境包容性与环境动态性是影响技术多元化的重要的环境变量,因此,本节实证研究环境包容性与环境动态性对机构投资者持股比例和技术多元化两者关系的调节效应。

环境的包容性是指在企业经营环境中企业所需资源的充裕程度以及企业获得这些资源的难易程度[325]。环境的包容性强,企业可以较为容易地从外界取得所需资源,而环境的包容性较弱时,企业很难从外界取得所需资源,即使能够获得也需要付出较高的成本[343]。假设2提出技术关联负向调节机构投资者持股比例和技术多元化程度间的关系。因此,当外部环境包容性较强时,机构投资者更倾向于利用资源加大技术间的关联程度,从而又加大了技术关联的负向调节效应。环境动态性是指组织环境的不可预测的环境变化程度。当外部环境动态性较高时,如行业中消费者偏好或需求变化、技术的改进等,这使得企业的产品或技术很容易被淘汰。因此,外部环境较为动荡时,行业中技术带来的不确定性和风险加大。这一方面会抑制企业的技术多元化的开展;另一方面环境变化快使得原有产品或技术还未获得收益就展开新的创新,迫使企业不得不加大技术关联来降低成本和风险并加快创新速度[254]。根据以上分析,提出以下假设:

H3:环境包容性加大技术关联对机构投资者持股与技术多元化两者间关系的负向调节效应。

H4:环境动态性加大技术关联对机构投资者持股与技术多元化两者间关系的负向调节效应。

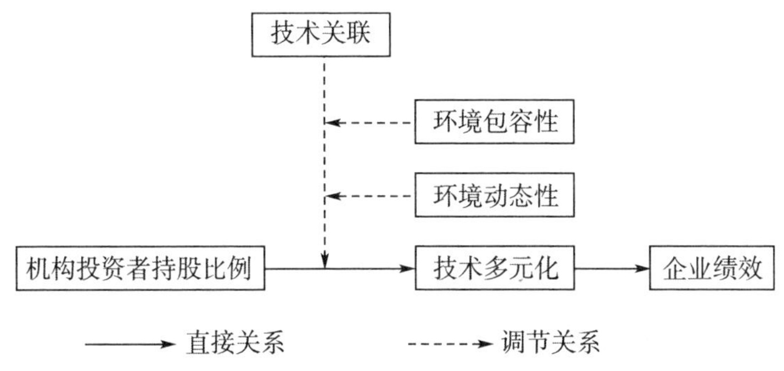

图 8.2　假设框架图

为便于理解各变量间的关系,本书提出了相关假设的框架图进行说明,见图 8.2。

8.2.3　研究设计

8.2.3.1　样本选取

见 5.2.1 样本选取。

8.2.3.2　变量测度

1. 解释变量

(1)机构投资者持股比例

本节的解释变量为机构投资者持股比例。本节采用上市公司前十大股东中的机构投资者的持股状况来代表该上市公司中机构投资者持股的整体情况。这是因为只有进入前十的机构投资者才有能力和动力去监督和影响管理层。因此,机构投资者持股比例是指前十大股东中的机构投资者持股比例的总和。需要特别指出的是,本书采用狭义机构投资者的界定,即仅选取证券投资基金、证券公司和社保基金等金融中介机构的持股额作为机构投资者持股额。

(2)技术关联

企业专利一般包括一个或几个国际专利分类代码,代码的每个数字都代表特定的技术功能或应用。因此,一种专利技术与其他专利技术之间有关系,最明显的特点即是一件专利申请说明书可能有一个以上的国际专利分类代码。通过专利说明书的主分类和副分类之间的关系即可确定两技术领域之间的关系。计算公式如下:

$$TR_{ij} = \sqrt{\frac{p^2 + q^2}{2}}, p = u_i a, q = v_j b \qquad (8-7)$$

那么,企业所有技术领域间技术关联度为:

$$TR = \sum_{i}^{N-1} \sum_{j=i+1}^{N} TR_{ij} \qquad (8-8)$$

其中, a 表示 IPC 分类中以某个技术领域 i 为主分类的企业专利申请中以技术领域 j 为副分类的比率, b 表示以 IPC 分类中某个技术领域 j 为主分类的企业专利申请中以技术领域 i 为副分类的比率, u_i 表示在以技术领域 i 为主分类同时以技术领域 j 为副分类的专利数占企业所有关联专利数的比重, v_i 表示在技术领域 j 为主分类同时以技术领域 i 为副分类的专利数占企业所有关联专利数的比重。

(3)环境包容性与环境动态性

Dess 和 Beard(1984)全面研究了环境的多种维度,采用因子分析法对环境的维度进行了分析并将环境维度精简为三个,即环境的包容性、环境的动态性和环境的复杂性[255],提出了利用产业数据测度环境的方法。目前,该方法已经成为测度环境的最佳实用方法,被广泛应用于战略、组织等相关文献中[344]。该方法是利用产业销售收入对时间进行回归,得到相对于时间的回归系数,利用该系数除以行业平均值,得到环境包容性。环境动态性也是利用了计算环境包容性同样的回归模型,利用产业销售收入对时间进行回归,得到相对于时间哑变量的标准差,利用该项标准差除以行业平均值。本节即是采用该方法计算得到环境包容性和动态性。

2. 控制变量

由于机构投资者持股比例对技术多元化程度的影响还取决于整体效应,根据已有的研究成果,许多因素如企业盈利能力、组织备用资源的丰裕程度、外部环境等因素对技术多元化程度均有影响。Mishina(2004)就指出,一定量的组织备用资源可使企业重新配置资源、形成新的技术能力、转换到新的市场,同时还可缓冲环境的影响和增强组织效率[329]。Chiu(2010)提出盈利能力增强时企业倾向于业务多元化发展,也就需要更多的技术能力,因而技术多元化程度会提高[251]。另外,产业环境尤其是产业竞争强度也是影响技术多元化的重要变量。产业竞争强度的测度是采用产业平均销售费用占销售收入的比重获得。因此,本研究采用资产负债率 ZF、净资产收益率 ROE 以及产业竞争强度 CJ 作为实证分析时的控制变量。

3. 被解释变量

本节的被解释变量为技术多元化。技术多元化的测度是根据已有文献研究提出的方法[251],通过计算企业专利技术在不同技术领域的赫芬达尔指数获得。该项指标测度了企业各项专利在各技术领域的分布广度。其计算公式如下:

$$TD = 1/(\sum_i (N_i/N)^2) \quad (8-9)$$

其中,N_i 表示某企业的专利技术中隶属于技术领域 i 的专利数。$N = \sum_i N_i$,表示企业的所有专利技术数量。$\sum_i (N_i/N)^2$ 测度了企业专利在各技术领域的集中程度。如果企业仅在一个技术领域拥有专利技术,那么 $\sum_i (N_i/N)^2$ 取值为 1。若企业专利技术分散在大量的技术领域,那么 $\sum_i (N_i/N)^2$ 取值将接近零。技术多元化程度 TD 是利用了 $\sum_i (N_i/N)^2$ 的倒数进行测度,数值越大表明技术多元化程度越高。反之,数值越小表明技术多元化程度越低。

8.2.3.3 研究方法

本书采用面板数据来考察机构投资者持股比例与技术多元化之间的关系并从实证研究技术关联以及外部环境对两者间的调节作用。相对于横截面数据而言,面板数据能够极大地增加样本观测值,更加准确地找到事物发展的规律。机构投资者持股比例与技术多元化之间的关系以及技术关联与外部环境的调节作用的实证分析是利用 stata12.0 完成。

8.2.4 实证分析

8.2.4.1 构建模型

根据上述分析,本书构造了多元回归分析模型来检验变量间的相互关系。模型建立如下:

$$TD = \alpha + \beta_1 jgtz_{it} + \beta Control\ var\ iables + \varepsilon_{it} \quad (8-10)$$

$$TD = \alpha + \beta_1 jgtz_{it} + \beta_2 tr_{it} + \beta_3 jgtz_{it} tr_{it} + \beta Control\ var\ iables + \varepsilon_{it} \quad (8-11)$$

$$TD = \alpha + \beta_1 jgtz_{it} + \beta_2 tr_{it} + \beta_3 ed_{it} tr_{it} + \beta_4 ed_{it} tr_{it} jgtz_{it} + \beta Control\ var\ iables + \varepsilon_{it} \quad (8-12)$$

$$TD = \alpha + \beta_1 jgtz_{it} + \beta_2 tr_{it} + \beta_3 em_{it} tr_{it} + \beta_4 em_{it} tr_{it} jgtz_{it} + \beta Control\ var\ iables + \varepsilon_{it} \quad (8-13)$$

其中, TD_{it} 表示第 i 个企业第 t 年的技术多元化程度, $jgtz_{it}$ 表示第 i 个企业第 t 年的机构投资持股比例, tr_{it} 表示第 i 个企业第 t 年的技术关联程度, $jgtz_{it}tr_{it}$ 表示第 i 个企业第 t 年的机构投资持股比例与技术关联的乘积, $ed_{it}tr_{it}$ 表示第 i 个企业第 t 年的环境动态性与技术关联的乘积, $ed_{it}tr_{it}jgtz_{it}$ 表示第 i 个企业第 t 年的环境动态性、技术关联与机构投资者持股比例的乘积, $em_{it}tr_{it}$ 表示第 i 个企业第 t 年的环境包容性与技术关联的乘积, $em_{it}tr_{it}jgtz_{it}$ 表示第 i 个企业第 t 年的环境包容性、技术关联与机构投资者持股比例的乘积。

8.2.4.2 结果分析

机构投资者与技术多元化两者间关系以及技术关联与外部环境对两者的调节效应的多元回归分析结果见表 8.5。通过 F 检验和 Hausman 检验,所有模型均采用固定效应模型。

表 8.5 面板固定效应回归分析结果

	因变量 TD				
	模型 1	模型 2	模型 3	模型 4	模型 5
常数	***	***	***	***	***

续表

	因变量 TD				
	模型 1	模型 2	模型 3	模型 4	模型 5
ROE	1.660***	1.550***	1.987***	1.252***	1.252***
	(4.409)	(4.078)	(6.201)	(3.225)	(3.223)
ZF	1.151***	1.120***	1.049**	1.143**	1.140**
	(2.757)	(2.693)	(2.478)	(2.572)	(2.566)
CJ	9.141***	9.149***	10.305***	7.936***	7.930***
	(7.052)	(6.757)	(8.468)	(4.659)	(4.656)
JGTZ		1.082*	4.848***	1.556*	1.550*
		(1.773)	(5.391)	(1.697)	(1.690)
TR			3.037***	3.570***	3.576***
			(8.578)	(8.754)	(8.762)
JGTZTR			-12.455***		
			(-4.285)		
EDTR				-2.777***	
				(-4.026)	
EDTRJGTZ				-7.427*	
				(-1.624)	
EMTR					-6.124***
					(-4.034)
EMTRJGTZ					-16.281*
					(-1.617)
R^2	0.647	0.636	0.723	0.662	0.662
调整后 R^2	0.578	0.565	0.666	0.592	0.592
N	658	658	658	658	658
F 值	9.342	8.898	12.727	9.511	9.519
Hausman test	41.209***	46.025***	47.661***	44.801***	44.838***

注：表中所列为标准化回归系数，括号内为该系数的 t 检验值。***表示 $p<0.001$，**表示 $p<0.05$，*表示 $p<0.1$

在表 8.5 中,模型 1 是基本模型,仅包含控制变量。采用仅包含控制变量的模型是为了更好地与其他模型进行对比,从而更有效地说明机构投资者与技术多元化两者间的关系。从模型 1 的回归结果可看出,所有的控制变量都显著地影响了技术多元化程度。模型 2 是在基本模型的基础上加入了机构投资者持股比例指标,结果显示,回归系数为 1.082 且在 $p<0.1$ 的条件下统计显著。这表明,机构投资者持股比例对技术多元化程度有正向的影响,即机构投资者倾向于加大技术多元化程度。假设 1 认为机构投资者持股比例越高,企业技术多元化程度越高。根据模型 2 的回归结果可知假设 1 成立。

假设 2 提出技术关联负向调节机构投资者持股比例对技术多元化程度的影响。根据表 2 实证结果可知,机构投资者持股比例与技术关联的乘积对技术多元化产生了显著的影响。在模型 3 中,JGTZTR 的回归系数为 -12.455,且在 $p<0.001$ 的条件下统计显著。这表明,技术关联非常显著地负向调节机构投资者持股比例对技术多元化程度的影响,假设 2 成立。

假设 3 认为环境包容性会加大技术关联对机构投资者持股与技术多元化两者间关系的负向调节效应。实证结果显示,环境包容性、技术关联与机构投资者持股比例交互乘积系数为负,且对技术多元化产生了显著的影响。在模型 5 中,EMTRJGTZ 的回归系数为 -16.281,且在 $p<0.1$ 的条件下统计显著。这表明,环境包容性也加大了技术关联对机构投资者与技术多元化两者间关系的负向调节作用,假设 3 成立。

假设 4 认为环境动态性加大技术关联对机构投资者持股与技术多元化两者间关系的负向调节效应。实证结果显示,环境动态性、技术关联与机构投资者持股比例交互乘积系数为负,且对技术多元化产生了显著的影响。在模型 4 中,EDTRJGTZ 的回归系数为 -7.427,且在 $p<0.1$ 的条件下统计显著。这表明,环境动态性加大了技术关联对机构投资者与技术多元化两者间关系的负向调节作用,假设 4 成立。

8.2.4.3 内生性检验

根据上文研究,机构投资者参与上市公司技术创新战略制定使得技术多元化程度增大,而技术多元化程度的增大反过来可能进一步吸引机构投资者持股,因此,机构投资者持股有可能是一个内生变量。本研究通过 Hausman 检验方法来发现模型的内生变量问题。本研究把机构投资者持股比例作为内生变量，采用 Campa 和 Kedia（2002）的工具变量法和两阶段最小二乘估计来对机构投资持股比例与技术多元化程度关系进行重新估计[345]。参考已有关于处理内生性问题的文献如 Larker 和 Rusticus（2010），选择“上市公司股东数目的自然对数 LNGDS”和“企业股票的年平均换手率 HSL”作为工具变量进行两阶段回归[346]。其步骤如下：

第一阶段，根据下式进行回归：

$$JGTZ_{it} = \alpha + \beta_1 \ln gds_{it} + \beta_2 hsl + Control\ \mathrm{var}\ iables + \varepsilon_{it} \quad (8-14)$$

根据回归结果，可得到机构投资者持股比例拟合值即 $JGTZFIT$ 值。

第二阶段，将机构投资者持股比例拟合值代入以下模型：

$$TD = \alpha + \beta_1 jgtz_{it} + Control\ \mathrm{var}\ iables + \varepsilon_{it} \quad (8-15)$$

对于两阶段回归来说，选取的工具变量必须与残差无关，而与机构投资持股比例高度相关。同时，技术多元化指标必须独立于可能影响机构投资持股比例的企业特征。因此，第二阶段的回归结果就代表了控制内生性之后的机构投资者持股比例对技术多元化的影响。Staiger 和 Stock（1997）指出，应用两阶段最小二乘方法时应该报告第一阶段的 F 统计值。若要判定工具变量和内生变量之间的相关性可以保证两阶段最小二乘方法的合理进行，该统计值通常应该大于 10。因此在报告两阶段最小二乘的结果之前，先报告第一阶段的回归结果。

表 8.6　　两阶段最小二乘第一阶段回归结果

变　量	第一阶段回归		JGTZ
工具变量	系数	t 值	显著性
LNGDS	-0.0258	-5.57	0.000
HSL	-3.36e-06	-2.57	0.000
JGTZ			
控制变量	系数	t 值	显著性
ROE	0.191	5.05	0.000
ZF	-0.0147	-0.57	0.572
CJ	0.235	2.80	0.005

Shea Partial $R^2=0.161$， $F=22.15$， $P=0.000$

过度识别统计量 Sargan Chi2 = 2.197， P = 0.138　Basmann Chi2 = 2.182 P = 0.139

Durbin – Wu – Hausman 内生性检验　F = 13.66 P = 0.0085

表 8.6 的结果表明，工具变量的选择是合适的。首先从工具变量的解释力来说，Shea Partial R^2 的数值很高，达到 0.161，F 值为 22.15，可以拒绝"工具变量没有解释力"的原假设。同时，过度识别检验显示，至少有一个工具变量是有效的。最后，Durbin – Wu – Hausman 检验的结果显示机构投资者持股比例与技术多元化之间存在内生性问题。

表 8.7　　两阶段最小二乘回归结果

因变量 TD			
变　量	系　数	t 值	显著性
JGTZ	1.175	3.353	0.000
ROE	1.655	4.413	0.000
ZF	1.341	3.181	0.001
CJ	8.447	6.247	0.000
R^2	0.649		
调整后 R^2	0.579		
F 值	9.334		

两阶段最小二乘法的第二阶段回归结果如表 8.7 所示。此时，JGTZ 的回归系数由原来的 1.082 提高到了 1.175，这表明机构投资者持股比例对技术多元化产生的影响在控制了内生性因素之后增加了。

8.2.5　结论与启示

本节以 2005 ~ 2011 年 107 家中国高技术上市公司为样本，考察了机构投资者持股与技术多元化之间的关系以及技术关联、外部环境对两者间的调节效应。采用面板数据模型，利用多元回归的方法对所提出的研究假设进行了实证检验，同时为控制解释变量内生性的影响进行了内生性检验，得出了以下结论：

第一，机构投资者持股可显著地促进企业技术多元化，表明机构投资者已经积极参与企业技术创新，有利于技术多元化程度的提高。现阶段，中国企业技术多元化程度还不高，因而进一步加大机构投资者持股比例，特别是从外部引进国外机构投资者，对提升企业绩效具有重要价值。另外，成熟的机构投资者的进入不仅能够给中国证券市场带来增量资金,而且以其成熟的投资理念影响中国投资者的投资行为,能够更好地促进中国企业的技术创新发展。

第二,机构投资者重视通过技术关联获取协同效应从而提升绩效,然而过高的技术关联锁定技术创新路径产生不利影响。本节的研究发现技术关联负向调节机构投资者持股与技术多元化间的关系,证明了机构投资者仅注意到技术关联带来的协同优势而忽视了过高的技术关联的负面效应。因此,中国高技术企业不能盲目提升技术关联度,应更多地关注突破性创新才能更好地促进技术多元化的发展。

第三,环境包容性和环境动态性加大了技术关联对机构投资者持股与技术多元化间的负向调节效应。这表明,在包容性和动态性较强的环境中机构投资者更倾向于加大技术间关联程度,从而加深了技术关联对机构投资者持股与技术多元化两者间关系的负向作用。随着经济发展的全球化,中国高技术企业面临的外部环境呈现了包容性增强且竞争越来越激烈的特点。根据本节的实证研究结果,中国高技术企业应适当提高机构投资者比重,进一步提高技术多元化程度才是应对环境变化的最佳途径。

8.3　本章小结

本章首先在回顾相关文献的基础上,分析了影响企业技术范围选择的因素,提出了其概念模型。采用中国高技术上市公司面板数据,从企业外部环境、运营状况以及组织备用资源的角度实证分析技术范围与各影响因素的关系。结果发现,企业环境与组织备用资源显著的影响了技术范围选择,而企业运营状况因素中仅部分指标得到支持。

其次,本章探讨了机构投资者行为对企业技术创新的影响。近几年来,机构投资者在中国资本市场发挥越来越重要的作用,其行为必将会影响公司技术创新战略。本书实证研究机构投资者持股比例与技术多元化的关系,并分析技术关联和环境包容性以及动态性对机构投资者持股比例与技术多元化关系的调节作用。结果表明,机构投资者持股比例与技术多元化之间存在正相关关系。该结论在控制了机构投资者持股变量内生性因素之后仍旧稳健。

最后,本书又进一步研究发现技术关联负向调节机构投资者持股比例对技术多元化程度的影响。环境包容性和环境动态性加大了技术关联对机构投资者持股与技术多元化两者间关系的负向调节效应。实证结果也得出中国机构投资者在参与上市公司技术创新发展方面发挥了重要作用,但企业也应当注意机构投资者盲目追求技术关联带来的不利影响。

第九章 多元化企业业务协同度测度及提升路径

实现各业务间的协同效应一直是多元化企业不断努力的目标，Kanter 就曾指出多元化企业存在的唯一理由就是获取协同效应[347]。目前，多数学者是从业务相关性的角度分析业务协同，试图通过业务组合实现范围经济。然而，业务相关性仅是体现了潜在的协同效应而非真正实现的协同，因此，在多业务企业中各项业务协同程度如何，是否得到了协同发展就需要进一步的研究和探讨。判定业务间协同发展状况仅是了解企业业务协同现状，并没有给出提高协同状况的有效方法和手段，因而深入研究影响协同状况的各因素才能更好地提出提高协同状况的策略。本章首先分析了业务相关与协同的关系后，然后提出了直接度量业务协同状况的方法并进行了实证检验，之后采用面板数据因子分析方法识别影响业务协同的公因子，为识别业务协同状况的有效途径提供了方法。最后，本章提出了计算业务协同度的模型，并以高技术企业为例，计算了我国高技术企业的业务协同度并提出了提高协同度的路径。

9.1 多业务企业业务协同状况度量

9.1.1 多业务企业业务协同相关研究

业务协同是指通过利用原本独立的业务之间的相关性来创造和获取价值[96]。业务协同可以通过业务层面的活动共享来最大限度地发挥协同效应，获得范围经济、规模经济和市场影响力，从而提升企业绩效[234]，因此许多产业中企业例如金融业、通信设备业、化工业等都积极地追求实现业务间协同发展。然而,大量的多元化企业在实现业务协同的过程中未能获得协同收益。例如,美国IBM公司PC机业务的出售,中国海尔的电脑、手机业务的放弃。这表明,多元化企业在业务协同过程中依然存在许多有待深入研究的问题。例如,企业业务协同发展状况如何?企业在哪些方面阻碍了企业业务的协同发展?等等。

战略管理学者对业务协同的研究大多是间接地体现在多元化与绩效[151]、多元化与企业价值[243]等战略管理文献中。在对企业业务协同程度的度量研究方面,多数学者利用不同产品或业务间的关联代替协同,即两种产品或业务在价值链各个环节上共享资源或存在相似活动时获得协同效应[348]。然而,利用业务间关联代替协同还存在很多问题。首先,在度量业务间关联度时大多采用基于SIC(Standard Industrial Classification)的方法进行度量。基于SIC的方法对业务间关联的测度非常狭窄,仅仅是价值链上的一个环节,基本上完全忽视了纵向关联[349]。其次,业务间的关联与协同并不是等价的,关联是协同的必要条件而非充分条件。根据产品或业务自身属性特点来确定业务间关联度的方法仅仅是体现了业务间存在潜在的范围经济[187],即多元化企业业务具有共享资源的潜力,还不是范围经济的实现。最后,业务间潜在的业务相关并不是实际的业务相关。尽管研究者认为,潜在的相关性能自动地转变为实际的相关性,但实践中存在许多的困难会妨碍潜在的相关性转化为实际的相关性[58]。基于此,本节试图直接建立多业务企业业务协同度量模型,对多项业务协同状况进行分析,为进一步提高业务协同状况提供依据。

9.1.2 多业务企业业务协同度量方法

9.1.2.1 业务协同指标

首先依据中心度指标计算方法提出度量业务间协同性的指标,具体计算公式如下:

$$ConI = \sum_{i=1}^{n-1}\sum_{j=i+1}^{n} f_i f_j s_{ij} \tag{9-1}$$

在公式(9-1)中,f_i 与 f_j 表示该项业务的固定资产在整体固定资产中所占的比重,s_{ij} 表示业务 i 与 j 的协同系数。

9.1.2.2 业务协同测度方法

企业在运营初期,假设投入固定资产 F,其市场价值为 M,此时 $F = M$。当企业开始运营后,盈利能力增强,则市场价值升高,此时升高的部分可看作为企业协同发展的收益。其理论依据是托宾 Q 值的计算。托宾 Q 值是利用股票市场对企业资产价值与生产这些资产的成本的比值进行估算。如果 Q 值高,那么企业的市场价值要高于资本的重置成本。这表明,企业各业务协同发展,市场对企业未来的获利能力预期较好。因此,企业在运营过程中,固定资产的市场价值的提升可近似地看作为各业务协同发展产生的收益。当然,影响市场价值的因素还有很多,此处仅关注多元化业务协同对市场价值的影响。之后的实证过程再考虑无形资产、盈利能力等影响企业市场价值的因素。首先,假设企业在两个产业 i 和 j 内运作,可以得出:

$$M = F + F(\frac{F_i}{F})(\frac{F_j}{F})S_{ij} \tag{9-2}$$

在公式(9 -2)中, M 表示市场价值, F 表示总固定资产, F_i 与 F_j 表示该项业务的固定资产, S_{ij} 表示业务 i 与 j 的协同系数。

根据以上思路,若企业在 N 个产业内运作,其市场价值可以表示为:

$$M = F + F\sum_{i=1}^{N-1}\sum_{j=i+1}^{N}(\frac{F_i}{F})(\frac{F_j}{F})S_{ij} = F[1 + \sum_{i=1}^{N-1}\sum_{j=i+1}^{N}(\frac{F_i}{F})(\frac{F_j}{F})S_{ij}] = F(1 + ConI) \tag{9-3}$$

根据公式(9 -3)对两端同时取对数,采用多元回归的方法,可以得到 f_if_j 的回归系数 S_{ij} ,若 $S_{ij} > 0$ 且回归系数显著则认为企业的两项业务协同,若 $S_{ij} < 0$ 且回归系数显著则认为两项业务负协同,若回归系数不显著则表明两项业务没有协同发展。

9.1.3　多业务协同状况度量

9.1.3.1　样本选择及数据来源

本节选择了中国化学原料及化学制品制造业上市公司作为研究样本,化学原料及化学制品制造业在深市和沪市上市公司总共有 78 家。为使结论真实可靠,本节在样本选择中尽量排除相关因素对数据的影响,因此在对样本选择时考虑以下几点:(1)选取仅发行 A 股的企业,避免 B 股或 H 股之间的差异。(2)剔除 ST 或 * ST 的企业。(3)剔除年报中"主营业务分行业、分产品经营情况"的披露没有按照"上市公司行业分类指引"标准进行分行业情况披露的企业。(4)由于本节对业务间关联的研究是以 3 位 SIC 码行业作为基本单位,因此剔除仅在一个 3 位 SIC 码行业内经营的企业。筛选后的研究样本包括了 47 家上市公司,选取样本企业的 2001 ~2009 年面板数据进行分析。

选择化学原料及化学制品制造业作为研究样本是因为化学原料及化学制品制造业上市公司在多元化战略实施过程中基本都选择了在化学原料及化学制品制造业内进行。企业各项业务属于同样 2 位数 SIC 码产业,其中包括 8 个 3 位数 SIC 码的产业,业务之间关联度非常高,便于分析关联与协同之间的关系。

研究变量的数据来源于中国证券监督管理委员会网站、巨潮资讯网等媒体披露的上市公司年报以及国泰安数据库。

9.1.3.2 企业业务协同测度及分析

1. 业务协同测度理论模型

企业的市场价值不仅来源于固定资产和各业务间协同带来的收益,与无形资产以及企业的产品或业务盈利能力都显著相关。企业无形资产越大,表明企业具有较强的创新能力和声誉,具备了较强的发展能力,因而其市场价值会越大。企业现有的产品或业务盈利能力越强,表明企业运行状况良好,未来获利能力越强,市场价值越高。因此,考虑以上因素的影响,可以将公式(9 -3)修改为:

$$M = F[1 + \beta_2(\frac{IS}{F}) + \beta_3 GR + \sum_{i=1}^{N-1}\sum_{j=i+1}^{N}(\frac{F_i}{F})(\frac{F_j}{F})S_{ij}] \quad (9-4)$$

在公式(9 -4)两边分别取自然对数,利用当 x 非常小时,可以近似地认为 $x = \log(1 + x)$,可得公式(9 -5)。①

$$Ln(M) = \alpha + \beta_1 \ln F + \beta_2(\frac{IS}{F}) + \beta_3 GR + \sum_{i=1}^{N-1}\sum_{j=i+1}^{N}(\frac{F_i}{F})(\frac{F_j}{F})S_{ij} + \varepsilon_i \quad (9-5)$$

其中, M 表示市场价值, F 表示固定资产, IS 表示无形资产, GR 表示销售净利率, $\frac{F_i}{F}$ 与 $\frac{F_j}{F}$ 表示该项业务的固定资产在整体固定资产中所占的比重, S_{ij} 表示业务 i 与 j 的协同系数。

2. 业务协同测度分析方法

本节采用面板数据来考察业务间协同与企业市场价值之间的关系,通过对

① 详细的方法或步骤可参见:Montgomery C A, B Wernerfelt. Diversification, Ricardian Rents, and Tobin's q[J]. Rand J. *Economics*, 1988, 19: 623 -632

业务间协同的回归系数的判断，实证检验业务间关联程度较高的中国化学原料与化学制品制造业是否协同发展。业务间协同与企业市场价值之间的关系实证是利用 Eviews6.0 完成。

3. 结果分析

根据企业业务的不同，将样本企业分为两类，第一类是核心业务和非核心业务都属于化学原料与化学制品制造业，即都属于相同的两码 SIC 行业；第二类是核心业务属于化学原料与化学制品制造业，而非核心业务属于其他行业。

当样本类别是第一类时，根据豪斯曼检验选择模型 1 选择固定效应模型（见表 9.1）。对第二类样本也进行豪斯曼检验，结果表明模型 2 适合采用固定效应模型（见表 9.2）。

表 9.1　　第一类样本的豪斯曼检验结果

	Chi-Sq. Statistic	Chi-Sq. d. f.	Prob.
Cross-section random	15.3467	4	0.0040

表 9.2　　第二类样本的豪斯曼检验结果

	Chi-Sq. Statistic	Chi-Sq. d. f.	Prob.
Cross-section random	11.2832	4	0.0236

针对第一类样本，为进一步分析样本企业在 2001～2009 年期间各业务协同状况，本节将整个时间跨度划分为两个时间段进行详细分析。第一阶段为 2001～2006 年期间，根据豪斯曼检验模型选择固定效应模型（见表 9.3）。第二阶段为 2007～2009 年期间，根据豪斯曼检验选择随机效应模型（见表 9.4）。

表 9.3　　2001～2006 年第一类样本的豪斯曼检验结果

	Chi-Sq. Statistic	Chi-Sq. d. f.	Prob.
Cross-section random	13.3994	4	0.0095

表 9.4　　2007～2009 年第一类样本的豪斯曼检验结果

	Chi-Sq. Statistic	Chi-Sq. d. f.	Prob.
Cross-section random	7.5156	4	0.1110

表 9.5　　多元回归分析结果

	因变量市场价值 M			
	模型 1 2001 ~ 2006(chem)	模型 2 2007 ~ 2009(chem)	模型 3 2001 ~ 2009(chem)	模型 4 2001 ~ 2009(other)
常数	***	***	***	***
	(10.886)	(7.217)	(5.220)	(4.557)
LNF	0.393***	0.672***	0.823***	0.779***
	(6.609)	(12.794)	(19.192)	(12.779)
IS/F	-0.266	0.946***	1.014***	0.466*
	(-1.162)	(3.010)	(7.019)	(1.848)
GR	1.177***	1.103***	1.024***	1.101***
	(3.177)	(4.614)	(17.225)	(7.481)
S_{ij}	0.889**	-0.166	0.793**	0.129
	(1.990)	(-0.372)	(2.235)	(0.454)
R^2	0.867	0.637	0.905	0.842
调整后 R^2	0.825	0.623	0.888	0.809
N	162	108	270	110
Hausman test	15.347***	11.283**	13.399***	7.516

注：表中所列为标准化回归系数，括号内为该系数的 t 检验值。*** 表示 $p<0.01$，** 表示 $p<0.05$，* 表示 $p<0.1$

Chem 表示核心产业与非核心产业均在化学原料及化学制品制造业内；other 表示核心产业是化学原料及化学制品制造业而非核心产业是其他产业

根据表 9.5 的多元回归分析结果，在模型 3 中，核心业务和非核心业务都属于化学原料与化学制品制造业，其中所有的变量对企业市场价值都产生了显著的影响。特别是协同系数为 0.793，且在 $p<0.05$ 的条件下统计显著，表明化学原料与化学制品制造业核心业务与非核心业务协同发展。在模型 4 中，核心业务属于化学原料与化学制品制造业，而非核心业务属于其他行业，该类企业的协同系数为 0.129，但统计不显著，表明在 2001 ~ 2009 年样本企业并没有协同发展。分析两类样本的业务间关联程度可以看出，由于第一类样本都属于两码 SIC 行业，样本业务间关联非常高。第二类样本中的企业业务不在相同的两码

行业,关联程度较低。从整体来看,第一类企业充分利用了业务间关联,共享资源,获得范围经济,产生协同效应。而第二类企业分析结果表明企业开展非相关多元化活动效果并不理想。多元回归结果表明了直接度量协同的方法有效地度量了业务间的协同状态。

然而,在2001~2009年期间,第一类企业并不是一直都能协同发展。模型1表示第一类样本企业在2001~2006年期间的协同状况,模型2表示第一类样本企业在2007~2009年期间的协同状况。通过对两个时间段的分析比较可看出,在2001~2006年期间,各变量都显著地影响了企业价值,协同系数为0.889,且在$p<0.05$条件下统计显著,这表明企业业务间协同发展。而在2007~2009年期间,协同系数为-0.166,协同系数小于零且统计不显著,这表明此阶段样本企业各业务未能实现协同发展。在两个时间段里,无论是固定资产、无形资产还是销售净利率等控制变量都显著地影响了企业的市场价值。

以上分析说明了虽然样本企业各业务间关联程度较高但并非一直都能协同发展,利用业务间关联表征协同的方法显然不够合理。接下来,本章通过面板数据因子分析方法来深入分析化学原料与化学制品制造业在2007~2009年未能协同发展的原因。

9.2　多业务企业业务协同影响因素分析

9.2.1　业务协同影响因素研究现状

现有的对业务协同程度的度量方法仅是考虑了业务间部分内容的潜在关联,无法体现实际的业务协同状况。而上文中判断多元化企业业务协同状态是进一步提高协同发展水平的前提,明确业务协同的不足才是提高业务协同程度的根本。因此,有必要对影响业务协同的因素进行分析,找到企业业务协同的短板,从而更有效地提高业务协同程度。

根据已有文献,在对影响业务协同发展的关键因素分析方面,多数学者定性地从不同角度进行了分析。Rumelt首次以分类法测度了多元化水平,他的实证研究表明多元化协同效应主要源于剩余的财务资源和经营效率两个方面[25]。

Markides 和 Williamson 把相关多元化带来的优势或协同分为资产摊销、资产改进、资产创造和资产裂变四个方面,并指出从长期看相关多元化为资产改进、创造、裂变提供途径,可获得长期竞争优势[74]。Ross 从并购协同的角度分析了协同效应的来源,包括收入上升、成本节约以及税收利得[350]。Dess and Lumpkin 认为相关多元化协同效应的来源主要是无形资源和有形资源的共享[351]。沈洁分析了协同效应的源泉,包括业务行为共享、资源共享、内部资本市场、基于核心能力价值链管理[352]。

根据以上文献分析可知,现有文献仅是分析了协同产生的来源并没有给出企业提升业务协同的路径或方法,因而其对影响协同的因素分析还不够系统,且大多属于定性的描述,还没有给出一个使企业明确影响自身业务协同的优势因素和短板因素的方法。基于此,本节试图运用多指标面板数据因子分析模型分析影响业务协同的公共因子,为企业识别业务协同短板、提高业务协同水平提供依据。

9.2.2 多指标面板数据因子分析方法

传统的因子分析法通过显在变量测评潜在变量,是通过具体指标测评抽象因子的统计分析方法。但是传统因子分析法有其局限,即其所研究的初始指标必须是同一时间点的数据,而对于具有一段时间跨度的面板数据则无法处理。对企业业务间协同发展的研究仅判断某一个时点是不够的,了解一段时间内企业的协同发展状况对企业的发展才具有重要的指导意义。因此,本研究提出了多指标面板数据因子分析方法解决此问题。具体步骤如下:

(1)原始数据标准化。设有 n 个评价样本($p_1,p_2,\cdots p_n$),每个样本有 m 个观测指标($x_1,x_2,\cdots x_m$),这样就构成了一个 $n\times m$ 阶的矩阵 X,其元素为 x_{ij}

数据标准化公式为:

$$z_{ij}=\frac{x_{ij}-\min(x)}{\max(x)-\min(x)},i,j=1,2,\cdots n;i\neq j;\text{(效应型指标)}$$

$$z_{ij}=\frac{\max(x)-x_{ij}}{\max(x)-\min(x)},i,j=1,2,\cdots n;i\neq j;\text{(成本型指标)}$$

式中:$\max(x)$,$\min(x)$ 分别为矩阵 X 中的最大和最小元素。

(2)求出标准化数据的协方差矩阵,或相关系数矩阵 R。

(3)求 R 的特征值及相应的一组正交单位特征向量。

(4)计算累计贡献率,确定公共因子个数及因子载荷矩阵 A。

(5)对 A 作因子旋转(常为方差最大正交旋转),使得能对公共因子给出合理的解释。

(6)计算因子得分。

$$M_i = \left| \sum_{k=1}^{K} \phi_k F_k \right| / \left| \sum_{k=1}^{K} \phi_k \right| \tag{9-6}$$

其中 ϕ_k 表示该年度因子分析第 k 个公共因子的贡献率, F_k 为第 i 个样本第 k 个公共因子得分。

(7)计算面板数据公共因子总得分

面板数据公共因子总得分: $W_k = \left| \sum_{t=t_0}^{T} \phi_k(t) F_k(t) \right| / \left| \sum_{t=t_0}^{T} \phi_k(t) \right|$ (9-7)

面板数据综合得分: $V_i = \left| \sum_{k=1}^{K} \overline{\phi_k} W_k \right| / \left| \sum_{k=1}^{K} \overline{\phi_k} \right|$ (9-8)

其中 $\overline{\phi_K} = \sum_{k=1}^{K} \varphi_K / T$, $\overline{\phi_K}$ 表示第 k 个公共因子的平均贡献率。

9.2.3　业务协同影响因素实证分析

9.2.3.1　样本选择及数据来源

本部分样本选择及数据来源与 9.1 节完全相同。

9.2.3.2　多指标面板数据因子分析实证过程

1. 业务协同影响因素指标体系

一项企业经营战略的成功与否,从根本上来说,取决于企业所掌控的核心资源能否支持这项战略,以获得持续的竞争优势。因此,核心业务是多元化企业的"根",企业应以核心业务为基础开展相关多元化[353]。核心业务与非核心业务间的相关性使得非核心业务可利用核心业务的资源优势产生协同优势[241],许多实证研究的结果也证明了这一点[243]。因此,核心业务是影响业务协同发展的关键因素,其拥有的战略资产扩散到非核心业务可产生协同优势。提出以下几个度量核心业务的指标:(1)核心业务盈利能力——核心业务毛利率;(2)核心业务收入占总销售收入的比重;(3)核心业务与非核心业务之间的关联度①。

多数战略管理学者认为,企业资源的共享可获得成本节约、创新能力提高等协同收益。例如,企业共享生产设备、原材料产生生产制造协同[40],共享技术可获得技术协同[5],具有相似的用途和顾客产生市场协同[61]。

企业资源包括实体资源、无形资源和财务资源三类。其中实体资源只有在产品非常类似的情况下使用,例如厂房、设备等等。因此,当企业拥有的实体资源较为丰富时通常选择关联度比较高的行业内进行,采用相关多元化战略或者专业化战略[25]。相比实体资源,无形资源则约束较少,例如技术或者商标等等,企业可选择相关性稍弱一些的产业[5]。财务资源的弹性最大,当企业财务资源有剩余时,实施相关多元化战略或者无关多元化战略都能得到支持[354]。通过以上分析可得出,资源的共享程度是影响业务间协同发展的因素之一。提出以下几个指标度量资源共享:(1)固定资产占总资产的比重;(2)无形资产占总资产的比重;(3)长期负债占总债务的比重;(4)销售费用占总销售收入的比重。影响企业业务协同的因素的指标计算方法见表9.6。

表9.6　　影响企业业务协同的因素

指　标	计算方法
核心业务盈利能力	核心业务毛利润/核心业务销售收入
核心业务收入比	核心业务销售收入/主营业务总收入
无形资产比	无形资产/总资产
固定资产比	固定资产/总资产
销售费用比	销售费用/主营业务总收入
债务期限结构	长期负债/负债总额
横向集中度	业务间横向关联程度
纵向集中度	业务间纵向关联程度

2. 面板数据因子分析过程

本研究对中国化学原料及化学制品制造业上市公司2001~2009年面板数据

① 核心业务与非核心业务间关联度计算可参考第三章业务关联度度量,具体度量公式为纵向集中度为$VC=\sum_{i=1}^{k}\sum_{j=1}^{n}f_if_js_{ij}$,横向集中度$CC=\sum_{i=1}^{k}\sum_{j=1}^{n}f_if_jm_{ij}$。其中,$k$是指核心业务数,$n$是指非核心业务数。

进行因子分析。因子分析的步骤是首先利用软件 SPSS16.0 对 2001～2009 年的数据进行 9 次因子分析并计算因子得分,然后对面板数据计算其因子总得分及综合得分。因篇幅有限,因子分析部分本节仅以 2005 年数据为例进行因子分析的说明。

(1)KMO 测度和巴特莱特球体检验

利用 SPSS16.0 对样本企业 2005 年数据进行因子分析。根据 KMO 和 Bartlett 球体检验结果,KMO 值为 0.562 而且变量之间的相关系数矩阵不是单位阵,如表 9.7 所示。这表明适合对这些变量进行因子分析。

表 9.7　　KMO 测度和巴特莱特球体检验结果

Kaiser-Meyer-Olkin 样本测度	Bartlett's 球形检验 Approx. Chi-Square	Sig.
0.562	49.136	.008

(2)确定公因子个数

本研究利用 SPSS16.0 对原始数据进行分析并提取公因子,得到了表 9.8。按照因子分析的原则,选取累积方差贡献率达到 75% 以上的公因子。结果显示,相关矩阵的前 4 个特征值的累积方差贡献率已经达到了 74.88%,能够充分反映样本指标的信息量,也基本满足了设定的条件,因此选取 4 个公因子(见表 9.8)。

表 9.8　　方差累积贡献率

Total Variance Explained									
Component	Initial Eigenvalues			Extraction Sums of Squared Loadings			Rotation Sums of Squared Loadings		
	Total	% of Variance	Cumulative %	Total	% of Variance	Cumulative %	Total	% of Variance	Cumulative %
1	2.161	27.016	27.016	2.161	27.016	27.016	2.022	25.278	25.278
2	1.814	22.679	49.695	1.814	22.679	49.695	1.480	18.502	43.780
3	1.146	14.320	64.015	1.146	14.320	64.015	1.293	16.164	59.944
4	.869	10.865	74.880	.869	10.865	74.880	1.195	14.936	74.880
5	.756	9.444	84.324						
6	.534	6.676	91.000						
7	.458	5.725	96.724						
8	.262	3.276	100.000						

Extraction Method: Principal Component Analysis.

(3)确定因子载荷矩阵

以“方差极大化”为准则进行因子正交旋转，得到因子载荷矩阵，根据旋转后的因子载荷矩阵可以得到明确经济意义上的公共因子，旋转后的因子载荷矩阵(2005)见表9.9。

表9.9 旋转后的因子载荷矩阵

Rotated Component Matrix[a]				
	Component			
	4	1	2	3
核心业务盈利能力				.899
纵向集中度	.708			
横向集中度	.885			
核心业务收入所占比重	.818			
无形资产比重		.721		
销售费用所占比重			.859	
债务结构		.817		
固定资产比重			.516	

Extraction Method：Principal Component Analysis.
Rotation Method：Varimax with Kaiser Normalization.
a. Rotation converged in 11 iterations.

根据表9.9可知，公共因子 F_1 在 X_2 纵向集中度、X_3 横向集中度和 X_4 核心业务收入所占比重上载荷较高，这些指标可表示业务间关联程度，因此命名为业务关联因子。

公共因子 F_2 在 X_5 无形资产和 X_7 债务结构上具有较高的载荷，这些指标代表了企业的无形资源和财务资源的共享状况，因此命名为资源共享因子。

公共因子 F_3 在 X_6 销售费用所占比重和 X_8 固定资产比重上具有较高的载荷，这些指标反映了企业各业务行为共享状况，因此命名为业务行为共享因子。

公共因子 F_4 在 X_1 核心业务盈利能力上具有较高的载荷，这些指标反映了企业核心业务的盈利能力，命名为核心业务盈利因子。

通过因子分析，将8个指标降为4维，各主因子情况如表9.10所示。

表 9.10　公共因子分布情况

	F_1	F_2	F_3	F_4
较高载荷指标	X_2, X_3, X_4	X_5, X_7	X_6, X_8	X_1
因子名称	业务关联因子	资源共享因子	业务行为共享因子	核心业务盈利因子

根据以上分析可知,影响企业各业务间协同性的主要因素体现在业务关联、资源共享、业务行为共享和核心业务盈利能力 4 个方面。他们的因子贡献率分别达到了 25.278%、18.502%、16.164%、14.936%,累积贡献率达到了74.88%。这表明,业务间关联是影响业务协同的最主要因素,业务间关联程度可促进企业协同发展。除了业务关联外,资源与业务行为共享也是协同发展的关键因素。核心业务盈利能力因子贡献率最低,仅为 14.936%,但核心业务盈利能力是业务协同最基础的要素。若企业仅关注业务关联、资源及业务行为共享三个公因子,忽略其核心业务的发展,企业将无法发挥协同优势。

(4)计算因子得分

根据因子得分系数矩阵和原始指标变量的标准化值可以计算每个企业各个因子的得分数,各个因子得分表达式(2005 年)可以写为

$$F_1 = -0.036x_1 + 0.295x_2 + 0.436x_3 - 0.471x_4 - 0.004x_5 - 0.065x_6 + 0.102x_7 - 0.078x_8$$

$$F_2 = -0.012x_1 - 0.308x_2 + 0.067x_3 - 0.242x_4 - 0.497x_5 - 0.055x_6 + 0.6x_7 + 0.108x_8$$

$$F_3 = -0.09x_1 + 0.346x_2 + 0.032x_3 + 0.304x_4 - 0.054x_5 - 0.688x_6 - 0.159x_7 + 0.358x_8$$

$$F_4 = 0.764x_1 + 0.189x_2 + 0.076x_3 + 0.343x_4 + 0.181x_5 + 0.208x_6 + 0.089x_7 + 0.241x_8$$

结合方差贡献率建立函数

$$M_i(2005) = \frac{\sum_{k=1}^{K} \phi_k F_k}{0.7488} = \frac{0.25278F_1 + 0.18502F_2 + 0.16164F_3 + 0.14936F_4}{0.7488}$$

其中, M_i 为目标函数, i 表示第 i 家企业, ϕ_k 表示因子 F_k 对应的方差贡献率。

以样本企业新安股份(600596)为例,计算其2005年的因子得分:

经计算, $F_1=2.53512$; $F_2=-1.2943$; $F_3=1.24769$; $F_4=1.11853$

则新安股份(600596)2005年因子得分为:

$$M_i(2005)=\frac{\sum_{k=1}^{K}\phi_k F_k}{0.7488}=\frac{0.25278F_1+0.18502F_2+0.16164F_3+0.14936F_4}{0.7488}$$

$$=\frac{0.25278*2.53512+0.185*(-1.2943)+0.16164*1.2477+0.14936*1.1185}{0.7488}$$

$$=1.02844$$

(5)计算面板数据公共因子总得分和综合总得分

用上述方法对2001~2009年47家上市公司进行9次因子分析,每次因子分析的公共因子贡献率和方差累积贡献率见表9.11。

表9.11　　公共因子贡献率和方差累积贡献率表

	2001	2002	2003	2004	2005	2006	2007	2008	2009
F_1	0.2379	0.2279	0.2418	0.2517	0.2527	0.2202	0.2328	0.1981	0.2055
F_2	0.2110	0.2221	0.1967	0.2101	0.1850	0.2039	0.2027	0.1857	0.1901
F_3	0.2041	0.1862	0.1763	0.1482	0.1616	0.1666	0.189	0.1856	0.1744
F_4	0.1853	0.1645	0.1364	0.1458	0.1493	0.1614	0.1451	0.1721	0.1705
累积贡献率	0.8383	0.8008	0.7514	0.7559	0.7488	0.7522	0.7697	0.7416	0.7407

以样本企业新安股份(600596)为例,计算其2001~2009年的综合总得分:

$$Z_{600596}=\left|\sum_{k=1}^{K}\overline{\phi_k}W_k\right| / \left|\sum_{k=1}^{K}\overline{\phi_k}\right|$$

$$=\frac{3.6107*0.2298+1.4899*0.2008+1.3711*0.1769+0.8132*0.1589}{0.7665}$$

$$=1.9581$$

同理,可计算出其他企业的面板数据因子总得分。

3.结果分析

根据对中国化学原料及化学制品制造业上市公司业务协同状况的测度结果可知,在2007~2009年样本企业未能协同发展。本研究从影响企业业务协同的各公因子2001~2009年的趋势来分析其不协同的原因。图9.1至图9.4分别描述了影响业务协同的四个公因子 2001 ~ 2009 年的变化情况。根据图 9.3 和图 9.4 可知，资源共享因子和业务行为共享因子总体上从 2001 ~ 2009 年协同程度不断增加，对企业整体业务协同起到了促进作用。然而图 9.2 显示，业务关联因子中核心业务收入比在 2007 ~ 2009 年出现下降，影响了企业业务协同。图 9.1则显示了核心业务盈利因子在 2007 ~ 2009 指标值不断下降，大大影响了企业业务间的协同。因此，2007 ~ 2009 年化学原料及化学制品制造业业务不协同的根本原因是核心业务盈利能力下降所致。这与我国化学原料及化学制品制造业所面临的大环境是一致的。2008 年以来，受国际金融危机影响，化学原料及化学制品制造业受到了较大的冲击，国内外市场萎缩，行业经济效益下滑。另外，化工技术基本以模仿性开发和常规生产技术的开发为主，缺少具有独创性的工艺技术，自主研发和创新能力薄弱。这些都大大影响了核心业务盈利能力的提升。在影响企业业务协同的四个公因子中，虽然核心业务盈利能力累积贡献率最低，但是该因子是整个企业业务协同的基础，若核心业务盈利能力降低，其他因子也无法有效发挥协同效应。因此，加强核心业务创新，锤炼核心业务核心竞争力成为化学原料及化学制品制造业协同发展的关键。

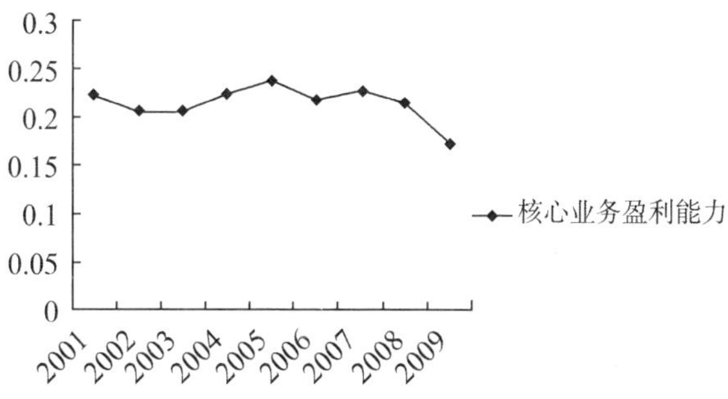

图 9.1　核心业务盈利因子曲线图

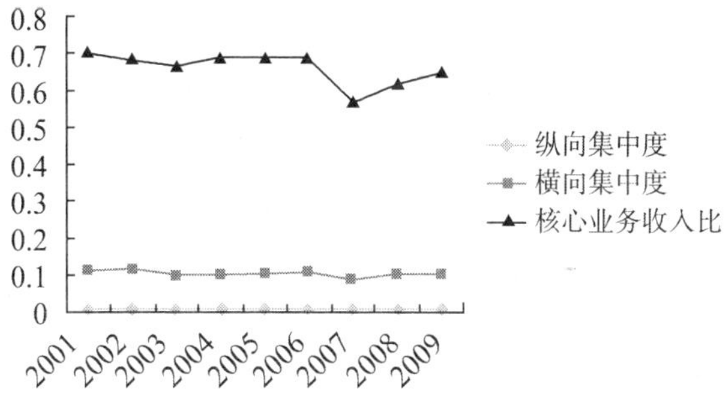

图 9.2　业务关联因子曲线图

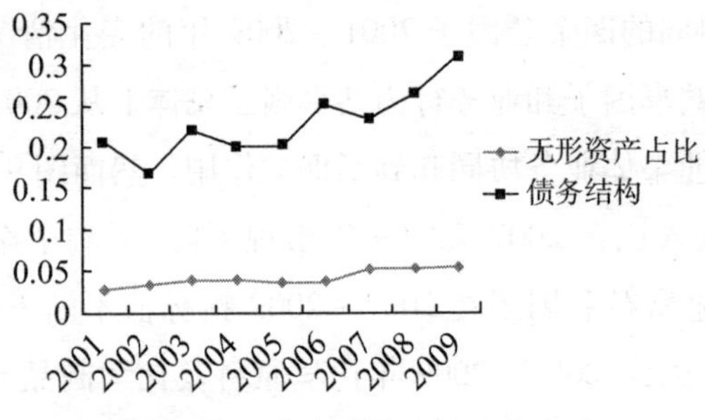

图 9.3 业务行为共享因子曲线图

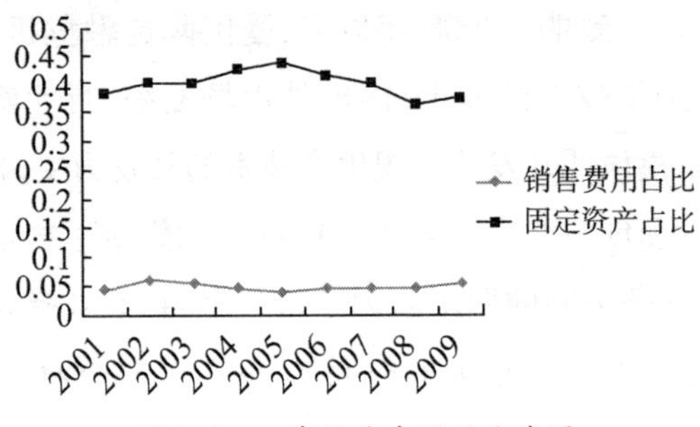

图 9.4 资源共享因子曲线图

9.2.4 基于微观视角提升业务协同度路径

从企业的角度来深入分析每个企业的业务协同的优势因素和短板因素是提高企业业务协同的关键。因此，要提升多元化企业业务协同度就必须了解企业在各项影响因素中的不足之处。本节通过多指标面板数据因子分析，提取了四个公共因子，说明我国化工企业在提高协同发展水平时应重点关注这几个方面的建设。也就是说，多业务企业在这几个公因子中哪些存在不足就应当重点发展，是提升业务协同度的关键路径。在提取的四个公因子中，关联因子累积贡献率最大，是提高协同发展的关键方向，而资源共享与业务行为共享是提高业务协同的关键方法。由于涉及的是上市公司，以样本企业中因子得分较高的新安股份(600596)上市公司为例进行说明。新安股份在47家企业中排名第3位，得分较高，说明其在2001～2009年业务间协同发展较好。其中，业务关联因子排名第1位，资源共享因子排名在第10位，业务行为共享因子排名在第11位，核心业务盈利能力排名在第5位。从新安股份2001～2009年整体来看，由于新安股份核心业务盈利能力较强，在业务选择上又注意到了业务间关联，因而在整个期间内协同程度较高。然而,其中业务关联因子、核心业务盈利能力与其总排名相符,其他资源共享因子与业务行为共享因子排名略显靠后,还需从反映这两个因子的相关指标进一步加强管理,提高协同水平。

根据对企业业务协同状况的分析可知,提升企业业务协同度可从企业内部各因素着手。一是优化企业业务组合,提升企业业务之间资源及行为共享程度。无论是资源共享还是业务行为共享都是影响协同度的重要因子,因而优化组合、合理处理业务之间资源和业务行为的共享是提升协同度的重要方法。例如,国际上许多大型企业就非常注重核心业务和增长业务之间的关系,充分利用自身的核心知识和技能,这样大大降低了成本、提高了业务盈利能力,逐渐地使企业转变为具有竞争力的公司。二是继续强化核心业务的竞争力。多数多元化企业协同效应的失败很重要的一个原因在于自身的核心业务竞争力的下降。许多大型企业盲目扩张,业务数量不断增加,但核心业务创新能力却逐年下降,最终导致各项产品或业务缺乏竞争力,不得不退出市场。因此,多元化协同效应的实现依赖于核心业务的盈利能力,协同度的提升也取决于核心业务竞争力。

9.3　多元化企业业务协同度度量

9.3.1　多元化企业协同度相关研究

近年来,多业务企业都积极寻求业务间协同发展,提高企业绩效。特别是高技术产业例如通信设备制造业、航空航天器制造业等中的大企业都强调充分利用业务协同来提高企业收益。在最近的一项调研中,包括116个德国、瑞典以及澳大利亚等国家的多业务企业中超过70%的企业积极实现业务间协同发展[12]。业务协同是利用原本独立的业务之间的相关性和业务层面的活动共享创造价值,从而最大限度地发挥协同效应,获得范围经济、规模经济和市场影响力[33]。近年来的研究发现协同效应不仅来自于业务活动共享,而且来源于企业资源的互补性。企业核心技术成功实现商业化需要专业化互补资产,例如生产制造能力、分销渠道及人力资源等。因此,高技术企业的业务协同发展过程体现为资源共享与资源互补相互融合、协调发展,是一个复杂的动态发展过程。本研究将业务协同发展过程看作为一个动态系统即企业业务协同系统,从系统的角度研究如何促进高技术企业业务协同发展。

从系统的视角研究业务协同得到了众多学者的支持,研究者们普遍通过建立复合系统协同度模型来测量系统协调发展程度[355]。例如陶长琪等建立信息产业组织演变的协同度模型,并以 IT 产业组织为例进行实证分析[356]。毕克新建立产品创新与工艺创新协同发展的协调度模型,对制造业企业产品创新与工艺创新协同发展进行实证研究[357]。建立复合系统协调度模型来衡量系统协调程度的关键是如何合理划分子系统,现有文献大多是凭借经验进行划分,缺乏合理划分子系统的理论依据。

高隆昌教授对二象对偶理论进行了系统的集成性研究[358-360],提出管理学二象论的基本概念,揭示了管理实质并认为管理是一个特殊的自组织过程[361]。目前,已经有学者应用二象对偶理论展开了积极的探索。如王勇根据二象对偶理论,将电信网络分为以平台网络构成的实象和以价值网络构成的虚象,建立电信网络的二象模型[362]。陈伟等基于二象对偶理论构建了区域创新系统协调发展的评价指标体系和评价模型,对区域创新系统的综合发展水平、二象子系统的发展水平以及二者间的协调度进行测度[363]。

目前,学者们在多业务企业业务协同发展问题以及度量业务协同程度等领域还缺乏进一步的认识和探讨。本节在已有研究成果的基础上,运用二象对偶理论与协同理论分别对企业业务协同系统确定其子系统及序参量,通过建立复合系统协调度模型来对高技术企业业务协同系统进行协同度测量。

9.3.2 企业业务协同系统的二象特征

9.3.2.1 二象对偶理论

西南交通大学高隆昌教授在"系统学"的广泛意义下提出了"系统学二象论"及"二象对偶理论"。根据二象系统的定义[361]:系统 S 若由满足如下 5 个特征的 2 个部分构成,且从该角度去考察 S ,称 S 为二象系统,记为 $S=(X^*,X)$:①二象间一虚(X^*)一实(X)(或称一软一硬,一个抽象一个实在),二象间融为一体、互为参照,只有从概念上才能将其分辨开来;②二象间具有空间实质差异,或说二者不可同时在一个坐标系里平等地体现出来,除非经过映射或变换手段;③二象间不具有一一对应关系,且 $x^* \in X^*$ 皆是 X 的一个全局映射;④二象间具有内在互动性,即任一象的改变都将内在地使另一象产生相应的改变;⑤二象间具有适当的比例关系,其比值具有一个适当的可变域。在一定意义下可简记为 $X^*: X = r \in (0,\delta)$,式中, δ 是个较小实数。

根据二象对偶理论,客观世界存在的任一系统皆为二象系统,二象是系统的一种结构,对偶是二象系统的一种内在机制。二象间是既互相协同又互相制约,且又可演绎成既竞争又合作或既相生又相克等关系。二象对偶理论实际上把系统通过二象对偶机制来描述一个协同运动过程。因此,对于任何系统的分析都可以通过二象对偶机制确定二象系统结构,从二象的角度探索系统发展的运作规律。

9.3.2.2　企业业务协同系统子系统的二象系统分析

企业业务协同系统的二象性主要体现在对系统进行衡量时,它具有明确的状态性质即有可测度的绩效表现,可定义为业务协同绩效子系统;而在协同发展过程中,它又具有行为动作的性质,即通过资源管理的行为才能达到一定的状态,可定义为资源管理系统。资源管理体现为业务层面的资源共享和资源互补,因而可将资源管理系统划分为资源共享子系统和资源互补子系统。资源共享有助于企业提高资源效率,降低成本;资源互补支持技术创新的商业化,提高盈利能力。这样,企业业务协同系统由三个子系统构成,绩效子系统是系统某个时点的状态,资源共享子系统和资源互补子系统是整个系统的行为动作,是达到某个状态的内因。因此,业务协同系统兼具状态性和行为性两种不同角色,体现了其二象性的特点。

从系统整体来看,绩效子系统、资源共享子系统和资源互补子系统相互影响、相互依赖,具有密切的联系。绩效子系统是资源共享子系统和资源互补子系统发展到一定程度的外在表现,资源共享子系统和资源互补子系统又是绩效子系统的内在驱动。二者之间保持着既竞争又合作、既相互约束又相互协同的关系——对偶关系。因此,企业业务协同系统发展的根本是资源共享子系统、资源互补子系统与绩效子系统三者之间的相互促进、和谐发展,实现系统的整体效应。

9.3.3 协同度模型与序参量选取

9.3.3.1 高技术企业业务协同复合系统特性

复合系统是由不同属性的子系统通过要素间关系耦合构成的具有结构与功能统一的开放式的动态系统。企业绩效子系统与资源管理子系统构成了复合系统。其中,各子系统承担着不同的任务,只有子系统协同合作,才能实现整个系统的功能作用。因此,子系统之间或系统要素之间的协调表现为系统的自组织。协调作用或协调度决定了系统由无序走向有序的趋势。根据协同学理论,系统由无序走向有序的关键是慢弛豫变量,它是决定系统有序性的序参量。因此,在确定了绩效子系统、资源共享子系统以及资源互补子系统三个子系统之后,通过研究三个子系统的少数序参量就可以确定企业业务协同发展路径,对业务协同系统的发展状况进行测度。

按照耗散结构形成条件,业务协同系统是开放的,不断与外部环境发生物质、能量和信息的交换;各子系统之间存在差异且相互作用,远离平衡态;业务协同系统总是存在随机的涨落,如先进的制造技术使得资源利用方式的转变等。因此,高技术业务协同复合系统形成耗散结构,具备了应用复合系统协调度模型的条件。

9.3.3.2 复合系统协调度模型

本研究在孟庆松、韩文秀提出的复合系统协调度模型基础上[364],结合业务协同系统特点,建立企业业务协同系统协同度测度模型。假设系统中绩效、资源共享与资源互补子系统为 $S_j, j \in (1,2,3)$,其发展过程中的序参量变量为 $e_j = (e_{j1}, e_{j2}, \cdots, e_{jn})$,其中 $n \geqslant 1, \beta_{ji} \leqslant e_{ji} \leqslant \alpha_{ji}, i \in [1,n]$。假定 $e_{j1}, e_{j2}, \cdots, e_{jn}$ 的取值越大,系统的有序程度越高,其取值越小,系统的有序程度越低;假定 $e_{jl+1}, \cdots e_{jn}$ 的取值越大,系统的有序程度越低,其取值越小,系统的有序程度越高。各子系统的序参量分量 e_{ji} 的有序度为:

$$u_j(e_{ji}) = \begin{cases} (e_{ji} - \beta_{ji})/(\alpha_{ji} - \beta_{ji}) i \in [1,l] \\ (\alpha_{ji} - e_{ji})/(\alpha_{ji} - \beta_{ji}) i \in [l+1,n] \end{cases} \quad (9-9)$$

其中,α_{ji} 和 β_{ji} 分别是第 j 个系统在第 i 个指标上的上限值和下限值。由公式(9-9)可知,$u_j(e_j) \in [0,1]$,其值越大,e_j 对系统有序的作用越大,对系统有序的功效越大。

从总体上看，指标变量对子系统协调程度的“总贡献”可通过集成法来实现。集成的方法是由系统的具体结构确定的，本研究采用了几何平均法来实现。

$$u_j(s_j) = \sqrt[n]{\prod_{i}^{n} u_j(e_{ji})} \text{ 或 } u_j(s_j) = \sqrt[n]{\prod_{i=1}^{n} \omega_i u_j(e_{ji})} \tag{9-10}$$

式(9-10)中，$\omega_i \geqslant 0$ ，$\sum_{i=1}^{n} \omega_i = 1$ ，s_j 表示第 j 个子系统。

$u_j(s_j)$ 表明了子系统的协调度，$u_j(s_j) \in [0,1]$，$u_j(s_j)$ 越大，说明子系统的协调程度就越高，对整个系统的贡献越大，反之则越低。

对给定的初始时刻 t_0，设资源共享子系统的协调度为 $u_1^0(s_1)$ ，资源互补子系统的协调度为 $u_2^0(s_2)$ ，绩效子系统的协调度为 $u_3^0(s_3)$ ，则对于整个系统在发展演变过程中的时刻 t_1 而言，此时资源共享子系统的协调度为 $u_1^1(s_1)$ ，资源互补子系统的协调度为 $u_2^1(s_2)$ ，绩效子系统的协调度为 $u_3^1(s_3)$ 。

那么，资源共享子系统与绩效子系统协同度可以表示为：

$$c_1 = \frac{e}{e-1}[1 - \exp(-|u_3^1(s_3) - u_3^0(s_3)| \times |u_2^1(s_2) - u_2^0(s_2)|)] \tag{9-11}$$

资源互补子系统与绩效子系统协同度可以表示为：

$$c_2 = \frac{e}{e-1}[1 - \exp(-|u_3^1(s_3) - u_3^0(s_3)| \times |u_1^1(s_2) - u_1^0(s_2)|)] \tag{9-12}$$

中国高技术企业业务协同系统协同度可以表示为：

$$c = \sqrt{c_1 c_2} \tag{9-13}$$

由式(9-13)，可以得出：

(1) $c \in [0,1]$，c 值越大，业务协同系统整体协同程度越高，反之越低。

(2)公式中三个子系统相互影响，如果一个子系统的协调度提高幅度较大，而其他子系统协调度提高幅度较小或下降，则整个系统处于较差的协调状态或不协调状态。只有三个子系统同步增长或降低，整个系统才处于协调状态。

9.3.3.3　序参量的确定

1.资源共享子系统序参量选取

在企业业务协同系统中，序参量的确定直接关系到协同度的测度。协同理论研究表明,企业无形资源和财务资源是主导企业资源共享最重要的因素[365]。Dess 和 Lumpkin 认为协同效应的来源主要是无形资源和有形资源的共享[351]。因此,本研究采用无形资产比率与债务比率来表示无形资源和财务资源的共享程度。无形资产比率是指无形资产占企业销售额的比重。该比率越高,无形资源共享程度越高。债务比率是指企业长期负债占总负债的比重,它反映了企业财务资源的丰富程度。债务比率越高,财务资源共享程度也就越高。另外,本研究同时采用费用比率即销售费用与管理费用的比值来体现资源共享程度。费用比率一方面体现了企业内部市场化程度,另一方面也反映了企业组织结构的调整。内部市场化程度越高,资源共享程度越高。因此在资源共享子系统中,选择无形资产比率、债务比率和费用比率作为序参量,见表 9.12。

表 9.12　　高技术企业业务协同资源共享子系统序参量

代　码	指标名称	计算公式
X_1	费用比率	销售费用/管理费用
X_2	无形资产比率	无形资产净值/主营业务收入
X_3	债务比率	长期负债/负债总额

2. 资源互补子系统序参量选取

资源的互补性是指企业的资源具有不同的特性使其单独无法发挥效用,需要通过相互间的互补形成资源组合达到增值效应[232]。企业各项产品或业务协同发展过程中,生产制造资源、人力资源和市场资源往往是重要的专业化资产,因此,在资源互补子系统中,选择生产制造业互补资产、市场互补资产和人力互补资产作为序参量。资源互补子系统中的各项互补资产的计算方法与本书第五章中互补资产的计算方法一致,见表 9.13。

表 9.13　　高技术企业业务协同资源互补子系统序参量

代　码	指标名称	计算公式
X_4	生产制造互补资产	(固定资产净额/主营业务收入)×VAD 比率
X_5	市场互补资产	(销售费用/主营业务收入)×VAD 比率
X_6	人力互补资产	(工资费用/主营业务收入)×VAD 比率

3. 业务协同绩效子系统序参量选取

根据财政部颁布的企业绩效评价指标体系、国内外学者近年来的研究成果及本书研究目的，并综合考虑我国高技术企业的实际情况，本书选取反映盈利能力、偿债能力、运营能力和发展能力四个维度反映企业绩效状况，并选取净资产收益率、资产负债率、资产周转率、主营业务收入增长率 4 个指标作为业务协同绩效子系统的序参量。如表 9.14 所示。

表 9.14　　高技术企业业务协同绩效子系统序参量

代　码	指标名称	计算公式
X_7	资产负债率	负债总额/资产总额
X_8	净资产收益率	本期净利润/期间平均净资产
X_9	主营业务收入增长率	主营业务收入增长额/上年主营业务收入
X_{10}	资产周转率	主营业务收入/资产总额

9.3.4　实证分析

9.3.4.1　样本选择及数据获取

1. 样本选择

见 5.2.1 样本选取。

2. 数据获取

第一步，对我国高技术上市公司 107 家企业的 2004 ~ 2010 年主营业务收入、固定资产净值、销售费用、资产负债率、管理费用、工资费用、无形资产等数据进行整理。

第二步，利用获得的数据结果，分别计算 107 家上市公司 2004 ~ 2010 年的各项指标值。

第三步，分别计算 107 家上市公司 2004 ~ 2010 年各项评价指标的累计值及缺损值个数。

第四步，剔除缺损值，通过各项评价指标的累计值计算其平均值，得到业务协同子系统各项序参量的指标值，详见表 9.15。

表 9.15 高技术企业业务协同系统子系统各序参量数据

年 份	费用比率 X_1	无形资产比 X_2	债务结构 X_3	制造资产 X_4	市场资产 X_5	人力资产 X_6	资产负债率 X_7	净资产收益率 X_8	营业收入增长率 X_9	资产增长率 X_{10}
2004	1.3113	0.0224	0.0950	0.0639	0.0150	0.0024	0.4293	0.0616	0.3790	0.7301
2005	1.3461	0.0230	0.0915	0.0616	0.0148	0.0026	0.4513	0.0593	0.2478	0.7819
2006	1.4493	0.0265	0.0982	0.0604	0.0156	0.0026	0.4614	0.0635	0.1760	0.8656
2007	1.4125	0.0434	0.0776	0.0823	0.0282	0.0036	0.4584	0.0973	0.2424	0.8732
2008	1.4687	0.0637	0.0733	0.0526	0.0187	0.0027	0.4507	0.0877	0.2352	0.8916
2009	1.4150	0.0628	0.1109	0.0595	0.0226	0.0036	0.4538	0.0844	0.4746	0.8148
2010	1.3318	0.0525	0.1054	0.0513	0.0212	0.0033	0.4529	0.0913	0.2752	0.8305

9.3.4.2 企业业务协同系统子系统的序参量权重确定

在计算业务协同系统协同度之前，首先应确定业务协同系统序参量变量的权重。权重是整个协同度计量的关键环节，也直接影响最终的评价结果。对于权重的确定，本研究采用因子分析定权法。计算步骤如下：

(1)原始数据标准化。设有 n 个评价样本($p_1,p_2,\cdots,p_n$)，每个样本有 m 个观测指标($x_1,x_2,\cdots x_m$)，这样就构成了一个 $n\times m$ 阶的矩阵 X，其元素为 x_{ij} 。数据标准化公式为：

$$z_{ij}=\frac{x_{ij}-\min(x)}{\max(x)-\min(x)},i,j=1,2,\cdots n;i\neq j;\text{（效应型指标）}$$

$$z_{ij}=\frac{\max(x)-x_{ij}}{\max(x)-\min(x)},i,j=1,2,\cdots n;i\neq j;\text{（成本型指标）}$$

式中：$\max(x)$ ，$\min(x)$ 分别为矩阵 X 中的最大和最小元素。

(2)经过降维处理，m 个指标可以由公共因子的 $F_1,F_2,\cdots F_n$ 的线性组合来表示，$Z=AF+E$ ，公共因子矩阵为 $F=(F_1,F_2,\cdots F_n)$ 。

(3)经过计算，$F_i=(\beta_1,\beta_2,\cdots\beta_n)\times Z,(j=1,2,\cdots,m)$ ，那么，各指标的权重：

$$\omega_i=\frac{\sum_{j=1}^{m}\beta_{ji}}{\sum_{i=1}^{n}\sum_{j}^{m}\beta_{ji}} \tag{9-14}$$

(4)将高技术企业业务协同系统各序参量的原始数据输入 SPSS18.0，因子分析后按照累计方差贡献率达到85%的原则，可得到因子分析得分矩阵，然后代入公式(9－14)，可得各子系统序参量的权重：

$\omega_1 = 0.277$；$\omega_2 = 0.357$；$\omega_3 = 0.366$；$\omega_4 = 0.480$；$\omega_5 = 0.302$；

$\omega_6 = 0.218$；$\omega_7 = 0.323$；$\omega_8 = 0.324$；$\omega_9 = 0.186$；$\omega_{10} = 0.167$

9.3.4.3 三个子系统有序度确定

将表9.16中的数据代入公式(9－9)，得到高技术企业业务协同资源共享子系统、资源互补子系统以及业务协同绩效子系统序参量各分量的有序度，如表9.16所示。

表9.16 高技术企业业务协同子系统序参量各分量有序度

年份	费用比率	无形资产比	债务结构	制造资产	市场资产	人力资产	资产负债率	净资产收益率	营业收入增长率	资产增长率
2004	0.0000	0.0000	0.5755	0.4069	0.0107	0.0000	0.0000	0.0611	0.6799	0.0000
2005	0.2212	0.0151	0.4841	0.3325	0.0000	0.1048	0.6862	0.0000	0.2404	0.3208
2006	0.8767	0.1001	0.6601	0.2949	0.0528	0.1480	1.0000	0.1102	0.0000	0.8390
2007	0.6432	0.5090	0.1136	1.0000	1.0000	1.0000	0.9085	1.0000	0.2224	0.8858
2008	1.0000	1.0000	0.0000	0.0410	0.2873	0.2579	0.6669	0.7458	0.1983	1.0000
2009	0.6588	0.9772	1.0000	0.2656	0.5790	0.9999	0.7647	0.6598	1.0000	0.5245
2010	0.1302	0.7292	0.8515	0.0000	0.4780	0.7641	0.7371	0.8400	0.3322	0.6218

将表9.16中的数据代入公式(9－10)，得到高技术企业业务协同各子系统有序度，如表9.17所示。

表9.17 高技术企业业务协同系统各子系统有序度

年份	资源共享子系统有序度	资源互补子系统有序度	绩效子系统有序度
2004	0.2106	0.1985	0.1462
2005	0.2438	0.1824	0.3199
2006	0.5201	0.1897	0.4987
2007	0.4014	1.0000	0.8067
2008	0.6340	0.1626	0.6609
2009	0.8973	0.5209	0.7343
2010	0.6081	0.3109	0.6758

从表9.17中可知,2004～2010年高技术企业业务协同资源共享子系统、资源互补子系统、绩效子系统的有序度逐步提高,这表明高技术企业随着技术创新能力不断增强并注重了资源共享以及互补资产的建设。图9.5更为明显地体现了三个子系统的有序度的变化。

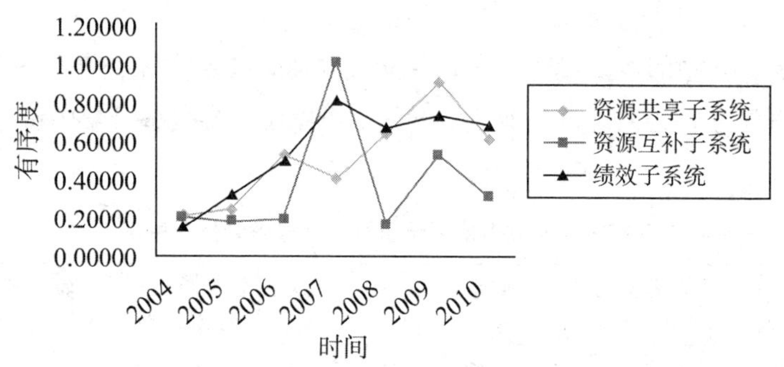

图9.5　高技术企业业务协同系统子系统有序度

9.3.4.4　中国高技术企业业务协同系统协同度

将表9.17中的数据分别代入公式(9－13),得到中国高技术企业业务协同系统协同度以及各子系统间相互协同程度,如表9.18所示。

表9.18　　中国高技术企业业务协同系统协同度

年　份	2005	2006	2007	2008	2009	2010
系统协同度	0.0059	0.0262	0.3243	0.0878	0.3514	0.1536
资源共享－绩效系统协同度	0.0084	0.1516	0.1737	0.2872	0.4874	0.2784
资源互补－绩效系统协同度	0.0041	0.0045	0.6029	0.0268	0.2534	0.0848

9.3.4.5　结果分析

根据计算结果,本研究绘制了中国高技术企业业务协同系统子系统有序度及系统协同趋势图,见图9.5和图9.6。从图9.5和图9.6中可看出,2004年到2010年期间,中国高技术企业业务协同度总体上不断上升,即绩效子系统、资源共享子系统和资源互补子系统协调发展。这主要是由于三个子系统有序度不断提高造成的,尤其是资源共享子系统和资源互补子系统提高较快,推动了整体协同度的上升。从整体上看,中国高技术企业业务协同程度还不高,平均协同度基本都低于0.5,处于低位运行状态,但从总的趋势来看,这种状况正在改善。

图9.6显示了资源共享－绩效以及资源互补－绩效的系统协同状况。

2004～2010年，资源共享－绩效系统协同度逐步提升，表明高技术企业运营过程中重视了资源的共享。值得注意的是，资源互补子系统虽然在2004～2010年期间不断提高，但总体偏低且不稳定。综合图9.5和图9.6可知，资源互补－绩效子系统协同度较低是导致整体系统协同度较低的主要原因。这说明，中国高技术企业在互补资源建设方面还存在一定的差距。

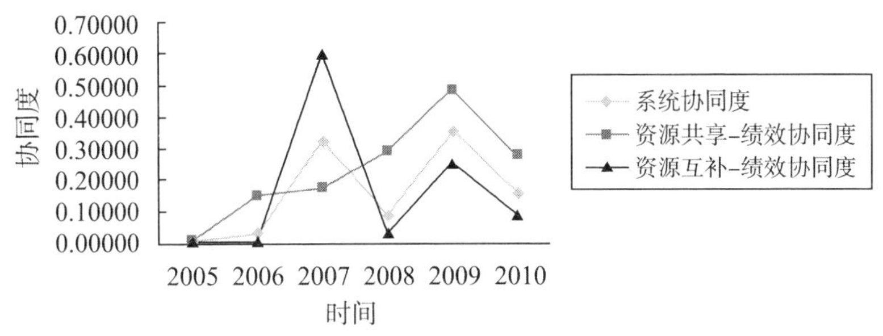

图9.6　高技术企业业务协同系统协同趋势图

9.3.5　基于宏观视角提升企业业务协同度路径选择

根据上述分析可知，多元化企业业务协同度的提高取决于资源共享、资源互补以及企业绩效三个子系统有序度同步提升。因此，作为多元化企业的管理者应当在关注资源共享、降低成本的同时，注重互补性资产的投资，两方面发展都不能偏废。实践中，多业务企业通常更为关注资源共享，在互补性资产的建设上还不能同步发展。特别是现阶段多数企业不断引进技术或加大自主创新力度使创新能力不断得到提升，但多数企业并没能从创新投入中获得满意的财务收益。由此可知，成功的技术创新不仅取决于企业的技术研发能力更取决于出色的商业化过程[6]。而互补资产是影响技术创新商业化过程的重要因素。因此，企业应关注互补资产的建设，甚至通过外部能力来弥补自身在互补资产上的不足。近年来，战略联盟、供应链协同、企业合作网络的不断发展是最好的例证。

提升企业业务协同度的路径可从以下几个角度展开：一是加强业务之间的资源共享程度。这与从微观角度研究的提升企业业务协同度的路径是一致的。实际上，实践中多数企业都注重了这一点，加强了业务之间的关联性，提升业务间的协同度。二是注重互补资产的建设。在微观角度提升业务协同度的分析中，谈到加强核心业务盈利能力是关键要素。在这一部分中，将技术能力作为了核心能力,因而加强资源间的互补性可有效提升企业协同度。近年来,国际上的大企业在这方面非常注重,在营销渠道、人力资源等方面都给予了高度重视。三是注重资源共享与互补的协调。这也是提升业务协同度的关键,只有这两个方面协调发展了,整体业务协同度才能得到提升,协同效应才能得到最大化。

9.4 本章小结

本章首先在分析业务关联与协同关系的基础上,提出了一种直接度量业务协同的方法,然后采用该方法实证测度了中国化学原料及化学制品制造业上市公司业务协同状况。结果表明中国化学原料及化学制品制造业业务关联度高但并未一直得到协同发展。该方法仅是判断多业务企业各项业务协同状况,还无法明确哪些因素导致业务间不协同,因此,提出多指标面板数据因子分析方法对中国化学原料及化学制品制造业上市公司业务协同影响因素进行分析,得出了业务关联因子、资源共享因子、业务行为共享因子以及核心业务盈利因子四个公因子。企业在实践中可依据公因子分析哪些因素是业务协同中的短板因素,为多业务企业协同发展提供依据。另外,本章还提出了度量多业务企业业务协同的协同度模型,利用该模型对中国高技术企业业务协同度进行度量,这样可更加精确地了解业务协同状况,同时可有效地提出提高业务协同能力的策略。

第十章　研究结论与展望

10.1　研究结论

本书从多元化企业各项业务运营协同的视角研究了多元化企业价值的生成。特别是本书创新性地探索了两个方面的问题:第一,从效率性协同的角度研究企业多业务协同中协同效应的实现;第二,从价值增长性协同的角度研究在多元化企业中各项业务之间实现资源互补,价值增长。在已有的战略管理或者组织研究文献中多是从资源共享的角度探索效率性协同,获得了较为丰富的研究成果。然而,资源共享产生了范围经济也带来了协同成本。已有文献关注了前者而忽视了后者带来的影响。因此,对协同成本的深入探索是本书在效率性协同的研究的一个重要课题。效率性协同更多的体现在有形资源的共享,而无形资源的共享可更为有效地降低成本,获得协同效应。因而本书在效率性协同方面的研究更侧重于无形资源的共享产生的协同。本书同时从协同效应产生的另外一个来源进行研究,即从资源互补的角度研究运营协同,实现价值增长。最后,构建了业务协同测度模型对多元化企业运营协同状况进行测度,提出了提高业务协同度的各种策略方法。本书从以上几个方面展开研究,得出了以下结论。

1. 协同成本非线性增长并影响多元化战略的选择

相关多元化是企业集团在发展过程中普遍采取的战略模式,现有的研究更关注企业如何利用业务间的相关性来获取协同收益,而忽视了相关多元化带来的协同成本。事实上,企业采用相关多元化战略最初时可通过共享资源降低成本获取协同收益,此时由于业务数量少、管理成本低,因而协同成本低。然而,随着业务数量的增长,多业务之间共享资源带来了协同成本的提升,协同成本也将会急剧增加,最终协同成本抵消掉范围经济带来的收益。因此,协同成本是影响企业绩效及多元化选择的重要因素。本书通过仿真分析的方法,对协同成本影响多元化战略选择的过程展开分析,发现协同成本对企业绩效的影响将不断加大,并最终影响到多元化战略的选择。

进一步,本书深入探索了协同成本的特点并采用结构突变模型分析协同成本的变化,控制协同成本的增长。协同成本来源于企业各业务间的关联,各业务间关联性越强,协同成本越高,本书采用业务间关联程度的累积值表征协同成本,提出了一种新的度量协同成本的方法。企业的多元化发展过程体现了协同成本的变化过程,因此本书在提出协同成本的增加是一个非线性增长的过程后,以海尔多元化业务协同成本变化为例进行了实证分析。协同成本的非线性特性为企业采用相关多元化战略的绩效为什么低于无关多元化战略提供了一种解释,即随着业务数量的增加,企业采用相关多元化可能产生过高的协同成本,导致其绩效下降。当相关多元化的协同收益低于其协同成本时,相关多元化的绩效就可能低于无关多元化或者各业务独立经营的绩效。因此,从协同成本非线性特性的角度来看,企业应当注意平衡业务间的相关性,控制协同成本的增长。

2. 技术关联与企业绩效存在倒 U 型关系,外部环境与互补资产皆可调节两者间关系

本书采用面板数据模型,利用多元回归分析的方法对技术关联、企业绩效、环境动态性、包容性以及互补资产这几个变量之间的关系进行了实证检验。首先,研究发现技术关联程度与企业绩效呈现倒 U 形关系。这表明,过高或过低的技术关联都不利于企业绩效的提升。其次,市场专业化互补资产对技术关联和企业绩效间关系的调节作用并不显著。这或许是由于高技术产品的独特性造成的。高技术产品不同于传统的产品,当高技术企业还按照传统的方式投资营销体系,那么形成的市场互补资产或许不能有效地支持企业绩效的提升。最后,人力专业化互补资产对技术关联和企业绩效间关系起到了正向的调节作用。高技术企业需要人力资源进行产品创新,尤其是企业技术范围越来越广泛时更是如此。

本书还进一步发现环境包容性和动态性负向调节技术关联与企业绩效的关系。在资源获取较为容易的环境中,以较低的成本获取外部资源,同时关注企业核心技术领域,通过提高技术关联度可有效促进企业绩效的提升。而在外部环

境较为动荡的时候,过高的技术关联显然会增大企业经营风险,因此适当降低技术关联度并增大技术多元化程度可有效缓解动荡环境带来的影响。

3. 互补资产建设可提升企业绩效,同时也调节技术多元化与绩效关系

企业资源之间的互补性将会为企业带来利润的增长,产生协同效应。反之,技术优势再明显,却无法使之商业化,企业也就不能从自己的先进技术中获得利润回报。实证研究表明,企业技术创新商业化过程中非常重要的互补资产,即生产制造资产、市场资产以及人力资产对企业绩效的提升具有重要的影响。

之后,在分析产品或业务所需互补性资产基础上,本书提出互补资产协同的概念,并实证分析了互补资产协同对企业绩效的影响,并探讨了技术关联对两者间关系的调节作用。首先,互补资产协同与企业绩效成正相关关系。这表明,除了核心技术资源外,互补资产协同可有效促进企业绩效的提升。其次,技术关联对生产制造互补资产与市场互补资产协同和企业绩效的关系存在负向调节作用。同时,技术关联对生产制造互补资产、市场互补资产与人力互补资产协同和企业绩效的关系存在正向调节作用也仅是部分支持。这表明,当高技术企业充分利用生产制造互补资产和市场互补资产协同时,过高的技术关联不利于企业绩效的提升。分析原因,生产制造互补资产与市场互补资产协同时表明客户具有相似需求且可利用已有的设备完成生产,而若产品或业务技术关联度高时显示产品或业务具有同质性,不利于提高企业绩效。因此,企业若充分利用已有的生产制造互补资产和市场互补资产时,其技术创新应尽量避免使企业的业务组合产生同质性,应多强调突破性创新。最后,技术关联对生产制造互补资产与人力互补资产协同与企业绩效和市场互补资产与人力互补资产协同与企业绩效的关系具有正向调节作用。这表明,企业在技术商业化过程中可充分利用这几类互补资产的协同并提高技术关联度来提升企业绩效。若企业缺乏某项互补资产时,可积极寻求与其他企业的合作,通过共享互补资产实现互补资产间的协同,获得高绩效。

本书又进一步研究了互补资产对技术多元化与企业绩效关系的调节作用。技术多元化对企业绩效具有积极的影响。而生产制造互补资产对技术多元化与企业绩效间的关系调节作用并未得到完全的支持。这表明出色的制造能力并不能完全贡献于技术创新的商业化过程。市场互补资产和人力互补资产对技术多

元化与企业绩效间的关系调节作用非常明显。这表明高技术企业实施技术创新既需要遵循市场引导,又需要依靠人才队伍,而我国不少高技术企业重技术、轻市场、缺人才,导致其技术创新活动缺乏持续性和效益。

4. 企业业务运营协同测度

依据托宾Q值的原理,本书提出了直接度量业务协同的新方法。利用该方法,本书度量了中国化学原料及化学制品制造业的协同状况,发现几年中样本企业并未一直得到协同发展。该方法有效地度量了企业业务协同状况,克服利用业务间关联度度量业务协同的缺点和不足,为战略管理理论研究或管理实践提供了一种新的思路。然后,本书提出了多指标面板数据因子分析方法有效地解决了传统因子分析只能处理横截面数据的问题。运用面板数据因子分析法分析了中国化学原料及化学制品制造业上市公司,提取了四个公因子,为该行业提高运营协同程度提供了理论依据和发展路径。之后,根据样本企业的因子得分及整个期间面板数据综合总得分对样本企业进行排序,为企业提高业务协同水平提供了有效的方法。该方法可研究一段时期内企业业务协同状况,便于企业纵向分析业务协同发展趋势,明确促进企业业务协同的路径和方法。另外,采用多指标面板数据因子分析方法,使相关企业可以发现影响本企业业务协同的关键因素,同时通过对因子排序或分析可以发现影响业务协同的优势因素和短板因素,企业可通过对相对落后的公共因子所涉及的指标进行改进从而使得企业业务间协同发展。

本书将高技术企业业务协同发展看作为系统发展过程,运用二象对偶理论将高技术企业业务协同系统划分为绩效子系统、资源共享子系统和资源互补子系统,引入复合系统协同度模型,对高技术企业业务协同系统协同发展过程进行了实证分析。只有高技术企业业务协同系统三个子系统协调发展才能促进整个业务协同系统的稳定发展。研究表明,2004~2010年间我国高技术企业业务协同系统一直处于低位运行状态,并逐步趋于改善。

10.2 管理启示

1. 对于多元化成长企业而言,研究协同成本的变化状况是有效实施多元化

战略的重要前提

本书按照企业开展业务数量的变化,将相关多元化协同成本的变化曲线分为两部分。当业务数量低于某个数值时,协同成本低于协同收益,是相关多元化适宜区;当业务数量增加高于该数值时,协同成本高于协同收益,进入了相关多元化不适宜区。作为企业的管理者应当在实施相关多元化战略过程中避免进入到不适宜区,以保证相关多元化战略的有效性。另外,本书利用结构突变模型对协同成本的突变点进行判断和识别,从而为企业控制协同成本提供一种方法。在突变点上,企业面临的协同成本将发生急剧变化,突变点成为协同成本快速增加的预警点。此时,如果企业管理者能合理选择产品或业务,注意控制各业务间关联性,可以有效避免协同成本的影响。

2. 技术关联与企业绩效倒 U 形关系可知,企业在技术创新实践中,应当把握技术间关联程度,达到技术关联的最优水平

企业资源观认为企业应以核心资源和能力为基础建立业务组合从而有效发挥协同效应,且特别强调获取以技术知识为基础的潜在协同收益。然而,技术关联与企业绩效的倒 U 形关系表明了过度的技术知识的相近会导致协同收益的降低。这为企业技术创新发展提供了新的理论依据。企业技术创新可分为探索式创新和利用式创新,探索式创新强调获取和创造全新的知识,脱离企业现有的知识基础,因而技术不相关;利用式创新以企业现有的知识基础为依托进行渐进的创新,因而技术相互关联。实证结果表明过多的探索式创新或利用式创新都不利于企业绩效的提升,即两种创新趋于平衡将更有助于提高绩效。因此,企业在实施技术创新战略过程中,应注意探索式创新和利用式创新的互补,才能达到企业绩效的最大化。

3. 互补资产可有效促进企业绩效的提升,加强生产制造、市场、人力等互补性资产的建设非常重要

该项研究发现使企业充分认识到销售渠道、互补技术、售后服务等互补性资产的重要性。企业应及时采用专用设备组织生产、改进生产流程与生产工艺,用高性价比的产品来获取技术创新带来的利润。在完成资本和技术积累后从国内市场的角度构建自己的市场互补资产,从而更有效地参与竞争。当然,人力资产是企业获得竞争优势的关键资产,在技术研发、管理、服务等方面具有重要作用,

因此，吸引人才、培育人才才能在未来激烈竞争的市场中占据主动，获得更多的经济回报。

另外，企业要实现核心技术的商业化，快速获取高利润，除了充分利用核心技术资源提高其市场竞争能力外，互补资产间的协同也是企业应当重点关注的内容。日本动漫产业不仅在核心技术上领先全球市场，而且充分利用互补资产协同发展。《千与千寻》在日本国内票房收入过亿，并且借助迪斯尼的发行渠道成功打入美国市场，同时大力开发书籍、漫画等印刷物获得了高额回报。而深圳环球数码媒体科技有限公司制作的《魔比斯环》在核心技术方面并不落后于日本同等动漫水平，其商业化效益不高的关键是互补资产协同缺失，如发行渠道单一、下游没有开发衍生品等。因此，我国现阶段产品更新换代非常快，从技术开发到推向市场的周期不断缩短，这就要求企业的生产制造与市场销售能力等互补资产协同发展，支持技术的商业化过程。

4. 现阶段我国高技术企业的技术多元化程度远远低于国外发达国家的企业技术多元化程度

Leten 得出的美国、欧洲、日本等发达国家和地区的企业技术多元化程度为 4.56，远高于我国高技术上市公司的技术多元化程度 3.51。从实际状况来看，高技术企业的技术创新能力还不强，制约了企业进一步发展。据统计，2009 年全国 42.9378 万家规模以上工业企业中，当年申请专利的仅有 2.5375 万家，占全部规模以上工业企业的 5.9%。从实证研究结果来看，技术多元化可有效促进企业绩效的提升。因此，我国高技术企业应当加快技术创新，扩大技术范围，掌握覆盖多个领域的知识技能，这样才能及时识别新兴的技术机会对企业竞争能力提升的潜在价值，增强企业市场竞争优势。

我国作为制造业大国，制造能力较强，成本较低，从而在国际市场上赢得了竞争优势。然而，生产制造互补资产对技术多元化与企业绩效的调节效应研究表明这些竞争优势在未来的竞争中可能并不能完全有助于高技术企业的发展。那么，作为企业高层管理者应避免执着地强调生产，一味地从降低成本中获益。而市场互补资产和人力资产的调节效应明显则提醒了企业管理者在强调技术创新的同时，一方面要强化自身营销体系和人才建设，另一方面也可以通过建立有效的合作机制弥补自身市场互补资产和人力互补资产的不足。另外，互补资产对技术关联与绩效关系调节作用研究为企业管理者实施技术创新战略提供了新的思路。企业可通过加强人力资本投资来提高创新收益,特别是随着企业的发展,技术多元化程度不断提高,技术范围也越来越大,对人力资本的需求也将不断增长。因此,企业应当重视对人力资源的管理,充分认识到充足的人力资本是提高企业绩效的重要保障,并努力提高企业技术创新能力从而更有效地适应环境的动态变化,实现企业竞争优势。

5. 从业务协同度度量结果可知,资源互补子系统有序度相对较低且不稳定,资源互补-绩效系统协同度低是造成整体系统协同度较低的重要原因

长期以来,我国高技术企业互补资产的建设一直得不到足够的重视,这大大削弱了我国高技术产品的价格优势,是造成在国际市场上缺乏竞争力主要原因。例如,在市场资产建设方面,营销人员对高技术产品知识掌握不够、缺乏营销支持等。在人力资产建设方面,高技术企业人才数量严重不足且流失严重,大大影响了高技术企业的研发能力和技术积累,制约了整个高技术产业的发展。因此,企业除了加强研发能力外,还应当关注自身互补资产的建设,特别是人力资产、市场资产等重要互补资产的建设。另外,作为高技术企业的管理者,政府应当积极地引导企业间相互合作,通过技术研发企业和提供互补资产的企业之间相互合作,弥补自身互补资产的不足,把握市场机会,形成双赢局面。

10.3 研究展望

前面的部分主要讨论了本书的主要研究结论以及在管理实践方面的应用,当然,本书的研究不可避免地还存在许多不足,在未来的研究中可进一步地深入分析和探讨。

1. 本书在运营协同方面的研究是从效率性协同和增长性协同两个方面展开,探讨了技术关联、协同成本以及互补资产对企业绩效的影响。然而,本书的讨论更多的是将这两类协同分离开来进行研究。实际上,许多大企业是在实现效率性协同的同时也积极地实现价值增长性协同。因此,同时关注价值增长性协同和效率性协同可产生许多非常有意义的研究方向。首先,将这两类协同联系起来,从许多变量中寻找合适调节变量进一步分析调节变量如何

影响两类业务协同与企业绩效的关系。有可能的变量包括产业类别、环境包容性与动态性、公司或业务战略的类型以及企业管理模式等等。其次，可以进一步研究为实现两类业务协同，企业内部组织结构应如何调整更能促进绩效的提高。

2. 本书的研究在样本和数据选择方面还存在一定的局限性。本书在选择样本时，为了数据的可获得性，无一例外地都选择了上市公司作为研究样本。而上市公司仅仅是国内企业的一部分，样本量还不够全面。进一步的研究方向是围绕现有的研究，采用调研的方法对非上市公司的业务协同状况进行调查从而获得更全面的企业层面的调研数据，深入探讨中国多元化企业业务协同问题。这样，可更加全面细致地实证分析中国企业在效率性协同和增长性协同两个方面的情况从而更加准确地对企业实践提供指导。

参考文献

[1] Jun Zhao. Ownership structure and corporate diversification strategies of Chinese business groups [J]. *Management Research Review*, 2010, 33 (12):1101 – 1112

[2] Sung C. Baea, Taek Ho Kwon, Jang W. Lee. Does corporate diversification by business groups create value? Evidence from Korean chaebols[J]. *Pacific-Basin Finance Journal*, 2011, 19(5): 535 – 553

[3] Goold M, Campbell A. Desperately seeking synergy[J]. *Harv Bus Rev*, 1998,76(5): 130 – 143

[4] Sung-Geun Yoon, Sunwon Park, Jeongseok Lee, Peter M Verderame, Christodoulos A Floudas. Evaluation of Synergy Effect in the Horizontal Merger of Companies in a Petrochemical Complex [J]. *Industrial & Engineering Chemistry Research*,2009,48(24): 11017 – 11033

[5] Martin J A, Eisenhardt K M. *Cross-business synergy: Sources, processes and the capture of corporate value*[D]. Austin: The University of Texas, McCombs School of Business,2002

[6] Porter ME. From competitive advantage to corporate strategy[J]. *Harv Bus Rev*,1987, 65(3): 43 – 59

[7] Chiao Y, Yu C M J, Li P Y, Chen Y C. Subsidiary size, internationalization, product diversification, and performance in an emerging market[J]. *International Marketing Review*, 2008, 25(6): 612 – 633

[8] Vizjak A. Exploiting Your Synergy Potential: Promoting. Collaboration Be-

tween Business Units[J]. *Lang Range Planning*, 1994, 27(1):25 -35

[9] Marta Degl'Innocentia, Claudia Girardone. Ownership, diversification and cost advantages: Evidence from the Italian leasing industry[J]. *Journal of International Financial Markets, Institutions and Money*,2012,22(4): 879 -896

[10] Purkayastha S, Manolova T S, Edelman L F. Diversification and Performance in Developed and Emerging Market Contexts: A Review of the Literature[J]. *International Journal of Management Reviews*, 2012, 14(1): 18 -38

[11] Eisenhardt, Galunic. Coevolving: At Last, a Way to Make Synergies Work[J]. *Harv Bus Rev*, 2000, 78(1):91 -101

[12] Müller-Stewens G, Knoll S. *Smart Linking: Steigerung von Wachstum und Profitabilität durch innovatives geschäftseinheitenübergreifendes Synergienmanagement*[D]. Published Study, University of St. Gallen,2006

[13] Davis R, Duhaime IM. Diversification, vertical integration, and industry analysis: new perspectives and measurement[J]. *Strategic Management Journal*,1992,13(7):511 -524

[14] Pehrsson, A. Business scope and competitive differentiation : a study of strategy consistency[J]. *Strategic Change*,2006,15(7 -8): 319 -330

[15] Andreu R, Claver E, Quer D. Type of diversification and firm resources: new empirical evidence from the Spanish tourism industry[J]. *International Journal of Tourism Research*, 2009,11(3): 229 -239

[16] Bruno Cassiman, Massimo G Colomboc, Paola Garrone, Reinhilde Veugelers. The impact of M&A on the R&D process: An empirical analysis of the role of technological and market relatedness[J]. *Research Policy*, 2005, 34(2): 195 -220

[17] Dess G G, Gupta A, Hennart J-F, Hill CWL. Conducting and integrating strategy research at the international, corporate, and business levels: issues and directions[J]. *Journal of Management*,1995,21: 357 -393

[18] 邱国栋，白景坤. 价值生成分析:一个协同效应的理论框架[J]. 中国工业经济，2007，(6)：88 -95

[19] Li M, Wong Y. Diversification and economic performance: an empirical assessment of Chinese firms[J]. *Asia Pacific Journal of Management*, 2003, 20(2): 243 -265

[20] 黄山,宗其俊,蓝海林. 中国企业集团行业多元化与绩效关系的实证检验——对 DP 关系模型的修正[J]. 科学学与科学技术管理,2008, 29(5):128 -134

[21] 邓新明. 我国民营企业政治关联、多元化战略与公司绩效[J]. 南开管理评论,2011，14(4)：4 -15

[22] 姚俊,吕源,蓝海林. 我国上市多元化与经济绩效关系的实证研究[J]. 管理世界，2004，(11)：119 -135

[23] 陈收,曾丹,杨艳,黎传国. 多元化战略协同效应——以涉足房地产行业的企业为例[J]. 系统工程，2012,30(1):8 -14

[24] 权圣容,吴贵生,格佛海. 不确定环境下多元化战略对企业绩效的影响——以韩国企业集团为例[J]. 科研管理,2012,33(3):89 -95

[25] Rumelt RP. *Strategy, structure, and economic performance*[M]. Harvard University, Boston, MA, 1974

[26] John C H S, J S Harrison. Manufacturing-based relatedness, synergy, and coordination[J]. *Strategic Management Journal*, 1999, 20(2): 129 -145

[27] Capron L, J Hulland. Redeployment of brands, sales forces, and general marketing management expertise following horizontal acquisitions: A resource-based view[J]. *Journal of Marketing*, 1999, 63(2): 41 -54

[28] Leslie E Palich, Gary R Carini, Samuel L Seaman. The Impact of Internationalization on the Diversification-Performance Relationship: A Replication and Extension of Prior Research[J]. *Journal of Business Research*, 2000,48(1): 43 -54

[29] Katrin Hussinger. On the importance of technological relatedness: SMEs

versus large acquisition targets[J]. *Technovation*, 2010, 30(1): 57 - 64

[30] Antonio Messeni Petruzzelli. The impact of technological relatedness, priorties, and geographical distance on university-industry collaborations: A joint-patent analysis[J]. *Technovation*,2011,31(7): 309 - 319

[31] Pehrsson, A. Competition barriers and strategy moderations: Impact on foreign subsidiary performance [J]. *Global Strategy Journal*, 2012, 2(2): 137 - 152

[32] Jianyun Tang, W Glenn Rowe. The liability of closeness: Business relatedness and foreign subsidiary performance[J]. *Journal of World Business*, 2012, 47(2): 288 - 296

[33] Makri M, Hitt M A, Lane P J. Complementary technologies, knowledge relatedness, and invention outcomes in high technology mergers and acquisitions[J]. *Strategic Management Journal*, 2010, 31(6): 602 - 628

[34] Davis P S, Robinson R B, Pearce J A, Park S H. Business unit relatedness and performance: A look at the pulp and paper industry[J]. *Strategic Management Journal*, 1992,13(5): 349 - 361

[35] Priem RL, Butler JE. Is the resource-based "view" a useful perspective for strategic management research? [J]. *The Academy of Management Review*,2001a,26(1):22 - 40

[36] Priem RL, Butler JE. Tautology in the resource-based view and the implications of externally determined resource value: further comments [J]. *The Academy of Management Review*,2001b, 26(1):57 - 66

[37] Grant RM. On "dominant logic", relatedness and the link between diversity and performance[J]. *Strategic Management Journal*,1988,9(6): 639 - 642

[38] Montgomery CA, Hariharan S. Diversified expansion by large established firms[J]. *Journal of Economic Behavior & Organization*,1991,15(1):71 - 89

[39] Chatterjee S. Excess resources, utilization costs, and mode of entry[J]. *The Academy of Management Review*,1990,33(4):780 - 800

[40] Chatterjee S, Wernerfelt B. The link between resources and type of diversification: theory and evidence[J]. *Strategic Management Journal*, 1991, 12(1): 33 -48

[41] 王力军，童盼. 民营上市公司控制类型、多元化经营与企业绩效[J]. 南开管理评论，2008，11(5):31 -39

[42] Tsai W. Social capital, strategic relatedness and the formation of intra-organizational linkages[J]. *Strategic Management Journal*, 2000, 21(9): 925 -939

[43] Stefan Hauschild, Dodo zu Knyphausen-Aufseß. The resource-based view of diversification success: conceptual issues, methodological flaws, and future directions[J]. *Review of Managerial Science*, 2012, 6:1 -37

[44] Pehrsson A. Business relatedness and performance: a study of managerial perceptions[J]. *Strategic Management Journal*, 2006, 27(3): 265 -282

[45] Amit R, Livnat J. Diversification strategies, business cycles and economic performance[J]. *Strategic Management Journal*, 1988b, 9(2):99 -110

[46] Jacquemin AP, Berry CH. Entropy measure of diversification and corporate growth[J]. *The Journal of Industrial Economics*, 1979, 27(4):359 -369

[47] Montgomery CA, Wernerfelt B. Diversification, Ricardian rents, and Tobin's q[J]. *The RAND Journal of Economics*, 1988, 19(4): 623 -632

[48] Berry CH. Corporate growth and diversification[J]. *Journal of Law and Economics*, 1971, 14(2):371 -383

[49] Montgomery CA The measurement of firm diversification: some new empirical evidence[J]. *The Academy of Management Journal*, 1982, 25(2): 299 -307

[50] 王亮，刘敦虎，彭青峰. 多元化程度度量法比较分析、发展趋势及在我国实践中应用[J]. 管理评论，2009，21(12):94 -100

[51] Teece D J, Rumelt R, Dosi G, Winter SG. Understanding corporate coher-

ence: theory and evidence[J]. *J Econ Behav Organ*,1994, 23(1):1 -30

[52] Capron L, Pistre N. When Do Acquirers Earn Abnormal Returns? [J]. *Strategic Management Journal*,2002,23(9): 781 -794

[53] Harrison JS, Hall EH Jr, Nargundkar R. Resource allocation as an outcropping of strategic consistency: performance implications [J]. *The Academy of Management Journal*, 1993, 36(5): 1026 -1051

[54] Robins J A, M F Wiersema. The measurement of corporate portfolio strategy: Analysis of the content validity of related diversification indexes[J]. *Strategic Management Journal*, 2003,24(1): 39 -59

[55] Sambharya RB. Assessing the construct validity of strategic and SIC-based measures of corporate diversification[J]. *British Journal of Management*, 2000, 11(2):163 -173

[56] 韦小柯. 以往绩效与企业多元化战略因果关系研究[J]. 管理评论, 2008, 20, (3): 45 -49

[57] Fan P H Joseph, Lang Larry H P. The measurement of relatedness: An application to corporate diversification[J]. *Journal of Business*, 2000, 73 (4):629 -660

[58] Praveen R. Nayyar. Performance effects of information asymmetry and economies of scope in diversified service firms[J]. *The Academy of Management Journal*,1993, 36(1): 28 -57

[59] Pehrsson, A. Business relatedness measurements: state-of-the-art and a proposal[J]. *European Business Review*[J]. 2006, 18(5): 350 -363

[60] Capron L, Dussauge P, Mitchell W. Resource redeployment following horizontal acquisitions in Europe and North America, 1988 - 1992[J]. *Strategic Management Journal*,1998,19(7): 631 -661

[61] Corsino M, Passarelli M. The competitive advantage of business units: Evidence from the integrated circuit industry[J]. *European Management Review*,2009, 6(3): 182 -194

[62] Farjoun M. Beyond industry boundaries: human expertise, diversification and resource-related industry groups[J]. *Organ Sci*,1994,5(2):185 - 199

[63] Farjoun M. The independent and joint effects of the skill and physical bases of relatedness in diversification[J]. *Strategic Management Journal*, 1998,19(7): 611 -630

[64] Coff R W, D E Hatfield. *A resource-based view of value creation in acquisitions: An expertise-based measure of relatedness*[C]. Presented at the Acad Management Meeting, Vancouver BC, Canada, 1995

[65] Robins JA, Wiersema MF. A resource-based approach to the multi-business firm: empirical analysis of portfolio interrelationships and corporate financial performance[J]. *Strategic Management Journal*, 1995,16(4): 277 -299

[66] Tsai W. Social structure of coopetition within a multiunit organization: Coordination, competition, and intra-organizational knowledge sharing[J]. *Organization Science*, 2002,13(2): 179 -190

[67] Nayyar PR. On the measurement of corporate diversification strategy: evidence from large U. S. service firms[J]. *Strategic Management Journal*, 1992,13(3):219 -235

[68] Pehrsson A. Customer access and competitive certainty: performance effects in Swedish foreign subsidiaries[J]. *Strategic Change*, 2008, 17(5 -6):179 -192

[69] Stimpert JL, Duhaime IM. In the eyes of the beholder: conceptualizations of relatedness held by the managers of large diversified firms[J]. *Strategic Management Journal*,1997, 18(2):111 -125

[70] Hoskisson R E, M A Hitt, R A Johnson, D D Moesel. Construct validity of an objective (entropy) categorical measure of diversification strategy [J]. *Strategic Management Journal*, 1993, 14(3): 215 -235

[71] Farjoun M, Lai L. Similarity judgments in strategy formulation: role,

process and implications [J]. *Strategic Management Journal*, 1997, 18 (4):255 - 273

[72] Pehrsson, A. Business-relatedness and strategy moderations: Impacts on foreign subsidiary performance[J]. *Journal of Strategy and Management.* 2010, 3(2): 110 - 133

[73] 韦小柯. 多元化业务相关性与企业绩效关系研究[R]. 浙江大学博士论文, 2007

[74] Markides CC, Williamson PJ. Related diversification, core competences and corporate performance[J]. *Strategic Management Journal*, 1994, 15 (2):149 - 165

[75] Pehrsson A. Strategy competence: a study of successful business establishments[J]. *Strategic Change*, 2004,13(5): 271 - 282

[76] Tanriverdi H. Performance effects of information technology synergies in multi-business firms[J]. *MIS Quarterly*, 2006, 30(1):57 - 77

[77] Piscitello L. Corporate diversification, coherence and economic performance[J]. *Industrial and Corporate Change*, 2004,13(5):757 - 787

[78] Mitchell W. Are more good things better, or will technical and market capabilities conflict when a firm expands? [J]. *Industrial and Corporate Change*, 1992, 1(2):327 - 346

[79] Ilinitch AY, Zeithaml CP. Operationalizing and testing Galbraith's center of gravity theory[J]. *Strategic Management Journal*, 1995,16(5):401 - 410

[80] D'Aveni RA, Ravenscraft DJ, Anderson P. From corporate strategy to business-level advantage: relatedness as resource congruence[J]. *Manag Decis Econ*, 2004, 25(6/7):365 - 381

[81] Richard A. Davis, Thomas Mikosch. Measures of serial extremal dependence and their estimation[J]. *Stochastic Processes and their Applications*, 2013, 123(7): 2575 - 2602

[82] Georg Szeless, Margarethe Wiersema, Günter Müller-Stewens. Portfolio

Interrelationships and Financial Performance in the Context of European Firms[J]. *European Management Journal*, 2003,21(2): 146 - 163

[83] 贾军, 张卓. 技术关联对企业绩效的影响研究——基于互补资产的调节作用[J]. 科学学研究,2012,30(6):909 - 915

[84] 原毅军, 耿殿贺, 张乙明. 技术关联下生产性服务业与制造业的研发博弈[J]. 中国工业经济, 2007,(11):80 - 87

[85] 梁启华,高毅蓉. 跨国公司的技术关联性对产业集聚的影响机理[J]. 研究与发展管理, 2006,18(4):39 - 46

[86] John C Panzar, Robert D Willig. Economies of Scope[J]. American Economic Review, 1981,71(2): 268 - 272

[87] 张辑. 企业多元化经营的范围经济策略探析[J]. 企业经济, 2008,(12):5 - 7

[88] 陈章武, 李朝晖. 范围经济:获得竞争优势的一种思路[J]. 经济管理, 2002,(12):18 - 24

[89] H. David Sherman, Timothy J Rupert. Do bank mergers have hidden or foregone value? Realized and unrealized operating synergies in one bank merger[J]. *European Journal of Operational Research*, 2006, 168(1): 253 - 268

[90] Danielle Lewis, James R. Webb. Potential cost synergies from banks acquiring real estate brokerage services[J]. *Journal of Banking & Finance*, 2007,31(8):2347 - 2363

[91] H I Ansoff. *The New Corporate Strategy*[M]. New York: John,1988

[92] Besanko D, Dranove D, Shanley M. *Economics of Strategy*[M]. New York: John Wiley & Sons, Inc, 2000

[93] Ansari S, Schouten M, Verwaal, E. Unlocking synergies between business units: internal value creation at Royal Vopak[J]. *Strategic Change*, 2006, 15(7 - 8): 353 - 360

[94] Mahajan Vijay, Wind Yoram. Business Synergy Does Not Always Pay Off

[J]. *Long Range Planning*, 1988,21(1):59 - 65

[95] Davis R, Thomas LG. Direct estimation of synergy: a new approach to the diversity performance debate[J]. *Manag Sci*,1993,39(11):1334 - 1346

[96] Jeffrey A Martin, Kathleen M Eisenhardt. Rewiring: cross-business-unit collaborations in multibusiness organizations[J]. *Academy of Management Journal*, 2010, 53(2):265 - 301

[97] H. Young Baek. Corporate diversification and performance: evidence on production efficiency [J]. *Journal of Multinational Financial Management*,2004,14(2): 135 - 152

[98] Marcus Rodermann. *Strategisches Synergiemanagement*[M]. Dt. Univ. - Verlag, 1999

[99] Helfat C E, Eisenhardt K M. Inter-temporal economies of scope, organizational modularity, and the dynamics of diversification [J]. *Strategic Management Journal*, 2004, 25(13): 1217 - 1232

[100] Hiroyuki Itami. *Mobilizing invisible assets* [M]. Harvard University Press, Reprint Edition,1991

[101] Buzzell Robert D, Gale Bradley T. *The PIMS principles-linking strategy to performance*[M]. The Free Press, New York, 1987

[102] Knoll S. *Cross-business synergy: A typology of cross-business synergies and a Mid-Range theory of continuous growth synergy realization*[M]. Gabler Verlag, 2008

[103] Chavas Jean-Paul, Barham Bradford, Foltz Jeremy, Kim Kwansoo. Analysis and decomposition of scope economies: R&D at US research universities[J]. *Applied Economics*, 2012, 44(11):1387 - 1404

[104] Chatterjee S. Types of synergy and economic value: The impact of acquisitions on merging and rival firms[J]. *Strategic Management Journal*, 1986,7(2):119 - 139

[105] Julian Birkinshaw, Mats Lingblad. Intrafirm Competition and Charter E-

volution in the Multibusiness Firm[J]. *Organization Science*,2005, 16(6): 674 -686

[106] Ricky W Griffin. *Fundamentals of Management* [M]. South-Western College Pub,2011

[107] Matusik S F, Fitza M A. Diversification in the venture capital industry: leveraging knowledge under uncertainty [J]. *Strategic Management Journal*, 2012, 33(4): 407 -426

[108] Ravichandran T, Liu Yu, Han Shu, Hasan, Iftekhar. Diversification and Firm Performance: Exploring the Moderating Effects of Information Technology Spending[J]. *Journal of Management Information Systems*, 2009, 25(4): 205 -240

[109] Andrews KR. Product diversification and the public interest[J]. *Harv Bus Rev*, 1951, 29(4): 91 -107

[110] Ansoff HI. Strategies for diversification [J]. *Harv Bus Rev*, 1957, 35(5):113 -124

[111] Ansoff HI. *Corporate strategy: an analytic approach to business policy for growth and expansion*[M]. McGraw-Hill, New York, 1965

[112] Ansoff HI. A model for diversification[J]. *Manag Sci*,1958,4(4):392 -414

[113] Reed R, Luffman GA Diversification: the growing confusion[J]. *Strategic Management Journal*, 1986, 7(1): 29 -35

[114] Ramanujam V, Varadarajan P. Research on corporate diversification: a synthesis[J]. *Strategic Management Journal*, 1989, 10(6): 523 -551

[115] Hoskisson RE, Hitt MA . Antecedents and performance outcomes of diversification: a review and critique of theoretical perspectives [J]. *J Manag*, 1990, 16(2):461 -509

[116] Ng D W A. Modern Resource Based Approach to Unrelated Diversification[J]. *Journal of Management Studies*, 2007, 44(8): 1481 -1502

[117] Datta D K, Rajagopalan N, Rasheed AMA. Diversification and performance: critical review and future directions[J]. *Journal of Management Studies*, 1991, 28(5): 529-558

[118] Bae S C, Kwon T H, Lee J W. Corporate Diversification, Relatedness, and Firm Value: Evidence from Korean Firms[J]. *Asia-Pacific Journal of Financial Studies*, 2008, 37(6): 1025-1064

[119] Eckhard Lichtenthaler. Corporate diversification: identifying new businesses systematically in the diversified firm[J]. *Technovation*, 2005, 25(7): 697-709

[120] Palepu K. Diversification strategy, profit performance and the entropy measure[J]. *Strategic Management Journal*, 1985, 6(3): 239-255

[121] Bettis RA. Performance differences in related and unrelated diversified firms[J]. *Strategic Management Journal*, 1981, 2(4): 379-393

[122] Kwangmin Parka, SooCheong (Shawn) Jang. Effect of diversification on firm performance: Application of the entropy measure[J]. *International Journal of Hospitality Management*, 2012, 31(1): 218-228

[123] Palich LE, Cardinal LB, Miller CC. Curvilinearity in the diversification-performance linkage: an examination of over three decades of research [J]. *Strategic Management Journal*, 2000, 21(2): 155-174

[124] Diana Benito-Osorio, Luis Ángel Guerras-Martín, José Ángel Zuñiga-Vicente. Four decades of research on product diversification: a literature review[J]. *Management Decision*, 2012, 50(2): 325-344

[125] Kor YY, Mahoney JT. Edith Penrose's (1959) contributions to the resource-based view of strategic management[J]. *J Manag Stud*, 2004, 41(1): 183-192

[126] Newbert SL. Empirical research on the resource-based view of the firm: an assessment and suggestions for future research[J]. *Strategic Management Journal*, 2007, 28(2): 121-146

[127] Wan WP, Hoskisson RE, Short JC, Yiu DW. Resource-based theory and corporate diversification: a ccomplishments and opportunities[J]. *J Manag*, 2011,37(5):1335 - 1368

[128] Berry-Stölzle T R, Liebenberg A P, Ruhland J S, Sommer D W. Determinants of Corporate Diversification: Evidence From the Property-Liability Insurance Industry[J]. *Journal of Risk and Insurance*, 2012, 79(2): 381 - 413

[129] Ensign P C. A resource-based view of interrelationships among organizational groups in the diversified firm[J]. *Strat. Change*, 2004,13(3): 125 - 137

[130] Kevin B. Hendricksa, Vinod R. Singhal, Rongrong Zhang. The effect of operational slack, diversification, and vertical relatedness on the stock market reaction to supply chain disruptions[J]. *Journal of Operations Management*,2009,27(3): 233 - 246

[131] Gönül Golak. Diversification, Refocusing and Firm Value[J]. *European Financial Management*, 2010, 16(3): 422 - 448

[132] Yoshitaka Fukui, Tatsuo Ushijima. Corporate diversification, performance, and restructuring in the largest Japanese manufacturers[J]. *Journal of the Japanese and International Economies*, 2007,21(3): 303 - 323

[133] Chiung-Jung Chena, Chwo-Ming Joseph Yu. Managerial ownership, diversification, and firm performance: Evidence from an emerging market[J]. *International Business Review*,2012, 21(3): 518 - 534

[134] Montgomery CA. Corporate diversification[J]. *Journal of Economic Perspectives*, 1994,8(3):163 - 178

[135] Goranova M, Alessandri T M, Brandes P, Dharwadkar, R. Managerial ownership and corporate diversification: A longitudinal view[J]. *Strategic Management Journal*, 2007,28(3): 211 - 225

[136] Aggarwal RK, Samwick AA. Why do managers diversify their firms? A-

gency reconsidered[J]. *The Journal of Finance*,2003, 58(1):71 – 118

[137] Peteraf MA. The cornerstones of competitive advantage: a resource-based view[J]. *Strategic Management Journal*, 1993, 14(3):179 – 191

[138] Bergh D D, Lawless M W. Portfolio restructuring and limits to hierarchical governance: the effects of environmental uncertainty and diversification strategy[J]. *Organ Sci*, 1998, 9(1):87 – 102

[139] Markides CC, Williamson PJ. Corporate diversification and organizational structure: a resource-based view[J]. *The Academy of Management Journal*, 1996, 39(2):340 – 367

[140] March JG, Sutton RI . Organizational performance as a dependent variable[J]. *Organ Sci*, 1997, 8(6): 698 – 706

[141] Kieser A, Nicolai AT. Success factor research: Overcoming the trade-off between rigor and relevance? [J]. *Journal of Management Inquiry*, 2005,14(3):275 – 279

[142] Richard PJ, Devinney TM, Yip GS, Johnson G. Measuring organizational performance: towards methodological best practice[J]. *J Manag*, 2009, 35(3):718 – 804

[143] 徐康宁. 论大公司的多角化经营战略——兼评上市公司多角化经营的利益与风险[J]. 中国工业经济, 1999,(3):59 – 63

[144] 马洪伟,蓝海林. 我国工业企业多元化程度与绩效研究[J]. 南方经济, 2001,(9): 25 – 28

[145] 金晓斌,陈代云,路颖,联蒙珂. 公司特质、市场激励与上市公司多元化经营[J]. 经济研究, 2002,(9):67 – 73

[146] 黄山,宗其俊,蓝海林. 基于行业多元化与绩效测度方式的研究评述[J]. 科技管理研究,2008,(3):102 – 105

[147] 韦小柯. 以往绩效与企业多元化战略因果关系研究[J]. 管理评论, 2008,20(3):45 – 49

[148] 宋旭琴, 蓝海林. 我国企业集团多元化战略的实证研究[J]. 科学学

与科学技术管理, 2007,28(12):97 - 101

[149] 吴晓波, 周浩军. 国际化战略、多元化战略与企业绩效[J]. 科学学研究, 2011,29(9): 1331 - 1341

[150] 马忠, 刘宇. 企业多元化经营受政府干预、企业资源的影响[J]. 中国软科学, 2010, (1):116 - 127

[151] 程勇, 黄建华. 多元化还是归核化? ——一个基于核心资源视角的研究[J]. 科学学与科学技术管理, 2009,30(5): 124 - 129

[152] 朱江. 我国上市公司的多元化战略和经营业绩[J]. 经济研究. 1999, (11):54 - 61

[153] 李敬. 多元化战略[M]. 上海:复旦大学出版社, 2002

[154] 陈信元, 黄俊. 政府干预、多元化经营与公司业绩[J]. 管理世界, 2007,(1):92 - 97

[155] 程勇, 徐康宁. 企业"最优多元化水平"假说是否存在——以中国上市公司为样本的研究[J]. 中国软科学,2006,(9):137 - 144

[156] Park C. The effects of prior performance on the choice between related and unrelated acquisitions: implications for the performance consequences of diversification strategy[J]. *J Manag Stud*, 2002, 39(7): 1003 - 1019

[157] Lant TK, Milliken FJ, Batra B. The role of managerial learning and interpretation in strategic persistence and reorientation: an empirical exploration[J]. *Strategic Management Journal*,1992, 13(8): 585 - 608

[158] Audia PG, Locke EA, Smith KG. The paradox of success: an archival and a laboratory study of strategic persistence following radical environmental change[J]. *Acad Manag J*,2000,43(5): 837 - 853

[159] 李增泉,余谦,王晓坤. 掏空,支持与并购重组——来自我国上市公司的经验证据[J]. 经济研究,2005,(1):95 - 105

[160] Ismail A. Does the Management's Forecast of Merger Synergies Explain the Premium Paid, the Method of Payment, and Merger Motives? [J].

Financial Management, 2011, 40(4): 879 - 910

[161] Jiang Kui, Lin Shu-cheng. An Empirical Study on Listed Companies Merger Synergies[J]. *Procedia Engineering*, 2011, 24: 726 - 730

[162] Pidun U, Rubner H, Krühler M, Untiedt R. The Boston Consulting Group and Nippa, M. Corporate Portfolio Management: Theory and Practice [J]. *Journal of Applied Corporate Finance*, 2011, 23(1): 63 - 76

[163] 谢伟,孙忠娟,李培馨. 影响技术并购绩效的关键因素研究[J]. 科学学研究, 2011, 29(2):245 - 251

[164] Kusewitt J B. An exploratory study of strategic acquisition factors relating to performance[J]. *Strategic Management Journal*, 1985, 6(2):151 - 169

[165] Miller D J. Technological diversity, related diversification, and firm performance[J]. *Strategic Management Journal*, 2006, 27(7):601 - 619

[166] Gugler K. The effects of mergers: an international comparison[J]. *Int J Ind Organ*, 2003, 21(5):625 - 653

[167] Datta DK. Organizational fit and acquisition performance: effects of post-acquisition integration [J]. *Strategic Management Journal*, 1991, 12 (4):281 - 297

[168] Cloodt M, Hagedoorn J, Van Kranenburg H. Mergers and acquisitions: their effect on the innovative performance of companies in high-tech industries[J]. *Res Policy*, 2006, 35(5):642 - 654

[169] 张新. 并购重组是否创造价值?—中国证券市场的理论与实证研究[J]. 经济研究, 2003, (6):20 - 29

[170] Hagedoorn J, Duysters G. The effect of mergers and acquisitions on the technological performance of companies in a high-tech environment[J]. *Technology Analysis and Strategic Management*, 2002, 14(1): 67 - 85

[171] Stahl GK, Voigt A. Do cultural differences matter in merger and acquisitions? a tentative model and examination[J]. *Organ Sci*, 2008, 19

(1):160－176

[172] Vermeulen F, Barkema H. Learning through acquisitions[J]. *The Academy of Management Journal*, 2001,44(3):457－476

[173] Larsson R, Finkelstein S. Integrating strategic, organizational, and human resource perspectives on mergers and acquisitions: a case survey of synergy realization[J]. *Organ Sci*,1999,10(1):1－26

[174] 王宛秋,张永安,刘焊. 我国上市公司技术并购绩效的实证研究[J]. 科学学研究,2009,27(11):1712－1719

[175] Cassiman B. The impact of M&A on the R&D process: an empirical analysis of the role of technological-and market-relatedness[J]. *Res Policy*, 2005,34(2):195－220

[176] Elina Pyykkö. Stock market valuation of R&D spending of firms acquiring targets from technologically abundant countries[J]. *Journal of Multinational Financial Management*,2009,19(2): 111－126

[177] Ahuja G, Katila R. Technological acquisitions and the innovation performance of acquiring firms: a longitudinal study[J]. *Strategic Management Journal*, 2001,22(3): 197－220

[178] Krishnan HA, Hitt MA, Park D. Acquisition premiums, subsequent workforce reductions and postacquisition performance[J]. *J Manag Stud*, 2007,44(5):709－732

[179] Ficery K, Herd T, Pursche B. Where has all the synergy gone? The M&A puzzle[J]. *J Bus Strateg*, 2007, 28(5):29－35

[180] Duncan N. Angwin, Sotirios Paroutis, Richard Connell. Why good things Don't happen: the micro-foundations of routines in the M&A process[J]. *Journal of Business Research*, 2015, 68(6):1367－1381

[181] 安德鲁·坎贝尔等. 战略协同[M]. 北京:机械工业出版社, 2000

[182]孙国强. 网络组织的治理成本:波特模型的扩展[J]. 山西财经大学学报, 2003, 25(2): 66－69

[183] Porter M. *Competitive advantage: creating and sustaining superior performance* [*M*]. *Free Press, NewYork*, 1985

[184] Harrison J, Hitt M, Hoskisson R, Ireland D. Resource complementarity in business combinations: Extending the logic to organizational alliances [J]. *Journal of Management*, 2001,27(6):679 – 690

[185] Gatignon H, Tushman M, Smith W, Anderson P. A structural approach to assessing innovation: Construct development of innovation locus, type and characteristics[J]. *Management Science*, 2002,48(9):1103 – 1122

[186] Rawley E. Diversification, coordination costs, and organizational rigidity: evidence from microdata[J]. *Strategic Management Journal*, 2010, 31(8): 873 – 891.

[187] Rawley E., Timothy S. Simcoe. Diversification, diseconomies of scope, and vertical contracting: Evidence from the taxicab industry[J]. *Management Science*, 2010,56(9):1534 – 1550

[188] Yue Maggie Zhou. Synergy, coordination costs, and diversification choices[J]. *Strategic Management Journal*, 2011,32(6):624 – 639

[189] 任红亚,宏巍,高翔. 协同战略的测度与实施[J]. 改革与战略,2005,(3):101 – 105

[190] Chandler AD. *Strategy and structure: chapters in the history of the American industrial enterprise*[M]. MIT Press, Cambridge, MA, 1962

[191] Chandler A D. *The visible hand: the managerial revolution in American business* [M]. Cambridge, Massachusetts: Harvard University Press, 1977

[192] Penrose ET. *The theory of the growth of the firm*[M]. Oxford University Press, Oxford, 1959

[193] Wernerfelt B. A resource-based view of the firm[J]. *Strategic Management Journal*, 1984,5(2):171 – 180

[194] Barney J B. Firm resources and sustained competitive advantage[J]. *J*

Manag,1991, 17(1):99 – 120

[195] Grant R M, C Baden Fuller. A knowledge based theory of inter-firm collaboration[J]. *Academy of Management*, 1996,12:17 – 21

[196] Hitt M A, Bierman L, Shimizu K, Kochhar R. Direct and moderating effects of human capital on strategy and performance in professional service firms: A resource-based Perspective[J]. *Academy of Management Journal*, 2001,44(1): 13 – 28

[197] Grant RM. The resource-based theory of competitive advantage: Implications for strategy formulation[J]. *Calif Manag Rev*, 1991,33(3):114 – 135

[198] 哈肯. 协同学导论[M]. 张纪岳译, 西北大学出版社,1981

[199] 白列湖. 协同论与管理协同理论[J]. 甘肃社会科学, 2007,(5):228 – 230

[200] Levinthal DA, Wu B. Opportunity costs and nonscale free capabilities: profit maximization, corporate scope, and profit margins[J]. *Strategic Management Journal*, 2010, 31(7):780 – 801

[201] Hill CWL, Hitt MA, Hoskisson RE. Cooperative versus competitive structures in related and unrelated diversified firms[J]. *Organization Science*,1992,3(4): 501 – 521

[202] Michael Shayne Gary. Implementation strategy and performance outcomes in related diversification[J]. *Strategic Management Journal*,2005,26(7): 643 – 664

[203] Nelson C R, C I Plosser. Trends and random walks in macroeconomic time series: Some evidence and implications[J]. *Journal of monetary Economics*,1982,10(2): 139 – 162

[204] P Perron, T Yabu. Estimating deterministic trends with an integrated or stationary noise component[J]. *Journal of Econometrics*,2009,151(1): 56 – 69

[205] D Kim, P Perron. Unit Roots Tests Allowing for a Break in the Trend

Function at an Unknown Time Under both the Null and Alternative Hypotheses[J]. *Journal of Econometrics*,2009,148(1): 1－13

[206] Zivot E, D Andrews. Further Evidence on the Great Crash. The Oil-price Shock and the Unit-root Hypothesis [J]. *Journal of Business & Economic Statistics*, 1992, 10(3):69－97

[207] H. Igor Ansoff. *Corporate Strategy*[M]. Sidgwick & Jackson,1986.

[208] 熊伟,王俊杰,徐风华. 传统军工企业向军民两用企业集团转型问题研究[J]. 企业活力,2006(7):16－17

[209] Jordi Molas-Gallart. Which way to go? Defense technology and the diversity of 'dual-use' technology transfer[J]. *Research Policy*,1997,26: 367－785

[210] Richard A. Grayson. *Corporate Restructuring and Real Options in the U.S. Aerospace and Defense Industry*[D]. Athens, Georgia: The University of Georgia, 2001

[211] Israel Azulay, Miri Lerner, Asher Tishler. Converting military technology through corporate entrepreneurship[J]. *Research Policy*, 2002, 31(3):419－435

[212] Haico te Kulve, Wim A. Smit. Civilian-military co-operation strategies in developing new technologies[J]. *Research Policy*,2003(32):955－970

[213] 伍亚平. 舰船研究院军转民项目战略联盟的效益分析[D]. 西安:西北大学,2002

[214] 姚广宁,吴辉凡. 国有军工企业军民融合研究[J]. 西安电子科技大学学报(社会科学版),2008(5):92－97

[215] 罗明,马卫. 军工企业与民品企业融合发展的系统结构模型及分析[J]. 科技进步与对策,2009(14):85－88

[216] 张颖南,姜振寰. 军工企业实行军民一体化模式的因素关系分析[J]. 兵工学报,2009,增刊:25－30

[217] 华志忠. 价值链的系统构造与协同分析[J]. 经济纵横,2008(5):117－119

[218] 崔冰,侯学博.浅析横向价值链的协同性[J].经济理论研究,2007(8):30-31

[219] 邹颖.企业价值网络研究[J].中国科技信息,2006(21):182-183

[220] 欧阳双喜,王世豪.企业价值网络运行机制实证研究[J].价值工程,2008(1):43-46

[221] 刘明宇,芮明杰,姚凯.生产性服务价值链嵌入与制造业升级的协同演进关系研究[J].中国工业经济,2010(8):66-75

[222] 尹健,姜阵剑.建筑施工业价值链与供应链协同模型应用研究[J].生产力研究,2007(2):110-111

[223] 孙清华,王耀球.基于价值网的汽车制造业供应链协同管理研究[J].山东社会科学,2010(5):136-138

[224] Khanna, T., Palepu, K. Why focused strategies may be wrong for emerging markets[J]. *Harvard Business Review.* 1997, July/August: 41-51

[225] Keister L. *The emergence of interorganizational exchange: the effects of uncertainty, firm reputation and cost on resource exchange in Chinese business groups*[M]. University of North Carolina and Ohio State University mimeograph, 1998

[226] 宝贡敏.孤波寻租多角化:转型背景下的企业成长战略[J].科研管理,2002,23(3):32-40

[227] Rumelt, R. P. *Strategy, structure, and economic performance*[M]. Cambridge, MA: Harvard University Press. 1974

[228] Hoskisson, R. E., Johnson, R. A. Corporate restructuring and strategic change: The effect on diversification strategy and R&D intensity[J]. *Strategic Management Journal.* 1992, 13:, 625-634

[229] Denis, J. D., Denis, D. K. and Sarin, A., Agency problems, equity ownership, and corporate diversification[J]. *Journal of Finance*, 1997(52): 135-160

[230] 宋旭琴,蓝海林,向 鑫.相关多元化与归核化的研究综述[J].科学

学与科学技术管理,2007(1):9-13

[231] Cool K., Schendel D.. Strategic Group Formation and Performance: the Case of the U. S. Pharmaceutical Industry, 1963-1982[J]. *Management Science*, 1987(33): 1102-1124

[232] Grant R. M., Jammine A. P., Thomas H.. Diversity, Diversification, and Profitability among British Manufacturiilg Companies, 1972-84 [J]. *Academy of Management Journal*, 1988(31): 771-801

[233] 游光荣. 加快建设军民融合的国家创新体系[J]. 科学学与科学技术管理,2005(11):5-12

[234] 张翼,刘巍,龚六堂. 中国上市公司多元化与公司业绩的实证研究[J]. 金融研究,2005,303(9):122-136

[235] Porter M. E. Industry Structure and Competitive Strategy: Keys to profitability[J]. *Financial Analysis Journal*,1980(7-8):73-93

[236] Yadong Luo. Product diversification in international joint ventures: performance implications in an emerging market[J]. *Strategic Management Journal*, 2002, 23(1):1-20

[237] 崔世娟,孙利,蓝海林. 中国企业归核化战略绩效研究[J]. 科学学与科学技术管理,2009(7):164-172

[238] Rumelt, R. P. Diversification strategy and profitability [J]. *Strategic Management Journal*, 1982, 3(4):359-369

[239] Yu-Shan Chen, Chun-Yu Shih, Ching-Hsun Chang. The effects of related and unrelated technological diversification on innovation performance and corporate growth in the Taiwan's semiconductor industry[J]. *Scientometrics*, 2012, 92(1): 117-134

[240] 柳卸林. 核心竞争力与多元化经营[J]. 中外管理,1999(2):30-31

[241] 王生辉,施建军. 论多元化经营逻辑演变[J]. 外国经济与管理,2002,24(11):18-24

[242] 汤文仙,李攀峰. 企业归核化发展:企业核心业务的调整[J]. 管理学

报,2005(9):609 - 614

[243] 张宝友,达庆利,黄祖庆. 企业核心业务与绩效相关性研究——基于我国21家上市物流公司的实证[J]. 统计研究,2008,25(4):33 - 39

[244] 吴明隆编著. SPSS统计应用实务——问卷分析与应用统计[M]. 北京:科学出版社,2003

[245] Mingfang Li, Yim-Yu Wong. Diversification and Economic Performance: An Empirical Assessment of Chinese Firms[J]. *Asia Pacific Journal of Management*,2003,20(2): 243 - 265

[246] Madhu Khanna, Surender Kumar. Corporate Environmental Management and Environmental Efficiency[J]. *Environmental and Resource Economics*, 2011, 50(2): 227 - 242

[247] Miller DJ. Firms' technological resources and the performance effects of diversification: a longitudinal study[J]. *Strategic Management Journal*, 2004, 25(11): 1097 - 1119

[248] Tanriverdi H, Venkatraman N. Knowledge Relatedness and the Performance of Multibusiness Firms[J]. *Strategic Management Journal*,2005, 26(2):97 - 119

[249] Nesta L, Saviotti PP. Coherence of the Knowledge Base and the Firm's Innovative Performance: Evidence from the US Pharmaceutical Industry [J]. *Journal of industrial Economics*, 2005, 53(1):123 - 142

[250] Jongtae Shin. The Effects of Technological Relatedness and Ownership Structure on R&D Performance[J]. *Journal of Management Research*, 2010,10(3):167 - 179

[251] Chiu Y C, H C Lai, T Y Lee, Y C Liaw. Technological diversification, complementary assets, and performance[J]. *Technological Forecasting and Social Change*, 2008, 75(6): 875 - 892

[252] Lai H-C, Chiu Y-C, Liaw Y-C, Lee T-Y. Technological Diversification and Organizational Divisionalization: The Moderating Role of Complementary

Assets[J]. *British Journal of Management*, 2010, 21(4): 983 - 995

[253] 蔡新蕾,高山行. 企业创新商业化实证研究——创新独占性和专有互补资产的调节作用[J]. 科学学研究,2011,29(9):1397 - 1405

[254] 马文聪,朱桂龙. 环境动态性对技术创新和绩效关系的调节作用[J]. 科学学研究, 2011, 29(3): 454 - 460

[255] Dess G G, D W Beard. Dimensions of organizational task environments [J]. *Administrative Science Quarterly*, 1984, 29(1): 52 - 73

[256] Breschi S, Lissoni F, Malerba F. Knowledge-relatedness in firm technological diversification[J]. *Research Policy*, 2003,32(1):69 - 87

[257] Suzuki J, Kodama F. Technological diversity of persistent innovators in Japan: Two case studies of large Japanese firms[J]. *Research Policy*, 2004, 33(3): 531 - 549

[258] Szulanski G. Exploring internal sickness: impediments to the transfer of best practice within the firm[J]. *Strategic Management Journal*, 1996, 17:27 - 43

[259] Song J Y, Shin J T. The paradox of technological capabilities: a study of knowledge sourcing from host countries of overseas R&D operations[J]. *Journal of International Business Studies*, 2008,39(2):291 - 303

[260] Christmann P. Effects of "best practices" of environmental management on cost advantage: the role of complementary assets [J]. *Academy of Management Journal*, 2000,43(4):663 - 680

[261] Rothaermel F T, Hill C W L. Technological discontinuities and complementary assets: a longitudinal study of industry and firm performance [J]. *Organization Science*, 2005,16(1):52 - 70

[262] Yayavaram S, Ahuja G. Decomposability in Knowledge Structures and its Impact on the Usefulness of Inventions and Knowledge-base Malleability[J]. *Administrative Science Quarterly*, 2008, 53(2):333 - 362

[263] Rothaermel F T. Complementary Assets, strategic alliances and the

incumbent's advantage: an empirical study of industry and firm effects in the biopharmaceutical industry[J]. *Research Policy*, 2001,30(8): 1235 -1251

[264] 焦豪, 周江华, 谢振东. 创业导向与组织绩效间关系的实证研究——基于环境动态性的调节效应[J]. 科学学与科学技术管理, 2007,28(11): 70 -76

[265] Jongtae Shin, David Jalajas. Technological relatedness, boundary-spanning combination of knowledge and the impact of innovation: Evidence of an inverted-U relationship[J]. *Journal of High Technology Management Research*, 2010,21(2):87 -96

[266] Gilley K M, Aasheed. Making more by doing less: an analysis of outsourcing and Its effect on firm performance[J]. *Journal of Management*, 2000, 26(4): 763 -790

[267] Teece D J. Profiting from technological innovation: implications for integration, collaboration, licensing and public policy[J]. *Research Policy*, 1986,15(6):285 -305

[268] David J Teece. Reflections on Profiting from Innovation[J]. *Research Policy*, 2006, 35(3): 1131 -1146

[269] Jonathan T Eckhardta, Scott A Shane. Industry changes in technology and complementary assets and the creation of high-growth firms[J]. *Journal of Business Venturing*, 2011, 26(4): 412 -430

[270] 薛红志,张玉利. 突破性创新、互补性资产与企业间合作的整合研究[J]. 中国工业经济, 2006,(8):101 -108

[271] 罗珉,赵红梅. 中国制造的秘密:创新 + 互补性资产[J]. 中国工业经济,2009,(5):46 -56

[272] 王发明. 互补性资产、产业链整合与创意产业集群——以动漫产业为例[J]. 中国软科学,2009,(5):24 -32

[273] 暴海龙, 李金林. 专利技术关联性分析方法研究[J]. 科研管理,

2004,25:3 - 8

[274] W Mitchell. Whether or when? Probability and timing of incumbents' entry into emerging industrial subfields[J]. *Administrative Science Quarterly*, 1989, 34(2): 208 - 230

[275] P Taylor, J Lowe. Are functional assets or knowledge assets the basis of new product performance? [J]. *Technology Analysis & Strategic Management*, 1997, 9(4): 473 - 488

[276] Yi-Chia Chiu, Hsien-Che Lai, Yi-Ching Liaw, Tai-Yu Lee. Technological scope: diversified or specialized[J]. *Scientometrics*, 2010, 82(1): 37 - 58

[277] Hung S C, Liu N, Chang J B. *The taxonomy and evolution of technology strategies: A study of taiwan's high-technology-based firms*[C]. IEEE Transactions on Engineering Management, 2003,50(2):219 - 227

[278] 魏江. 企业技术能力论——技术创新的一个新视角[M]. 北京:科学出版社, 2002

[279] 彭灿. 突破性创新的资产基础与面向突破性创新的联盟战略[J]. 研究与发展管理,2009,21(3):85 - 90

[280] Colombo MG, Grilli L, Piva E. In search of complementary assets: the determinants of alliance formation of high-tech star-ups[J]. *Research Policy*,2006,35(8):1166 - 1199

[281] Osterloff M. *Technology-based product market entries: Managerial resources and decision-making process*[D]. Doctoral Dissertations, Helsinki University, 2003

[282] Bart Van Looy, Thierry Martens, Koenraad Debackere. Organizing for Continuous Innovation: On the Sustainability of Ambidextrous Organizations[J]. *Creativity and Innovation Management Journal*, 2005, 14(3): 208 - 219

[283] Baranes, E., Tropeanob, J. P. Why are technological spillovers spatially

bounded? A market oriented approach[J]. *Regional Science and Urban Economics*,2003,33:445 -446

[284] Lucia Piscitello. Corporate diversification, coherence and economic performance[J]. *Industrial and Corporate Change*,2004,13(5):757 -787

[285] Stenr,I. &Henderson,A. D. Within-business diversification in technology-intensive industries[J]. *Strategic Management Journal*,2004,25:487 -505

[286] Granstrand,O., Oskarsson,C. Technology diversification in "MULTECH" corporations[J]. *IEEE Transantions on Engineering Management*,1994,41(4):355 -364

[287] Scherer,F. M. *New perspectives on economics growth and technological innovation*[M]. Brookings Institution,Washington,D. C.,1999

[288] Oskarsson,C. Technology diversification-the phenomenon, its Causes and effects. PhD dissertation, Department of Industrial Management and Economics, Chalmers University of Technology, Göteborg, Sweden. 1993

[289] Nicholas Argyres. Capabilities, technological diversification and divisionalization[J]. *Strategic Management Journal*, 1996,17(5): 395 -410

[290] Leten, B., Belderbos, R. and Van Looy, B. Technological diversification, coherence, and performance of firms[J]. *Journal of Product Innovation Management*, 2007,24(6):567 -579

[291] 周雯琪. 产品相关技术多元化对创新绩效的影响研究[D]. 硕士学位论文,浙江大学,2007

[292] 何郁冰. 技术多元化促进企业绩效的机理研究[J]. 科研管理,2011,,32(4):9 -18

[293] Robert M. Grant. Prospering in dynamically-competitive environments: organizational capability as knowledge integration[J]. *Organization Science*,1996,7(4):375 -387

[294] Ove Granstrand, Towards a theory of the technology-based firm[J]. *Re-*

search Policy,1998,27(5):465 -489

[295] Fai, F. M. A structural decomposition analysis of technological opportunity and leadership [J]. *Industrial and Corporate Change*, 2007, 16 (6),1069 -1103

[296] Grindley, P. C., Teece, D. J. Manageing intellectual capital: licensing and cross-licensing in semiconductors and electronics [J]. *California Management Review*,1997,29(2):8 -41

[297] Gemba, K., Kodama, F. Diversification dynamics of the Japanese industry[J]. *Research Policy*,2001,30(8):1165 -1184

[298] Nelson, R. R. Why do firm differ, and how does it matter? [J]. *Strategic Management Journal*,1991,12:61 -74

[299] 陈劲,郑刚. 创新管理——赢得持续竞争优势[M]. 北京:北京大学出版社,2009

[300] Brusoni S, Prencipe A, Pavitt K. Knowledge specialization, organizational coupling, and the boundaries of the firm: why do firms know more than they make? [J]. *Administrative Science Quarterly*, 2001, 46 (4): 597 -621

[301] Kermani F., Bonacossa P. Patent issues and future trends in drug development[J]. *Journal of Commercial Biotechnology*, 2003, 9(4): 332 -338

[302] Garcia-Vega M. Does technological diversification promote innovation?: An empirical analysis for European firms[J]. *Research Policy*, 2006, 35(2): 230 -246

[303] Cantwell J, Santangelo G D. The boundaries of firms in the new economy: M&A as a strategic tool toward corporate technological diversification [J]. *Structural Change and Economic Dynamics*,2006, 17(2): 174 -199

[304] Amit R, Schoemaker P J H. Strategic assets and organizational rent[J].

Strategic Management Journal, 1993, 14(1): 33 - 46

[305] Cantwell J A, Piscitello L. Accumulating technological competence: its changing impact on corporate diversification and internationalization [J]. *Industrial and Corporate Change*, 2000, 9(1): 21 - 51

[306] Helen Rheem. Technology: Core competence or diverse competencies? [J]. *Harvard Business Review*,1995,73(2):11 - 27

[307] Singh J. Collaborative networks as determinants of knowledge diffusion patterns[J]. *Management Science*, 2005,51(5): 756 - 770

[308] Rosenkopf L, Nerkar A. Beyond local search: boundary-spanning exploration and impact in the optical disc Industry[J]. *Strategic Management Journal*, 2001, 22(4): 287 - 306

[309] Eisenhardt K M, Martin J A. Dynamic capabilities:what are they? [J]. *Strategic Management Journal*, 2000, 21(10/11): 1105 - 1121

[310] 喻缨,霍国庆. 中国制造业企业非相关多元化经营绩效的实证研究[J]. 科学学与科学技术管理, 2007,28(5):117 - 121

[311] Felicia M Fai. *Corporate technological competence and the evolution of technological diversiication*[M]. Cheltenham: Edward Elgar, 2003

[312] 何郁冰. 技术多元化促进企业绩效的机理研究[J]. 科研管理,2011, 32(4):9 - 18

[313] 何郁冰,陈劲. 技术多元化研究现状探析与整合框架构建[J]. 外国经济与管理, 2012, 34(1): 46 - 56

[314] 廖列法, 张修志, 陈志成. 从局部占领到全局构建:模块化生产企业的升级路径[J]. 科学学与科学技术管理, 2010,31(10):155 - 162

[315] Hambrick,D. C. &Mason,P. A. Upper echelons:the organization as a reflection of its top managers[J]. *Academy of Management Review*,1984, 9(2):193 - 206

[316] Katz,D. &Kahn,R. L. *The social psychology of organizations*[M]. New York:John Wiley&Sons,1966

[317] Barker, V. L. &Muener, G. C. CEO characteristics and firm R&D spending[J]. *Management Science*, 2002, 48:782 - 801

[318] 李华晶,张玉利. 高管团队特征与企业创新关系得实证研究——以科技型中小企业为例[J]. 商业经济与管理,2006,5:9 - 13

[319] March, J. G. & Simon, H. A. *Organizations* [M], New York: Wiley, 1958

[320] Brown, R. Managing the S curve of innovation[J]. *Journal of Consumer Marketing*, 1992, 9(1):61 - 72

[321] Kodama, F. Technology diversification of Japanese industry[J]. *Science*, 1986, 233:291 - 296

[322] Stuart, T. E., Podolny, J. Local search and the evolution of technological capabilities[J]. *Strategic Management Journal*, 1996, 17(1):21 - 38

[323] Leonard-Barton, D. A. Core capabilities and core rigidities: A paradox in managing new product development[J]. *Strategic Management Journal*, 1992, 13:111 - 125

[324] McArthur, A., Nystrom, P. Environmental dynamism, complexity, and munificence as moderators of strategy-performance relationships[J]. *Journal of Business Research*, 1991, 23(4):349 - 361

[325] Castrogiovanni G. J. Environmental munificence: A theoretical assessment[J]. *Academy of Management Revies*, 1991, 16:542 - 565

[326] Levinthal D. A. A daptation on rugged landscapes[J]. *Management science*, 1997, 43: 934 - 950

[327] Rajagopalan, N., Rasheed, A., Datta, D. Strategic decision processes: Critical review and future directions[J]. *Journal of Management*, 1993, 19(2):349 - 384

[328] Goll, I., Rasheed, A. Rational decision-making and firm performance: The moderating role of environment[J]. *Strategic Management Journal*, 1997, 18(7):583 - 591

[329] Mishina, Y., Pollock, T. G., Porac, J. F. Are more resources always better for growth? Resource stickiness in market and product expansion [J]. *Strategic Management Journal*, 2004,25(12): 1179 - 1197

[330] Dess, G. G., Ireland, R. D., Hitt, M. A. Industry effects and strategic management research[J]. *Journal of Management*, 1990,16(1):7 - 27

[331] 温军, 冯根福. 异质机构、企业性质与自主创新[J]. 经济研究,2012(3):53 - 64

[332] 李维安, 李滨. 机构投资者介入公司治理效果的实证研究——基于CCGINK 的经验研究[J]. 南开管理评论, 2008,11(1):4 - 14

[333] Jongtae Shin, Hyun Shin. Institutional ownership and technological relatedness: A test of endogeneity[J]. *Journal of Business Research*, 2012, doi: 10.1016/j.jbusres.2012.02.041

[334] James H Love, Stephen Roper, Jun Du. Innovation, ownership and profitability[J]. *International Journal of Industrial Organization*, 2009, 27:424 - 434

[335] Aghion P, J M Van Reenen, L Zingales. Innovation and Institutional Ownership[J]. *NBER Working Paper Series*. 2009

[336] 冯根福,温军. 中国上市公司治理与企业技术创新关系的实证分析[J]. 中国工业经济, 2008(7):91 - 101

[337] Suk Bong Choia, Soo Hee Lee, Christopher Williamsc. Ownership and firm innovation in a transition economy: Evidence from China[J]. *Research Policy*, 2011, 40: 441 - 452

[338] John K, Ofek E. Asset sales and increase in focus[J]. *The Journal of Financial Economics*, 1995, 37: 105 - 126.

[339] Marciukaityte D, Varma R. Institutional investors as suppliers of equity linked capital: Evidence from privately placed convertible debt [J]. *Journal of Business Research*, 2007, 26: 357 - 364.

[340] Eng L L, Shackell M. The implications of long-term performance plans

and institutional ownership for firms'research and development (R&D) investments[J]. *Journal of Accounting, Auditing and Finance*, 2001, 16:117 -139.

[341] Kim H C, Lee P M. Ownership structure and the relationship between financial slack and R&D investments: Evidence from Korean firms[J]. *Organization Science*, 2008,19:404 -418

[342] David P, Hitt M A, Gimeno J. *The influence of activism by institutional investors on R&D*[*J*]. *The Academy of Management Journal*, 2001, 44 (1):144 -157

[343] Irene Goll, Abdul A Rasheed. The moderating effect of environmental munificence and dynamism on the relationship between discretionary social responsibility and firm performance[J]. *Journal of Business Ethics*, 2004, 49: 41 -54

[344] Anderson P, Tushman M. Organizational environments and industry exit: the effects of uncertainty, munificence and complexity[J]. *Industrial and Corporate Change*, 2001, 10 (3): 675 -711

[345] Campa J, S Kedia. Explaining the diversification discount[J]. *Journal of Finance*, 2002, 57:1731 -1762

[346] David F Larcker, Tjomme O Rusticus. On the use of instrumental variables in accounting research[J]. *Journal of Accounting and Economics*, 2010,49(3):186 -205.

[347] Kanter, R. Moss. *When Giants Learn to Dance* [M]. New York: Simon&Schuster, 1989

[348] Kang KH, S Lee, H Yang. The effects of product diversification on firm performance and complementarities between products: A study of US casinos[J]. *International Journal of Hospitality Management*, 2011,30 (2): 409 -421

[349] 孙俊华，刘海建. 多元化战略测量方法论及其在中国情境下的应用

研究[J].科学学与科学技术管理,2008,29(1):33 -41

[350] Ross, Westerfield, Jaffee. *Corporate Finance*[M]. New York, NY: McGraw - Hill, 2004

[351] Gregory Dess, G T Lumpkin, Alan B Eisner. *Strategic management: Creating competitive advantages*[M]. McGraw-Hill/ Irwin. 2007.

[352] 沈洁. 企业多元化战略的协同效应分析[J]. 经济与管理,2009,23(2):49 -54

[353] Prahalad C K, Hamel G. The core competence of the corporation[J]. *Harvard Business Review*,1990,68(3):79 -91

[354] Jay B Barney. Is the resource-based "view" a useful perspective for strategic management research? Yes[J]. *The Academy of Management Review*,2001,26(1):41 -56

[355] 汤铃,李建平,余乐安,覃东海. 基于距离协调度模型的系统协调发展定量评价方法[J]. 系统工程理论与实践,2010,30(4):594 -602

[356] 陶长琪,陈文华,林龙辉. 我国产业组织演变协同度的实证分析——以企业融合背景下的我国IT产业为例[J]. 管理世界,2007,(12):67 -72

[357] 毕克新,孙德花. 基于复合系统协调度模型的制造业企业产品创新与工艺创新协同发展实证研究[J].中国软科学, 2010,(9):156 -162

[358] 徐飞,高隆昌. 二象对偶空间与管理学二象论[M].北京:科学出版社,2005

[359] 高隆昌,徐飞. 系统学二象论初探:一个理论框架[J].系统工程理论与实践, 2007, 27(5):95 -100

[360] 李伟,高隆昌. 二象对偶论及其对偶分析图[J].数学的实践与认识, 2009,39(19): 174 -179

[361] 高隆昌,李伟. 管理二象对偶论初探[J].管理学报, 2009,6(6):718 -721

[362] 王勇,刘国亮. 电信网络二象模型及其复杂网络系统特性[J].电子测量技术,2007,(4): 63 -66

[363] 陈伟,冯志军. 区域创新系统的协调发展测度与评价研究——基于二象对偶理论的视角[J]. 科学学研究, 2011, 29(2): 306 - 313

[364] 孟庆松,韩文秀. 复合系统协调度模型研究[J]. 天津大学学报(自然科学版),2000,(4): 444 - 446

[365] Marta Fernández-Olmos, Isabel Díez-Vial. Effect of firm's resources on international diversification: An application in the Iberian Ham industry [J]. *European Management Journal*, 2012, http://dx.doi.org/10.1016/j.emj.2012.04.001

附　录

附表 1　　高技术上市公司样本及 2010 年度部分数据资料

证券代码	会计期间	制造资产	市场资产	人力资产	ROA	ROE	技术关联度	资产负债率	销售额自然对数
000016	2010	0.002398	0.003244	0.000351	0.006145	0.020994	0.091831	0.743	23.563
000021	2010	0.002265	8.64E-05	0.000128	0.053452	0.091861	0.444444	0.328	23.757
000063	2010	0.009823	0.013183	0.004665	0.041312	0.140741	0.07017	0.703	24.976
000066	2010	0.001183	0.00071	0.000213	0.02535	0.059749	0.40625	0.674	25.147
000100	2010	0.001986	0.003516	0.000423	0.008834	0.042099	0.09128	0.662	24.672
000422	2010	0.118742	0.008099	0.000239	0.054803	0.210064	0.5	0.725	23.170
000423	2010	0.046159	0.055621	0.007676	0.165138	0.21223	0.375	0.217	21.625
000513	2010	0.066106	0.053287	0.00422	0.123564	0.166114	0	0.279	21.726
000522	2010	0.019463	0.015426	0.001353	0.071698	0.185025	0.22165	0.619	21.922
000525	2010	0.006027	0.00042	1.94E-05	-0.00259	-0.01985	0.34469	0.803	22.061
000538	2010	0.002286	0.01645	0.000228	0.121359	0.209841	0.20357	0.422	23.033
000553	2010	0.038432	0.003181	0.000715	0.011698	0.021533	0.20833	0.445	21.174
000590	2010	0.10283	0.037041	0.013609	0.082909	0.169082	0.3333	0.510	19.557
000597	2010	0.015012	0.004263	8.27E-05	0.010217	0.026306	0.299967	0.630	22.298
000623	2010	0.765021	0.510859	0.07293	0.158931	0.17244	0.17187	0.083	20.831
000669	2010	0.069621	0.000646	0.001667	-0.18286	-0.24965	0.3625	0.268	17.438
000682	2010	0.021399	0.00859	0.000554	0.019834	0.014894	0.41435	0.212	20.750
000698	2010	0.051576	0.001069	8.43E-05	0.030669	0.071319	0.19487	0.562	22.736
000739	2010	0.036669	0.003444	0.000755	0.010849	0.030103	0	0.562	21.143
000748	2010	0.013242	0.004289	0.001367	0.020855	0.030159	0.42261	0.324	20.756
000756	2010	0.041439	0.005337	0.002437	0.037512	0.058011	0.31351	0.374	21.684
000788	2010	0.083435	0.009379	0.008917	0.135934	0.332956	0.4	0.571	20.985

续表

证券代码	会计期间	制造资产	市场资产	人力资产	ROA	ROE	技术关联度	资产负债率	销售额自然对数
000801	2010	0.003217	0.001168	0.000452	0.022577	0.063855	0.31778	0.650	21.926
000830	2010	0.082218	0.002744	0.000443	0.018776	0.081922	0.25057	0.770	22.763
000901	2010	0.013412	0.003772	0.00016	0.070934	0.09224	0.26415	0.244	20.732
000909	2010	0.002251	0.001719	0.000202	0.010364	0.041865	0.458333	0.768	20.529
000912	2010	0.09642	0.002631	0.006782	-0.03295	-0.07426	0.40625	0.560	21.977
000938	2010	9.81E-05	0.000125	3.26E-06	0.017295	0.041874	0.28846	0.566	22.222
000977	2010	0.012943	0.005035	0.000592	0.021219	0.033057	0.15223	0.364	20.801
000989	2010	0.035435	0.061816	0.001811	0.093751	0.118008	0.3125	0.206	20.839
000997	2010	0.02514	0.013835	0.000958	0.045687	0.055073	0.18178	0.295	20.520
000999	2010	0.063227	0.081791	0.010925	0.141041	0.193686	0.34333	0.267	22.197
600038	2010	0.004592	0.000833	0.000233	0.042957	0.083711	0.37499	0.487	21.543
600050	2010	0.582788	0.045434	0.006514	0.008279	0.01733	0.30826	0.531	25.895
600060	2010	0.00265	0.005485	0.000349	0.067183	0.147167	0.0819	0.536	23.780
600062	2010	0.02621	0.019437	0.000834	0.102391	0.13463	0.35714	0.246	22.403
600079	2010	0.030466	0.029719	0.000254	0.071917	0.110875	0.22971	0.449505	21.5139
600085	2010	0.036919	0.031958	0.002019	0.08582	0.105381	0.19178	0.231	22.065
600096	2010	0.280937	0.005713	0.00075	0.012293	0.03933	0.35	0.710	22.689
600100	2010	0.009274	0.003225	0.000513	0.02412	0.060044	0	0.574	23.628
600105	2010	0.006141	0.002743	0.000297	0.072321	0.144334	0	0.561	21.654
600122	2010	0.001098	0.001259	6.93E-05	0.028116	0.060907	0.35714	0.544	23.149
600129	2010	0.005807	0.003694	0.000243	-0.01803	-0.13486	0.29166	0.752	22.513
600196	2010	0.078203	0.047557	0.005517	0.059473	0.102535	0.32176	0.442	22.240
600198	2010	0.078654	0.006985	0.007256	0.126594	0.145236	0.26548	0.835	22.094
600211	2010	0.002479	0.003706	5.4E-05	0.032878	0.073741		0.559	20.828
600216	2010	0.078046	0.013152	0.003445	0.246615	0.296771	0.36562	0.167	22.240
600222	2010	0.030902	0.002312	2.16E-05	0.022237	0.040971	0.5	0.513	20.633
600226	2010	0.072092	0.006152	0.002226	0.060166	0.1076	0.38281	0.397	21.290
600249	2010	0.05137	0.010137	0.000747	0.002093	0.004912	0.5	0.280	20.658
600253	2010	0.01981	0.001707	0.000192	0.011834	0.040547	0.5	0.729	21.743
600261	2010	0.041867	0.006748	0.005026	0.067681	0.162681	0.29166	0.553	21.498

续表

证券代码	会计期间	制造资产	市场资产	人力资产	ROA	ROE	技术关联度	资产负债率	销售额自然对数
600267	2010	0.06835	0.009315	0.002306	0.063218	0.135561	0.29827	0.537	22.237
600271	2010	0.012421	0.003886	0.002564	0.178508	0.216708	0.33333	0.252	22.969
600276	2010	0.042532	0.094553	1.13E-05	0.193918	0.213786	0.163505	0.108	22.043
600288	2010	0.007287	0.002933	0.000329	0.058422	0.098507	0.4	0.458	22.100
600289	2010	0.040747	0.009653	0.000458	0.030204	0.056004	0.5	0.461	20.794
600297	2010	0.015884	0.001109	5.82E-05	0.008188	0.017299	0.5	0.532	20.757
600316	2010	0.092397	0.001921	0.014935	0.023091	0.030997	0.38194	0.253	21.263
600329	2010	0.047506	0.033061	0.00543	0.083629	0.162962	0.16852	0.456	21.968
600351	2010	0.106828	0.032184	0.005316	0.057336	0.146345		0.588	20.890
600352	2010	0.071553	0.004897	0.0038	0.063555	0.131303	0.23863	0.514	22.622
600406	2010	0.026845	0.011675	0.003282	0.117878	0.21122	0.1719	0.439	21.632
600409	2010	0.085202	0.003814	0.001256	0.042256	0.09787		0.567	22.392
600420	2010	0.025653	0.014127	0.001206	0.117221	0.149416	0.375	0.262	21.076
600422	2010	0.013032	0.016552	0.001402	0.069688	0.116394	0.14661	0.421	21.321
600426	2010	0.13646	0.003048	0.000328	0.028128	0.053173	0	0.471	22.279
600436	2010	0.0464	0.017424	0.003001	0.13457	0.184974	0.375	0.251	20.581
600479	2010	0.038659	0.053731	0.000522	0.086472	0.095813		0.167	20.702
600485	2010	0.04754	0.02144	0.007541	0.055837	0.084587	0.08116	0.340	19.453
600487	2010	0.05606	0.008625	0.002906	0.055925	0.115219	0.25892	0.541	21.458
600498	2010	0.019246	0.009639	0.001834	0.057665	0.107423	0.18969	0.511	22.461
600513	2010	0.032205	0.029081	0.000233	0.05046	0.065909		0.230	19.483
600521	2010	0.090943	0.007841	0.004614	0.04553	0.072157	0.20606	0.358	20.746
600522	2010	0.031035	0.008765	0.001283	0.096899	0.222493	0.30555	0.552	22.193
600530	2010	0.154637	0.092221	0.001971	0.035844	0.05478	0.24826	0.157	19.641
600532	2010	0.128499	0.007611	0.006091	-0.07014	-0.23717		0.723	20.043
600535	2010	0.033262	0.018117	0.001811	0.084257	0.136183	0.17166	0.372	22.260
600536	2010	0.00824	0.004655	0.000446	0.051355	0.071131	0.31944	0.423	21.832
600557	2010	0.069519	0.065073	0.000672	0.092184	0.149465	0.16577	0.373934	21.02951
600570	2010	0.033172	0.054653	0.01867	0.138663	0.220706	0.28125	0.323	20.581
600571	2010	0.017	0.007193	0.004646	0.05597	0.094277	0	0.469	20.269

续表

证券代码	会计期间	制造资产	市场资产	人力资产	ROA	ROE	技术关联度	资产负债率	销售额自然对数
600572	2010	0.05149	0.063954	0.002269	0.081522	0.120553	0.1882	0.303	21.311
600588	2010	0.046671	0.119265	0.033219	0.072606	0.131446	0.17419	0.462	21.815
600594	2010	0.029693	0.08232	0.002678	0.125808	0.225774	0.24519	0.440	21.107
600596	2010	0.041849	0.003259	0.000722	0.027304	0.041831	0.39583	0.312	22.193
600601	2010	0.013655	0.001211	4.74E-06	0.034354	0.058662	0.32126	0.413	22.823
600621	2010	0.031101	0.001082	0.000338	0.046624	0.092085	0.4	0.457	21.065
600664	2010	0.028023	0.014439	0.004131	0.096297	0.173613	0.26767	0.444	23.252
600680	2010	0.001069	0.000418	7.77E-05	-0.04003	-0.06151	0.5	0.355	20.561
600707	2010	0.027001	0.002367	0.000754	0.000716	0.002889	0.375	0.399	20.864
600718	2010	0.052094	0.01428	0.008361	0.073963	0.113236	0.26388	0.331	22.320
600747	2010	0.071049	0.00246	0.001745	-0.06939	-0.22746	0.5	0.629	20.288
600750	2010	0.024689	0.035253	0.002342	0.104482	0.1508	0.30555	0.290	21.665
600756	2010	0.002927	0.004484	0.002422	0.028626	0.040701	0.15912	0.294	19.921
600775	2010	0.02033	0.001394	0.001508	0.002941	0.006227	0.33403	0.421	21.239
600776	2010	0.019637	0.005577	0.007551	0.050918	0.05761	0.23333	0.194	21.727
600789	2010	0.086698	0.011708	0.002559	0.04424	0.078617	0.375	0.446	21.510
600797	2010	0.001689	0.000653	0.000136	0.017129	0.041521	0.375	0.607	22.437
600812	2010	0.013917	0.002006	0.000324	0.028706	0.237467	0.34375	0.870	23.054
600839	2010	0.00715	0.003682	0.000345	0.010713	0.029598	0.1446	0.672	24.454
600845	2010	0.004779	0.003984	0.001716	0.091576	0.205628	0.33333	0.541	21.672
600855	2010	0.004159	0.001719	0.000322	-0.00391	-0.01098	0.41666	0.208	20.089
600973	2010	0.00227	0.000955	8.48E-06	0.028872	0.08976	0.5	0.678	22.475
600983	2010	0.015002	0.020864	0.001509	0.095353	0.288318	0.375	0.669	21.839
600993	2010	0.022042	0.02508	0.000411	0.082659	0.119778	0.18971	0.222	20.888
601607	2010	0.006438	0.005306	0.000593	0.063154	0.149789	0.19358	0.578	24.345

附表 2　**青岛海尔多元化业务基本信息**

序号(XH)	业务(YW)	所属行业(HY)	所属行业代码(DM)
1	冰箱	家用电力和非电力器具制造业	80
2	冰柜	家用电力和非电力器具制造业	80
3	空调	家用电力和非电力器具制造业	80
4	洗衣机	家用电力和非电力器具制造业	80
5	微波炉	家用电力和非电力器具制造业	80
6	模具	家用电力和非电力器具制造业	80
7	冰箱配件	家用电力和非电力器具制造业	80
8	热水器	家用电力和非电力器具制造业	80
9	电熨斗	家用电力和非电力器具制造业	80
10	VCD	家用电力和非电力器具制造业	80
11	医药	医药制造业	46
12	电机	电机制造业	77
13	软件研发	软件业	107
14	化工	合成材料制造业	43
15	电脑	电子计算机制造业	84
16	手机	通信设备制造业	82
17	住宅设施	家具制造业	33
18	MP3	家用视听设备制造业	86
19	厨房电器	家用电力和非电力器具制造业	80
20	钢板	钢压延加工业	59
21	金融业	银行业、证券业和其他金融活动	111
22	金融业	保险业	112

附表 3　　青岛海尔多元化业务横向关联度

XH	1	2	3	4	5	6	7	8	9	10	11	12	13	14	15	16	17	18	19	20	21	22
1	1	1	1	1	1	1	1	1	1	1	0.70	0.78	0.57	0.74	0.73	0.76	0.78	0.76	1.00	0.57	0.66	0.84
2		1	1	1	1	1	1	1	1	1	0.70	0.78	0.57	0.74	0.73	0.76	0.78	0.76	1.00	0.57	0.66	0.84
3			1	1	1	1	1	1	1	1	0.70	0.78	0.57	0.74	0.73	0.76	0.78	0.76	1.00	0.57	0.66	0.84
4				1	1	1	1	1	1	1	0.70	0.78	0.57	0.74	0.73	0.76	0.78	0.76	1.00	0.57	0.66	0.84
5					1	1	1	1	1	1	0.70	0.78	0.57	0.74	0.73	0.76	0.78	0.76	1.00	0.57	0.66	0.84
6						1	1	1	1	1	0.70	0.78	0.57	0.74	0.73	0.76	0.78	0.76	1.00	0.57	0.66	0.84
7							1	1	1	1	0.70	0.78	0.57	0.74	0.73	0.76	0.78	0.76	1.00	0.57	0.66	0.84
8								1	1	1	0.70	0.78	0.57	0.74	0.73	0.76	0.78	0.76	1.00	0.57	0.66	0.84
9									1	1	0.70	0.78	0.57	0.74	0.73	0.76	0.78	0.76	1.00	0.57	0.66	0.84
10										1	0.70	0.78	0.57	0.74	0.73	0.76	0.78	0.76	1.00	0.57	0.66	0.84
11											1	0.79	0.58	0.73	0.69	0.67	0.59	0.77	0.70	0.58	0.86	0.80
12												1	0.62	0.64	0.77	0.70	0.66	0.78	0.78	0.54	0.75	0.88
13													1	0.54	0.55	0.59	0.55	0.71	0.57	0.51	0.58	0.61
14														1	0.70	0.80	0.59	0.63	0.74	0.67	0.88	0.64
15															1	0.73	0.72	0.64	0.73	0.64	0.63	0.68
16																1	0.76	0.80	0.76	0.58	0.63	0.76
17																	1	0.67	0.78	0.73	0.55	0.72
18																		1	0.76	0.54	0.76	0.85
19																			1	0.57	0.66	0.84
20																				1	0.62	0.54
21																					1	0.77
22																						1

附表 4

青岛海尔多元化业务纵向关联度

XH	1	2	3	4	5	6	7	8	9	10	11	12	13	14	15	16	17	18	19	20	21	22
1	0	0	0	0	0	0	0	0	0	0	0.0002	0.0173	0	0.0125	0.0013	0.0003	0.0004	0.0003	0	0.0162	0.0039	0.006
2		0	0	0	0	0	0	0	0	0	0.0002	0.0173	0	0.0125	0.0013	0.0003	0.0004	0.0003	0	0.0162	0.0039	0.006
3			0	0	0	0	0	0	0	0	0.0002	0.0173	0	0.0125	0.0013	0.0003	0.0004	0.0003	0	0.0162	0.0039	0.006
4				0	0	0	0	0	0	0	0.0002	0.0173	0	0.0125	0.0013	0.0003	0.0004	0.0003	0	0.0162	0.0039	0.006
5					0	0	0	0	0	0	0.0002	0.0173	0	0.0125	0.0013	0.0003	0.0004	0.0003	0	0.0162	0.0039	0.006
6						0	0	0	0	0	0.0002	0.0173	0	0.0125	0.0013	0.0003	0.0004	0.0003	0	0.0162	0.0039	0.006
7							0	0	0	0	0.0002	0.0173	0	0.0125	0.0013	0.0003	0.0004	0.0003	0	0.0162	0.0039	0.006
8								0	0	0	0.0002	0.0173	0	0.0125	0.0013	0.0003	0.0004	0.0003	0	0.0162	0.0039	0.006
9									0	0	0.0002	0.0173	0	0.0125	0.0013	0.0003	0.0004	0.0003	0	0.0162	0.0039	0.006
10										0	0.0002	0.0173	0	0.0125	0.0013	0.0003	0.0004	0.0003	0	0.0162	0.0039	0.006
11											0	0.0004	0	0	0.0002	0	0.0007	0	0.0002	0.0002	0.0104	0.0001
12												0	0	0.0079	0.0019	0.0037	0.0002	0.0006	0.0173	0.0444	0.0034	0.0015
13													0	0.0008	0.0027	0.0001	0.0002	0.003	0	0	0.0167	0.0039
14														0	0.0032	0.0027	0.0043	0.0045	0.0125	0.0004	0.0049	0.0005
15															0	0.006	0.0001	0.0006	0.0013	0.0013	0.0164	0.0006
16																0	0.0004	0.0002	0.0003	0.0012	0.0012	0.0030
17																	0	0.0006	0.0004	0.0258	0.0053	0.0020
18																		0	0.0003	0.0011	0.0147	0.0007
19																			0	0.0162	0.0039	0.006
20																				0	0.0055	0.0011
21																					0	0.0195
22																						0

图书在版编目（CIP）数据

多元化企业运营协同研究/贾军著.-- 济南：山东人民出版社，2015.11

ISBN 978-7-209-09070-4

Ⅰ.①多… Ⅱ.①贾… Ⅲ.①企业管理－研究 Ⅳ.①F270

中国版本图书馆CIP数据核字(2015)第171934号

多元化企业运营协同研究

贾 军 著

主管部门 山东出版传媒股份有限公司
出版发行 山东人民出版社
社　　址 济南市胜利大街39号
邮　　编 250001
电　　话 总编室（0531）82098914
　　　　 市场部（0531）82098027
网　　址 http://www.sd-book.com.cn
印　　装 山东省东营市新华印刷厂
经　　销 新华书店

规　　格 16开（169mm×239mm）
印　　张 17
字　　数 280千字
版　　次 2015年11月第1版
印　　次 2015年11月第1次
ISBN 978-7-209-09070-4
定　　价 38.00元
　　　　 如有印装质量问题，请与出版社总编室联系调换。